牛建宏 男，河北临城人。2002年硕士毕业后进入建设部机关报中国建设报负责房地产和城市报道，2007年进入人民日报下属中国经济周刊从事房地产以及宏观经济报道，2009年始进入全国政协机关报人民政协报从事产业、区域的报道。同时担任《中国地产》杂志采编中心主任，兼任《中国环境艺术》杂志副主编、《艺术品鉴》杂志执行总编等职。主要涉猎经济、文化、艺术等几个领域。

曾获第12届北京建设好新闻奖；第7届中国残疾人事业好新闻奖；中国产业报协会头版头条新闻大奖；第20届中国产业经济好新闻奖；个人主持撰写的《城市话题》专栏获2006年新闻名专栏奖等。

作者交流信箱：738122077@qq.com

内容简介　　　本书从地王的产生、房价成本、房地产税费、炒房手法、外资进入房地产、房地产统计、保障房的建设以及政策调控的得失等多个方面，探析了房地产背后的真实，分析了中国地产的走向和趋势，并进而为地产商、普通购房者以及政策决策者提供参照依据。

GUIZE DE BOYI
ZHONGGUO FANGDICHAN GUANCHA

规则的博弈

牛建宏 / 著

中 国 房 地 产 观 察

人民日报出版社

图书在版编目（CIP）数据

中国房地产观察 / 牛建宏著. —北京：人民日报
出版社，2016.10
ISBN 978 - 7 - 5115 - 4237 - 3

Ⅰ. ①中… Ⅱ. ①牛… Ⅲ. ①房地产业—研究—中国
Ⅳ. ①F299.233

中国版本图书馆 CIP 数据核字（2016）第 252742 号

书　　名：中国房地产观察
著　　者：牛建宏

出 版 人：董　伟
责任编辑：宋　娜
校　　对：李博慧
封面设计：孟　越

出版发行：人民日报出版社
社　　址：北京金台西路 2 号
邮政编码：100733
发行热线：(010) 65369527　65369846　65369509　65369510
邮购热线：(010) 65369530　65363527
编辑热线：(010) 65369521
网　　址：www. peopledailypress. com
经　　销：新华书店
印　　刷：北京欣睿虹彩印刷有限公司

开　　本：710mm × 1000mm　1/16
字　　数：244 千字
印　　张：21.5
印　　次：2017 年 1 月第 1 版　　2017 年 1 月第 1 次印刷

书　　号：ISBN 978 - 7 - 5115 - 4237 - 3
定　　价：78.00 元

序一

王珏林

应建宏之邀，让我为他的力著作一个序，作为多年的相识及好友，无法推诿，就以我对此书、此友的了解，拙笔几句。

建宏 2002 年学业学成后，就进入到新闻行业，主要从事宏观经济、区域经济和房地产市场等的采访和报道。尤其经过在《中国建设报》《中国经济周刊》和《人民政协报》等单位的历练，视野更加开阔，文章更有深度，内容更接地气，曾获得多次新闻大奖，业内有一定的影响力和知名度。

《规则的博弈——中国房地产观察》一书，是他多年工作的积累，潜心研究的成果。在书中从多种角度，另类的思考对我国房地产市场前与后、进与退、好与坏、责与利进行了比较全面、细致的分析。写法比较新颖，语言比较简练，内容比较广泛，涉及到供应链、利益链和产业链，主要揭示了市场发展的缺失、调控政策的利弊、管理上的短位等问题。

我觉得建宏的这本著作体现了两个方面的特点：

一是视角独特，材料详实，体现了一定的行业思考深度。从历次的房地产的论战，挖掘出房地产市场在规则之下的一些潜规则，并且用这一视角来解读分析房地产市场中的诸多问题，有一定的新锐性和深刻性，可以说很"另类"，也很有特点，基本上回答了

"中国的房地产业究竟应该如何定位？政府在住房管理领域究竟应该扮演什么样的角色？""土地市场是如何一步步产生'地王'，让'面粉'贵过'面包'？"以及"房子如何成为投资、投机者眼中的猎物？""保障住房如何确定覆盖范围、建设标准？以及准入和退出如何实现社会公平正义？"等众多问题。

并且针对这些问题，提出自己的建议，如针对保障房问题，提出"进一步切实落实政府在住房保障中的基本责任，既要解决动力问题，也要解决压力问题，建立健全财税、投融资、土地供应等配套政策，建立和完善问责制度"；如针对房地产调控问题，提出"只有政令畅通、令行禁止，才能确保中央政策得以贯彻落实，才能切实维护中央政府的权威"等，都体现了作者自己对这个行业的深入思考。

二是文笔轻松，阅读起来没有障碍。作者有多年记者生涯的历练，体现在文笔上就是通俗简练，把一些很枯燥的行业学术问题，娓娓道来，能吸引读者轻松阅读下去，体现了很好的文字功底和对行业的观察能力。如书中巧妙运用了炒房之"秘"、统计之"玄"、调控之"殇"、保障之"短板"的新闻写法作为提纲，尤其是一些行业问题，通过讲一些小故事的形式展现出来，既形象生动，又更易阅读，吸引读者。

当然，书中还有一些有待深入的方面，比如对未来房地产市场的发展方向，比如对土地制度的变革、如何去库存促发展等方面，都可以做更深一步的研究和解读，也都需要有更深入的研究和探寻。希望建宏在今后的工作中继续努力，不断增加学养，丰富自己的研究能力，拓宽研究方面，取得更大的成绩。

我国房地产市场目前正处在结构调整和产业转型时期，解决好市场中的问题不是一朝一夕的，需要满足供给侧结构改革的要求来完善我国房地产市场规则。解决好市场的完善，法制的健全，管理的到位等问题。

　　同时，我国住房与房地产业已经走过了一个迅猛发展的阶段，在取得了瞩目成绩的同时，正在向新的理性发展阶段迈进。面对这样一个重要的转折时期，有更多的问题需要我们去踏实做一些研究，切实解决一些问题，对当前房地产市场的健康发展以及舆论导向起到很好的引导作用。

　　建宏是一位很勤奋的年青人，在多年的记者工作中，不忘学习和提高，完成了这本著作，是一件很有意义的事情。所以我很乐于为他的书做序并推荐。我相信此书出版能受到业内关注，读者喜欢！

2016 年 9 月 6 日

　　（王珏林，中国房地产资源委员会会长、住建部政策研究中心原副主任。长期在住房和城乡建设部政策法规司、政策研究中心工作，对城市规划、建设和管理，建筑业、房地产业、市政公用事业，对建筑市场、房地产市场、住房制度改革，城市经济、区域经济、城镇化新农村建设等方面都进行过比较深入的研究）

序二

黄小虎

一

牛建宏同志是个媒体人，他的主要从业经历，是宣传报道房地产业相关问题。在奋发努力，取得出色工作业绩的同时，他十分用心，在工作中收集了大量有关房地产的资料、案例，并认真梳理、分析、研究，探寻其中的规律。终于，积之多年写成了《规则的博弈——中国房地产观察》一书，可谓功夫不负有心人。

这本书的特点，是站在普通消费者即老百姓的立场上，全面观测、系统扫描我国房地产业存在的问题，深刻揭露了各相关利益集团或社会阶层，围绕着房价如何勾连博弈，如何侵吞国家改革开放的成果和人民群众的利益，如何绑架实体经济，如何左右政府政策，等等。

住房是人民生活的必需品，但现在对许多人却成了奢侈品，成了万众关注的社会问题。身受其害的人，渴求了解真相，这本书会对他们有启发。

我国住房市场化改革历史不长，政府对如何构建和管理这个市场，缺乏经验。至今为止，针对房地产业出台的政策，大多效果不佳，甚至是反效果。这也深深苦恼着相关政府部门及其公务员们，希望探求究竟。这本书系统梳理了相关政策，有助于他们深入反思。

　　住房，关系到投资与消费，关系到供给与需求，关系到产业结构与经济结构，关系到财政与金融，关系到政府与市场，关系到民生与社会，等等。因此，也是各类学术研究特别是经济学、社会学乃至政治学关注的重点课题。这本书提供了大量案例资料，并不乏思考的火花，对于学术研究来说，也相当有价值。

　　这本书还有一个副题"中国房地产观察"，所谓"观察"，是强调新闻工作者的视角，同时，这种"观察"又有点"另类"，有别于理论研究和政策研究。从这个定位出发，应该说牛建宏已经比较好的完成了他给自己规定的任务。

　　总之，牛建宏出了一本好书，作了一件好事。

二

　　读完这本书，我觉得有必要重新提一下当初的房改，这有助于理解中国房地产发展的历程。

　　上世纪80年代，国务院成立住房制度改革领导小组，在组织各界、各地调研、试点基础上，探讨改革思路，拟定改革方案。经过较长时间探讨，社会各届对住房制度改革形成如下共识：需求侧是"租售并举，提租促售，以售带租，小步快走"；供给侧则是政府建房，合作社建房，私人建房和开发商建房并举。我理解，租售并举，是要让住房买卖市场和租赁市场共同发展，消费者可以根据市场的租售比价和自己的购买能力，自主选择住房消费方式。政府建房，主要解决最低收入人群的住房保障；住宅合作社作为非盈利经济组织，是普通工薪阶层合作互助解决居住需求的重要渠道；私人建房，主要是小城镇居民用于自住；开发商建房，对应的是高收入人群或富人阶层的居住需求和投资、投机需求。这些改革思路，在国务院80年代末和90年代初出台的住房制度改革方案中，都有所体现。按照这些思路，当时的建设部开展了积极探索。例如，在烟台、唐山、蚌埠等城市开展提租促售、租售并举的改革试点，取得成功经验。
例如，在全国探索建立和发展住宅合作经济。到 90 年代初，全国有
5 千多个住宅合作社，成立了全国性的协会组织，制定颁发了规范的
住宅合作社章程；建设部还出台了城镇合作住宅管理办法，召开了 2
次全国性的工作会议。一时间，住宅合作经济呈现出广阔的发展
前景。

但是，1998 年以后全面推行的房改，却背离了最初的改革思路。
只售不租使住房租赁市场至少沉寂了十几年，误导了人们的住房消
费观念。住房供应方面，政府长时期缺位；私人建房始终没有得到
法律和制度的规范；曾经生机勃勃、欣欣向荣，受到政府大力支持
的住宅合作经济，突然间偃旗息鼓，了无声息。结果，开发商成了
住宅市场的唯一供应渠道，没有任何竞争对手，使其居于市场的制
高点，掌握了最终定价权。由此，才会产生出本书所描绘的五花八
门、无奇不有的各种市场乱象和人间百态。各种势力、各类人等，
纷纷菌集在开发商旗下，分享房价大餐。普通老百姓则成了砧板上
的鱼，任人宰割。

西欧、北欧许多国家房价长期稳定，最主要的原因，是穷人的
住房由政府保障，普通工薪阶层的住房，通过参加非盈利的住宅合
作社解决。二者合计，约占社会住房供应总量的一半。这些房子可
以按规定的程序流转，但却不允许上市自由交易，即只能用于满足
消费者的居住需求，不能成为投资投机的对象。此外，还有约一半
的房子由开发商提供，并允许投资投机，让有钱人可以炒作房子赚
钱，同时承担相应的投资风险。这种制度安排，在住房的居住功能
与投资功能之间筑了一道"防火墙"，使开发商不能垄断全社会的住
房供应，使购房者具有较强的议价能力。我国 80 年代形成的改革思
路，很大程度上也是借鉴了西方国家的经验。

但是 1998 年实施的房改，却使开发商成了唯一的供应渠道，处

于自然垄断地位。这并不是开发商自己争来的，而是有关政府部门的制度安排的结果。任何人只要作了开发商，在行业内部竞争的巨大压力下，都必须追求利润最大化。而普通住宅的利润水平不应该很高，甚至不该有利润，让开发商来负责普通人群的住房供应，是严重的供需错配。在巨大的居住性需求和巨大的投资、投机需求的共同作用下，房价只会一路高涨，失去控制。后来，有关方面终于认识到，解决城市住房问题，政府不能缺位，承担起廉租房甚至公租房的建设供应责任。但是，城市普通收入人群的问题至今仍然没有得到解决，继续让他们挤在开发商的供应渠道里，只能是给投资、投机需求做垫底。限购也好去库存也罢，都不能根本解决他们的住房问题。

土地制度也存在缺陷，一是不允许集体建设用地进入市场，即使符合规划，也不能开发商品房，不让农民的宅基地入市交易，结果是进一步强化了开发商的自然垄断地位。二是政府经营土地，导致政府过于依赖土地财政和土地金融，依赖循环往复不断征地、卖地。地价高了政府可以多一些收入，但也把房价抬上去了。房价已经成了令政府左右为难的头号难题，一头是群众利益，一头是政府收入，只要现行土地制度不改，这就是一道无解的死题。

总之，现在我国的城市住房市场，是一个没有充分竞争的市场，开发商处于自然垄断地位，这个垄断地位是现行住房制度和土地制度存在的缺陷所导致的，是规则本身出了问题。"不审势既宽严皆误"，如果不从根本上改革制度，一味在管理的宽严上下功夫，无异于缘木求鱼，也是自欺欺人。

三

在我看来，这本书也有不足之处。例如，收集的案例、资料，主要是1998年房改之后的，对于之前的改革思路、方案、实践，基本没有涉及；对于世界各国的住房制度也没做专门考察。缺少比较，也就难有更深的鉴别，这不能不说是一个缺憾。同时，该书书名为"规则的博弈"，在我看来，房地产业问题的根源，不仅在于各方势力不守规则的博弈，更体现在规则的不完善甚至存在错误，导致了混乱的博弈。

我上世纪80年代在红旗杂志社（后改为求是杂志社）经济部做编辑工作，因工作关系参与一些国务院房改办组织的研讨活动，也曾到改革试点城市去调研或组织稿件，因而对当时的房改情况有一定了解。因为如此，我对当年的改革思路未能坚持下来，感到极为惋惜。

"忘记历史就意味着背叛"，我并非当年改革的核心参与者，了解的情况有限，不足以成史。十分希望仍健在的当年的决策者和核心参与者们，以及更多的青年研究者们，真实记录当年的改革历程，详实记载当前的市场印迹，给后人留下信史。因此，很乐意为牛建宏同志的这本书做序。

2016 年 9 月 1 日

（黄小虎，研究员，中国知名土地经济研究专家，曾任职于《红旗》《求是》杂志15年，研究经济学、农村经济、土地经济、住房改革等；后担任中国土地勘测规划院院长、党委书记，中国土地学会副理事长，国土资源部咨询研究中心咨询委员）

序三

俞孔坚

建宏可以说是我的学友。这十几年来来，他一直关注着"反规划""白话的城市和景观""大脚革命"等理论，也关注着"土人"的发展，写了很多有关城市文化、建筑、景观的文章，做了很多有关城市话题的采访，深入的思考和优美的文笔都给我留下很深的印象。

今天，当他把这本《规则的博弈——中国房地产观察》的书稿放到我面前的时候，我才知道，除了城市建筑、景观、文化之外，他还对房地产业做了这么多的关注和研究，祝贺他取得的成绩。

今天的中国正处于一个伟大的历史时刻，经过改革开放 30 年的快速发展，中国的各方面取得了翻天覆地的变化，尤其是经济增长和城镇化发展成就有目共睹。但在欢欣鼓舞的同时，我们也应该看到，几十年城镇化过程，也造成了一系列的问题：比如，过去 50 年间总人口增长了一倍，城市人口增加了 6 倍，75% 的地表水被污染，400 余座城市面临水资源短缺。70% 的人口每年都在同发生在城市和乡村中的洪水作抗争，全国三分之一的区域饱受雾霾侵袭，50% 的湿地在过去 50 年中消失，大量稀有物种灭绝……比如，百年一遇、五百年一遇的防洪堤牢牢锁住了长江、黄河、珠江，和漫长的海岸线；而同时，长江的白暨豚消失了，太湖蓝藻泛滥了，洞庭湖的鱼大片死亡……比如，中国城市的美化运动此起彼伏，因此而出现超尺度的公共建筑和市政建设、大马路和大广场，创造了一种以展示为特征、以巨大的土地浪费和碳排放为代价的当代中国式城市景观……

中国房地产也不例外。伴随着城镇化的飞速发展进程，房地产同样产生了诸多的问题：比如，节节攀高的房价让城市成为无法安居的"漂泊之城"，众多年轻人开始逃离北上广等一线城市，城市的活力逐渐丧失；比如，从来没有哪一个行业像房地产业这样盛产亿万富翁，各种富豪排行榜上，房地产富豪连年占据半壁江山；比如，土地市场上权力规范和监管机制不完善，诸多漏洞和薄弱环节存在，使得整个土地市场腐败问题严重；比如，房地产作为"供人居住，是生活的必需品"的本质属性逐渐被淡化，而代之以金融属性，成为一个金融产品，供人们投资，供人们投机炒作；比如，政府在住房保障中的基本责任并没有得到深入彻底的执行，中国住房改革过早地强调了房屋的商品属性，对住房的保障性投入严重不足，低收入家庭的住房保障问题日益突出。等等问题。

建宏在他的书里，对上述这些问题都进行了一一的剖析，并深入地分析了其中的原因。尤其值得一提的是，他选择"规则"和"潜规则"这一角度，来解读当前房地产行业中存在的诸多问题，我觉得是一个非常好的切入点。就如当前的城市建设，尤其是景观建设，充斥了扭曲的、矫揉造作的、华而不实的"小脚"美学，我们应该呼唤一种基于健康的生态演进、唤起人们内心深层次美感的、高效而丰产的"大脚美学"一样，我们也需要深挖为"潜规则"提供了成长和繁衍的土壤，向房地产行业中形形色色的"潜规则"开刀，解决一系列与"潜规则"密切关联的行业"病症"，只有这样，才能真正还房地产一个健康发展的未来。

算起来，从2003年建宏第一次采访我到现在，有十几年的时间了。在我的印象里，他是一个勤奋、踏实、有自己思考的年青人，期间也见证了他这些年的努力。在我心里，我一直是把他当作自己的学友看待的。

今天，在他的书出版之际，写下上面的话，希望他继续努力，在未来发展的道路上走得更远。

2016 年 9 月 25 日于燕园

（俞孔坚，美国艺术与科学院院士，北京大学建筑与景观设计学院教授，院长）

序四

陈祥福

　　当建宏把他的《规则的博弈——中国房地产观察》书稿放到我面前的时候，猛然感觉到时光的飞快——转眼之间，往往是一个十年就过去了。记得十几年前建宏第一次在全国两会上采访我的时候，还是一个青涩的年青人，而今已经逐渐成熟，并且在自己的天地里取得了很好的成绩。

　　建宏是我的"小朋友"。这些年他从中国建设报，到人民日报，再到人民政协报，通过在各大媒体的历练，开阔了视野，经历了成长，积累了知识。也正是在多年的房地产的采访和报道中，他逐渐形成了对这一行业的深入认识，形成了自己的观点，最终完成这本书的写作。

　　该书的内容广泛，从房地产商到土地问题，从房地产税费到房价成本，从炒房到外资涌入，从保障房到房地产调控，可以说涵盖了房地产业的各个环节和链条。但这些环节和链条又不是凌乱地分散在各处，不可拼凑，而是草蛇灰线，有迹可循，我们可以找到一条统摄全篇的主线，即明规则之下的潜规则。正如书中所说："在中国房地产的背后有许多令人难以置信的'潜规则'。在众多的法律、法规、国家相关政策等'明规则'之下，有众多'未必成文却很有约束力的规矩'，他们与'明规则'博弈，形成一个看不见的'暗规则'，让众多利益集团在平常的经营活动中'长期遵循'。"从这一视角出发，书中各个章节深入揭示了房地产背后有哪些不为人知的"潜规则"，这些"潜规则"又是如何在房地产市场中发生作用；剖析了在国家法律、法规、相关政策等"明规则"之下的各个利益方的深度博弈，从一定程度上展示中国房地产背后真实的存在状态。所有这些都体现了书的作者积极思考和勇于探索的精神。

　　另一方面，该书还体现了研究和报道相结合的路子。对于房地产市场，各个利益链、代表各个层面的发声的比较多，出的书也比较多，但往往是"各说各话"。比如，学者写的书往往是学术味道十足，理论性强，普通老百姓看了之后不一定完全明白；一些迎合市场的书，又往往是故作惊人之语，容易偏激和冲动，理性又不足。该书既有一些客观的报道做支撑，又加入了作者自己的思考，且文笔简练生动，读起来并没有费力、艰涩之感，这也是该书值得称道的地方。

　　总之，祝贺建宏新书的出版，也祝愿他在未来的发展中，更进一步，获得更多的成绩和喜悦。

2016 年 9 月 13 日

　　（陈祥福，第九、十届全国政协委员，中国建筑工程总公司科协副主席、学术委员会主席。国务院特殊津贴专家，科技部、建设部专家委员会委员，英国皇家特许建造师，同济大学博士生导师，联合国国际生态生命安全科学院院士，国际生态安全合作组织首席科学家）

推荐语一

张泓铭

在房地产专家"全民化"的年代里，要读懂起起伏伏的房地产，更难了！但是，现在有一本让你不难而有信服力的书展现在这里——牛建宏著《规则的博弈——中国房地产观察》。

牛建宏以记者、国家大媒体记者、研究型记者的特别优势，撰写的此书凸显了"客观中立、真实具体、雅俗共赏"三大特点。我作为一个23年来专业从事房地产经济和管理的研究者，负责地说一声：此书并非教科书，胜过教科书！

（张泓铭，全国政协委员，上海市人民政府原参事，上海社会科学院研究员、博导）

推荐语二

张　超

自从房子成为商品且是许多中国家庭最大的一件"家私"以来，十几亿人的住房梦成就了整个行业的高速发展。但毋庸讳言，中国房地产市场的发展并非一帆风顺，它的每一次起伏都牵动着亿万中国人的心，房地产市场的分化、转型发展从某种意义上也是中国经济发展的一个缩影。

当下的房产行业何去何从？认清问题是解决问题的前提，作为多年从事房地产行业报道的新闻人，牛建宏先生无疑对于这个行业有着更为深切的感悟。这本书通过详实的数据及案例，生动形象地对房地产行业多年来存在的种种"潜规则"、怪现象进行了剖析，提出了解决问题的思路，相信一定会使我们对整个房地产市场的看法更鲜活、更深刻、更受益。

（张超，中国节能环保集团公司副总经理、总法律顾问，中节能实业发展有限公司董事长）

目　录
CONTENTS

引　言

房价高涨背后的推手是什么？

2016 年春节之后，中国一二线楼市出现一波明显的上涨行情，日光盘频频出现，二手房价也出现"跳升"。

统计数据显示，2016 年 2 月份，30 个典型城市新建商品住宅成交面积为 1100 万平方米，同比增长 31.4%。30 个城市当中，北京、上海、广州、深圳四个一线城市的楼市成交面积同比增幅由 1 月的 12.0% 扩大至 33.6%，二线代表城市由 1 月的 17.5% 扩大至 36.9%，三线代表城市则由 1 月的 −2.8% 扩大至 14.6%。二线城市领涨。"三四线楼市吃药'去库存'，但一二线楼市'高烧'"。又一轮的楼市上涨趋势隐隐出现。

多年来的情景是如此的相似。这么多年过去，无论中国楼市行情是火爆、还是冷淡；无论政府出台刺激政策，还是限购政策；中国的房价一如既往地坚挺，甚至势头愈加强劲。

究竟是什么造成了这样的现实？

是什么推高了房价？

面对高企的房价，从 2003 开始，针对部分地区住房供应结构不合理、住房价格上涨过快等问题，《国务院办公厅关于切实稳定住房价格的通知》（国八条）、《国务院办公厅转发建设部等部门关于做好稳定住房价格工作意见的通知》（新国八条）、《国务院办公厅转发建设部等部门关于调整住房供应结构稳定住房价格意见的通知》（国六条）等相继发布，然而，现实很骨感，房价"越调越高"，使得"调控"成为"空调"，它就像鲁迅笔下一心盼望"革命"的人们，终于"革命"了，却发现"革命"后一切照旧，虽然自己平日痛恨的一部分人"倒了霉"，但自己的日子却并没有什么改善。

事实上，无论是"逃离北上广"的人们，还是做了"房奴"的人们；无论是对房地产调控一次次失望的人们，还是对高房价已经忍无可忍的人们，他们都有一个共同的困惑：到底是什么造就了这么高的房价？

是因为地价吗？是土地的暴涨造成了房价的持续高涨吗？地价的上涨是房价上涨的"罪魁祸首"吗？为什么"地王"所到之处，房价立刻飙升？地价催高房价，是不是同时房价又推高地价？……

是因为税费吗？是房地产的重复征税和多次收费，推高了房价吗？假如政府将房地产税费减低一半的话，房价肯定会真真正正降下来吗？实惠是给了老百姓还是会便宜了奸商……

是因为房地产成本太高吗？公布房价成本真的是侵犯企业的"商业秘密"吗？为什么行贿的费用是开发商最不愿意公布的？房价中的"灰色成本"如何才能真正暴露出来？……

是因为房地产行业太暴利了吗？把高房价归到开发商头上，真的是"打错了板子"？开发商是在替地方政府"背黑锅"吗？房地产业的暴利能达到多少？是远远超过了其他行业的利润？还是真如开发商所说的"自己比窦娥都冤"？……

是国内炒房者造就了高房价吗？面对炒房者的"一夜暴富"，众多的"房虫"成为"炒房族"，更有足迹遍布温州、山西再到杭州、上海、北京以及到全国的"炒房团"，如何让众多的投资者变得理性？……

是外资热钱的炒作造就了高房价吗？大量外资有利则万马奔腾而来，卷起千重浪花，他们大量涌入推高房价之后，又集中大规模抽离，给市场带来毁灭性打击。我们如何防范热钱兴风作浪？……

是住房保障工作没有跟上吗？为什么经济适用住房会出现种种违规"乱象"，显露出种种"不适"之症？是什么原因造成了限价房从"宠儿"变"弃儿"，由"香饽饽"变"鸡肋"的尴尬境地？为什么廉租房总是在空转，公租房会不会重蹈经济适用房的覆辙？……

是政府的宏观调控不力？抑或是不当？还是缺位？政府在住房领域的职责是什么？行为的原则是什么？边界又如何界定？……

围绕这些问题，消费者、专家学者、房地产开发商、政府主管部门往往意见不统一，甚至是观点十分尖锐和对立，社会舆论和媒体又推波助澜，一度使论争白热化。然而，纵观这些争论，我们看到，官员、专家和房地产大腕们都在各自引用各自的论据来证明自己的观点，"各说各话"：官员代表政府来说话，容易流于虚套，让人感觉华而不实；地产商代表利益来说话，往往太注重现实所得，增加人们"为富不仁"的"仇富"心理；学者站在学术的角度来说话，追求一种理想化的状态，又可能缺乏操作性，不够现实；而老百姓从自身的个体感受出发，又极容易陷于偏激，在冲动中流于情绪甚至谩骂。

这些争论从表面来看，是对经济现象和问题的争论，在各自的话语体系中进行争论，仿佛是"鸡同鸭讲"。但实质上，背后隐藏着深层的民众舆论和资本利益的博弈。

正因为他们分别拥有不同的话语体系，自成封闭型的一体，看似讨论一个问题，实际则是南辕北辙，各说各理，谁也很难说服谁。用一句流行歌词来说，就是"白天不懂夜的黑"，泡沫之争论沦为为争论而争，如一地鸡毛，在各自"置喙"的纷乱之后，风飘云散。

"明规则"与"潜规则"的博弈

"潜规则"一词，根据百度上的定义，是相对于"元规则"、"明规则"而言的，是指看不见的、明文没有规定的、约定俗成的、但是却又是广泛认同、实际起作用的、人们必须"遵循"的一种规则。

发现和系统研究中国历史"潜规则"的吴思先生曾这样论述："在仔细揣摩了一些历史人物和事件之后，我发现支配这个集团行为的东西，经常与他们宣称遵循的那些原则相去甚远。例如仁义道德，忠君爱民，清正廉明等等。真正支配这个集团行为的东西，在更大的程度上是非常现实的利害计算。这种利害计算的结果和趋利避害的抉择，这种结果和抉择的反复出现和长期稳定性，分明构成了一套潜在的规矩，形成了许多本集团内部和各集团之间在打交道的时候长期遵循的潜规则。这是一些未必成文却很有约束力的规矩。我找不到合适的名词，姑且称之为潜规则。"①

可怕的是，在中国房地产的背后有许多令人难以置信的"潜规则"。在众多的法律、法规、国家相关政策等"明规则"之下，有众多"未必成文却很有约束力的规矩"，他们与"明规则"博弈，形成一个看不见的"暗规则"，让众多利益集团在平常的经营活动中"长期遵循"。

例如：在商品房预售制度下，一些开发商以近乎空手套白狼的方式获得资金，拿购房者的钱来做自己的开发资金。

_____

① 见吴思著，《潜规则》。

从高价拿地拖延入市，一些"地王"不开发，而是选择修改规划，调整容积率；从铺天盖地、眼花缭乱的楼盘广告，到一些开发商在楼盘封顶后，见市场行情转好，价格持续上涨，就故意制造"楼盘还未达到预售条件"的假象，捂盘惜售。

一些开发商和建筑商互相勾结，有预谋、有目的、有步骤地通过先与承建方编造虚假合同，再让承建方多开建安发票的手段，人为地提高造价，增大建安成本，以少缴所得税。

一些地方政府出于局部利益和眼前利益，为规避土地监管而和中央部门玩"猫捉老鼠"的游戏时有发生，一些地区政府出现了"廉租房"空转，套取和挪用中央保障性住房建设补贴资金。

……

总之，那些在成熟的市场经济条件下被明令禁止的种种做法，在中国，在当下，似乎成为官员加官晋爵、企业战胜市场风险获取暴利，个人发财的通行的"法宝"。

可以说，房地产业内的这些"潜规则"，就是推高房价的罪魁祸首，也是滋生腐败的温床。然而，这些做法之所以能够成为"潜规则"，却是深深植根于当前的社会经济政治和文化背景当中，正是当前的社会经济政治和文化背景为"潜规则"提供了成长和繁衍的土壤。要遏制高涨的房价，必须向房地产行业中形形色色的"潜规则"开刀，必须解决一系列与"潜规则"密切关联的行业"病症"。

中国的房地产业究竟应该如何定位？政府在住房管理领域究竟应该扮演什么样的角色？房地产为什么造就了那么多的财富巨人，其致富的手段有哪些？

土地市场是如何一步步产生"地王"，让"面粉"贵过"面包"？房价的成本究竟是如何构成的，为什么其中有不可公开的秘密？房地产税费背后折射了房地产企业怎样的生存状态，它会是推高房价的推手吗？

　　房子如何成为投资、投机者眼中的猎物，成为他们财富保值增值的手段？保障住房如何确定覆盖范围、建设标准？以及准入和退出如何实现社会公平正义？

　　房地产信息披露如何实现公开透明，让普通的老百姓不再是一头雾水？政府的调控如何走出"越调越涨"怪圈，真正实现房地产市场的健康平稳发展，实现广大民众"住有所居"的愿望？

　　……

　　当房价年复一年持续上涨，加上通货膨胀预期，让许多人产生了房价只升不跌的幻觉，于是在一种非理性的恐慌之下，悠悠万事，买房为大，于是不管怎样都宁愿选择尽快购房，只是要争做"房奴"，而尽管倾其所有购房可能限制了选择，影响了发展，也无可奈何……

　　当你被迫成为蚁族，想成为房奴而不得的时候，或成为房奴而牺牲了所有的幸福的时候；当你与高房价狭路相逢，在职场劳心劳力一个月还是买不了一平方米的地皮的时候；当你面对"房子贵、车子贵、生活贵，票子却不够花！"这一残酷的生活现实，却依靠奋斗而无法突围的时候；当你发现所谓的"北上广"等一线城市只是一座让你无法安居的"漂泊之城"的时候；当我们看到房奴的悲愤，看到准房奴的焦虑，看到了欲成房奴而不得者的绝望，悲愤、焦虑和绝望叠加的时候……

　　一张张时代焦灼的面孔，让人读出透心的冰凉。一个个让人高不可攀的城市，会因为众多年轻人的离去而失去应有的活力！

　　针对这些问题，历史和人民需要我们的党和政府认真地反思，要求我们做出负责任的回答。接下来，我们将对这些问题一一进行解析，揭示楼市背后有哪些"潜规则"，剖析法律、法规、国家相关政策等"明规则"之下的利益博弈，展示中国房地产真实的存在状态，同时寻找积极的方向和解决之道。

第一章

一个行业的野蛮生长

房地产业当然是个暴利行业，如果没有暴利，为什么各类企业都来搞房地产？哪个地方羊最多，那个地方的草一定最好，这是很简单的市场规则。

——黄怒波

"如果你不知道怎么打发时间，就去计算一下房子的成本吧。可能需要花几天时间，而最后得出的结果，足以让你打消中彩票的念头——不如改行去做开发商。"这是网上流传的一个略带调侃的说法。

"2002 年以前我从事物流行业，一年赚 300 万至 400 万元就不错了，利润只有 7% 左右。后来转行加工业，利润达到 20%。现在搞房地产，3 年前一个项目投了 2 亿元，3 年后除去成本净挣 2 个亿。搞了房地产，就不想再搞其他行业了。"内蒙古包头市一名房地产开发商对媒体的一番表述可以作为网络上这一调侃说法的最好注解。①

"暴利"，用经济学的术语解释，就是超额利润，即超过正常利润的那部分利润。产业经济的规律表明，通过创新和承担风险获得的超额利润，对社会有益；而垄断的超额利润是垄断者对消费者、生产者或生产要素提供者的剥削，是不合理的。

---

① 《经济参考报》，新华社调研小分队，2010 年 5 月 11 日。

改革开放以来，一直"野蛮生长"的中国房地产业，从来是争议不断，尤其是房地产市场化十年以来，各路资金争相涌入，使得房地产业成为名副其实的"聚宝盆"和"吸金术"。

细心的人士注意到，在福布斯中国内地首富榜单中，主业从事房地产的富豪逐年上升：2001 年，29 人的主业是房地产，且前十大富豪中有 5 位开发商；2002 年，25 人主要从事房地产开发、近一半人涉足房地产；2003 年，经营房地产的富豪增至 35 人；2004 年，升至 45 人。短短十几年内，中国房地产业以超乎常规的速度催生了众多亿万富翁，这在其他地区、其他产业无法想象。

房地产更是是胡润版富人排行榜上永不落伍的主题。从 2003 年开始，"胡润版中国大陆百富榜"中房地产行业以突飞猛进的速度制造出成倍的富豪。有人戏言，"胡润版中国大陆百富榜"实际就是开发商的排行榜。

法国大文豪巴尔扎克说过一句话，"每笔巨额财富背后，都隐藏着罪恶。"套用巴尔扎克的这句话，我们也可以说："每一个行业暴利的后面，都隐藏着不为人知的获得暴利的手段。"

那么，面对质疑，开发商究竟是比窦娥还冤，还是身上流着众多道德的血液？房地产行业有没有暴利？开发商又是如何从房地产行业中获得财富，实现"野蛮生长"的呢？

开发商比窦娥还冤？

与大部分行业社会平均利润率 7% – 8% 的水平相比，房地产业的利润说法不一。国家统计局的数据是 7% – 9%，开发商自报是 12%，而财政部抽查是 26.79%，在社会上甚至流传着房地产利润高达 150% 的说法。

　　房地产业的暴利能达到多少？是远远超过了其他行业的利润？还是真如开发商所说的"自己比窦娥都冤"？这样的争论一直在社会公众和行业利益者之间激烈进行着。

　　而将这一话题放置广泛公众领域的，是任志强的一次"放炮"。

　　"房产品牌就应该是具有暴利的。"在2005年11月的"首届中国地产品牌价值评估与品牌评选活动"论坛上，任志强的这一句"表白"令举座皆惊。

　　据媒体当时报道，此次论坛上，大部分老总表现得非常谨慎，但一向以"敢说"著称的任志强令全场气氛陡然紧张。"没有巨大的利润支持，无法建设品牌，因此房产品牌就应该是具有暴利的。"当任志强面色严肃地说出这句话时，立刻引发全场一阵骚动。在发表完对品牌的理解后，任志强并没有等候参加嘉宾对话，而是立刻抽身离场。

　　其实在此之前的2005年5月，国土资源部发布的一份报告中的数据显示：全国大多数城市房地产开发的利润率普遍在10%以上，中高档项目的平均利润率更高，一般达到30%－40%。该数据还以北京为例：北京市房地产开发利润占房价的比重平均达到17.1%，其中最高的在二、三环之间，达到了20.4%。这份报告的结论认为，房地产行业的利润率过高，已经超过了其他行业的平均水平。

　　如果说这份报告所引发的房地产暴利的讨论还只是集中在比较专业的范围，那么，任志强"房产品牌就应该是具有暴利的"的言论是以一种"通俗"和"极端"的方式引发了有关"房地产暴利与否"的论争。

　　一般业内对任志强的言论的评价是"语不惊人死不休"，"言语凌厉'愤青'但客观上有一定道理"。对于众多地产商来说，他们可能更多地感觉任志强是那个"皇帝新装"中的小孩，童言无忌说出了这个行业的秘密。

但就"房地产暴利"这一"敏感"话题而言,众多的地产商唯恐避之而不及。他们更愿意实际享受房地产为他们带来的利益,为富人盖房,赚取更多的利润,他们更愿意奉行潜在的行业规则:有些事,能干不能说;而有些事,则只能说不能做。——有关"房地产暴利"就是如此,你偷偷摸摸把钱挣了就行了,何必去撩拨公众那颗敏感而脆弱的神经呢?

然而任志强打破了这个规则,他赤裸裸地把这个阶层引而不发的欲望表达了出来。公众怎么能不对此反映强烈?所以,"暴利说"一出,犹如一石激起千重浪,引发一场大论争。

首先是一些开发商纷纷发言,否认房地产"暴利",甚至哭喊自己比窦娥还冤。

潘石屹明确表示,"现在房地产是有点利润,但绝不是暴利行业,房地产的极限净利润率只有26.6%。"在潘石屹看来,如果开发商的毛利润是100%,开发成本假设是0,除去5%的营业税,55.3%的土地增值税以及13.1%的企业所得税,剩下只有26.6%的利润。

王石则认为:"至少从上市公司的情况来看,房地产行业并不是暴利行业。有人会问,房地产不是一个暴利行业,但为什么出了这么多富豪?原因很简单,房地产行业是中国所有能够上规模的行业里面,唯一一个从一开始起就对民营经济完全开放的行业。""如果金融业、资源业、烟草业、通信业行业一开始就对私营企业开放,那么中国的首富一定会出现在这些行业,而不是房地产业。"①

或许是迫于巨大的社会舆论压力,任志强在他的个人博客里又做出了一系列解释:"1998年在住房制度改革和银行信贷政策对个人购房消费的支持下,给房地产发展注入了活力,促进了房地产业

---

① 陈雪:《万科高调回应房地产热点问题》,《中国证券报》2007年10月30日。

的高速发展。"、"少数企业的'暴利'、少数项目的'暴利'并没有改变全行业的利润情况，也没使全行业成为暴利行业。"①

两位地产大鳄的言论在确信房地产无暴利的同时，给出了不同的理由，而中国大多数学者都认为房地产业存在暴利，认为这是不言而喻的。复旦大学房地产研究中心主任尹伯成认为，强盗绝对不会说自己是强盗，任志强的做法就是典型的此地无银三百两。既然房地产业不存在暴利，那么，一、为什么这么多人挤破了头都要冲进去？二、为什么这几年房地产投资规模增长的速度以每年20%甚至30%的速度猛增？三、为什么他们不愿意公布房产的成本？四、为什么一些地方政府会千方百计同房地产开发商搅在一起？五、为什么中国这几年的富豪榜上房地产商频频上榜？②

尹伯成认为，其实事实已经很清楚了，就算按潘石屹26.6%的保守数据来算，那也已是暴利了。

易宪容更是用数字直接计算了开发商的高额回报。"目前国内的房地产，如果不说那种100%以上的利润，只是以开发商认为的25%左右的利润为基准，那么这个利润水平是不是暴利呢？我们只要把居民一年期银行存款利率为2.25%一对照就知道了"。"相差10多倍，是不是暴利呢？"③

客观地讲，虽然房地产增长时期还没有结束，房价上涨趋势也还没有结束，但是大幅度上涨的趋势已经不再，房地产的黄金期已经接近结束了。尤其是当前中国经济进入新常态，房地产市场也进入新阶段，房企分化加剧，市场告别高速增长。房企净利润普遍不高已成业内共识，来自研究机构的统计，从2010年起，A股上市房

---

① 任志强新浪博客 http：//blog. sina. com. cn/renzhiqiang。
② 《每日经济新闻》，凌建平、祝裕，2006年10月24日。
③ 易宪容：《房地产暴利为何不可讨论》，http：//home. eeo. com. cn/space/html/77/81577 - 9579. html。

企净利润率以每年 1 个百分点左右的速度下滑。这在一定程度上预示着房地产的暴利时期已经结束了。

开发商的法宝

众多的企业进入房地产领域，他们获得暴利的法宝是什么？或者说，造成房地产暴利的玄机在哪里？下面笔者试举几例分析。

1. 不长房子净长草——囤地慢开发

有三分之一的开发商只囤地不盖房，这是房地产界知名的开发商潘石屹给出的数字。荒草，高墙，荒凉，这或许已经成为闲置土地的代名词，这样的土地就安然置身在喧闹拥挤、寸土寸金的城市中。

而闲置土地的开发商，都不愿透露"荒地"的原因，并强调"囤地是房地产开发商的常态，没有几家开发商不囤地求发展的。"但通过深入了解可以发现，其实更多的开发商故意"荒地"只是为了追求更多的利润空间。

据媒体报道，某房企 2015 年 9 月 2 日以总价 16.67 亿元、楼面价 20654 元/平方米拿下位于上海普陀真如城市副中心的一幅地块。而早在 2006 年，真如副中心推出的第一幅核心地块，被香港某企业以 22 亿元底价将其收入囊中，折合楼板价仅 3055 元/平方米。10 年之间，地价上涨近 6 倍。"真如城市副中心"是上海市重点建设的第四个城市副中心。香港该企业拿地 3 年后，项目才正式开工。预计 2018 年完工。也就是说，从拿地到建成，需用 12 年时间才能完工。

"任你外界风云变幻，我只有一个原则：熬，等待，尤其是囤地等待。"某房地产开发企业的一位内部人士说。

该人士告诉笔者，就上市的房地产企业而言，囤地越多，越容易吸引股民购买其股票。同时，把土地囤积在手中，这样市场上可以出售的土地会大量减少，地价就会迅速飙升。土地成本的增加，楼盘价格只能不断上涨，暴利也就源源不断而来。

事实的确如此，土地作为稀缺的自然资源，具有自然增值属性，随着时间的推移，开发商只需要把土地或楼盘闲置，耐心地等待自然增值，就可以获得充足的暴利，既不用花费额外的成本，也不用像制造业、商业那样付出大量的劳动，开发商何乐而不为呢？闲置土地和空置房在本质上来说就是一回事，一个是利用土地赚钱，一个是利用房子赚钱，最后承担代价的还是那些切切实实对住房有需求的人。

在"囤地"等待中获得暴利，才是开发商们热衷于四处买地、拖延工期，然后违规"囤地"的动力所在。具体来说，开发商"囤地"又有如下的技巧：

（1）挖坑待建。即在房子打完基础后停工，在象征性地赔偿施工单位损失后，把地块晒在一边，这样国土部门就不能说是囤地，但确实将工期一而再再而三地拖后了。

（2）推说手续难办。个别开发商在上报审批材料时，乱报一气，故意造成规划上的缺陷，使规划建设许可批准时间被拖延。

（3）大地块分批开发，延期盖房。在预期未来房价看涨的情况下，开发商拍得一块土地后，原本分两期就能开发完毕，却故意将土地分割成若干小块多批次开发，这样变相囤地的招数在业内不胜枚举，甚至成为开发商拿地后的明规则。

以国土资源部 2010 年后陆续披露的 1457 宗闲置土地名单为例，总闲置面积约 9772 公顷，合同总价款 256 亿多元，按国内重点城市住宅均价涨幅，保守估计目前土地已升值至少 3 倍，也就是说，仅土地一项政府已批未建的地块就形成了大量的沉淀资产。

一边是消费者面对高房价望房兴叹，一边是闲置的土地长满荒草。当"囤地"成为一本万利的牟取暴利的买卖，还有哪个开发商愿意去费力开发？中国的楼市又何谈持续健康地发展？

2. 概念炒作——忽悠你没商量

但凡有购房意愿，曾经看过房或拿到过楼盘宣传手册的消费者，一定会被楼盘所介绍的完善配套所吸引。现在的楼盘动不动就号称"五星级配套"，允诺其配套从生活上到品位上都是上佳之选。由于商品房预售制度的存在，事实上发展商前期承诺的很多配套后期基本上都难以落实。也就是说，那些宣传册上的美好宣言只能是"纸上谈兵"。

比如，你可能遇到这样的情况：开发商在售楼的时候说是要建网球场的地方，却突然通知要建设一个变电站。而之前小区的销售广告是"生态住宅"，"临海而居"，"休闲娱乐设施齐全"等等。据有关业内人士透露，在北京的住宅小区中，开发商变更小区规划的情况屡屡发生，这样的情况能占到北京住宅小区总数量的80%左右。

统计资料显示，我国房地产广告投放量已经超过药品、食品广告，成为广告市场的龙头老大。在广告中，房地产盛行炒概念，"先做概念再做产品"，房地产新闻中各种房地产公司和楼盘的软广告在炒作房产概念上"功不可没"。其"赢钱捷径"是"创造概念——炒热概念——托出楼盘——拉动房价"。

譬如轨道交通概念，就成了北京一些开发商的一大卖点。业内人士指出，轨道交通作为公共产品，是由政府用财政投资建造的，而政府的财政支出源自纳税人的钱。通过各种途径取得地铁周边地块的开发商并没有因为建造地铁而多付钱，却通过猛炒地铁概念，最终让购房人掏更多的钱。

在日常生活中，在电视上、公共汽车上、报纸上、网络上，随处都可以看到住房销售的广告。在这些广告中，宣传多有夸大其词的成分，或是说楼盘具有"地中海风情"、"亚平宁风格"，或是说该楼盘"节能舒适"，让人尽享科技节能之魅力。而实际情况可能是，道路狭窄，路面不平，所谓"临水楼盘"可能没有多少水，所谓"节能住宅"可能连开发商都不知道能"节"多少能。

另外，洋文概念也是随处可见，CBD、CLD等词汇在许多楼盘宣传资料中使用得越来越频繁，当很多人还无法透彻理解这些洋文的真正含义时，它已经在不知不觉中撬动了购房者的钱袋子。概念炒作好了，房价就上去了。

据在国外生活过的房地产专家介绍，与国内房地产大亨们到处作秀、房地产概念满天飞扬、房地产广告铺天盖地不同，国外的房地产商们都极为低调，很少在媒体上露面。如果这些房地产大佬伤害了老百姓的利益，他们还会被媒体穷追猛打。而在国内，开发商炒作概念，夸大宣传，通过这种"忽悠"的方式牟取暴利。

3. 雇佣"房托"，假造抢购气氛，借机谋利

在开发商的销售谋略中，雇佣"房托"最为人所熟悉。一些开发商为了造成开盘大卖的现象，找各种类型的人来扮演买房者。因为有利可图，这些"房托"往往不辞劳苦，在开盘前夜就开始排队等候，给真正的买房者造成心理压力，进而也急切参与到购房人群中，开发商因此获利。

笔者曾多次在楼盘销售现场见到过这些房托，多数是50多岁的大妈，一天可以拿80－100元，如果是白领就要更贵一些，还有一些楼盘甚至请了一些农民工来当"房托"。

除了这些领工资的"雇佣军"，一些楼盘的代理公司也会叫自己的员工去充当买房者，增加人气。有一些代理公司既做二手也做一手，有些做二手的代理会给二手商铺的人下任务让他们带人去看楼，

如果价位差不多的话，对有些二手房消费者是有吸引力的，这些员工则可以得到相应的分成。

当然，也有开发商嫌雇佣房托太麻烦，就干脆在内部认购或者排号阶段赤膊上阵，本来只有100套房子销售，发的第一个号就已经到了50号，鼓动自己的亲戚、朋友都去要号，而实际上他们可能根本上就不会买，拿到号一扭头就扔进了垃圾桶，但在售楼处的广告中却成了第一天就排到了1000多号等等之说。

4. 稳如姜太公，"垂钓"购房客——悄悄"捂盘"暗地提价

为在某楼盘购买新房，李先生在2009年6月交定金排号，从交定金排号开始到正式开盘，时间长达两三个月，其间销售均价不断上涨。

"最早说在7月4日开盘，但开发商在7月1日通知延期，推到8月底。"李先生说。据李先生透露，排号3000多人，每人2万定金，就是6000万元。然而房子的价格一直涨，最开始排号的时候说是10500元/平方米，转眼之间就涨到12000元/平方米。

难怪开发商会有这样的感叹：只要把稍微好一点儿的房屋拖个一两个月卖，就可能涨15%，这些都是多出来的净利润。[1]

鲁迅先生在《藤野先生》一文中写道：大概是物以希为贵罢。北京的白菜运往浙江，便用红头绳系住菜根，倒挂在水果店头，尊为"胶菜"；福建野生着的芦荟，一到北京就请进温室，且美其名曰"龙舌兰"。

按照鲁迅先生"物以希为贵"的市场观，东西少了，价格自然就上去了。然而，让鲁迅先生意想不到的是，在当今的房地产市场，他的这种市场观被扭曲地发展了，集中的表现就是"捂盘惜售"：一

---

[1]　http://news.house365.com/gbk/whestate/system/2010/01/01/010054396.html。

些开发商以人为的"捂盘"取代自然的"物希",以非正常的手段赚取钱财,获取暴利。

"捂盘惜售"是2007年8月教育部公布的171个汉语新词之一。该提法的具体起源已经无从考究,从字面意思理解,应该是"捂住楼盘,舍不得把房子拿出来销售"。从营销的角度来看,这种提法有点滑稽,对一般产业而言,生产的东西都希望早点卖出去,回笼资金,然后扩大再生产,哪里存在有产品舍不得卖出去呢?

然而,在房地产行业,捂盘却是屡见不鲜。例如任志强就曾经说过:"开发商为什么不能捂盘?在经济学上,捂盘和不捂盘是没有区别的。"

捂盘惜售一般出现在楼市成交、房价渐涨的火爆期。开发商"捂盘惜售"主要有以下几种方式:

(1) 故意迟领或不领预售许可证

按照规定,开发商在获得预售许可证以后,必须在规定的时间内开盘销售,否则视为违规。但是,一些开发商在楼盘封顶后,见市场行情转好,价格持续上涨,就故意制造"楼盘还未达到预售条件"的假象。尽可能地拖延拿预售许可证的时间或是分次分批拿证。

如在获取商品房预售证明的时候,开发商往往与相关职能部门达成"默契",一个材料不全就能拖延一到两个月,一个规划超标就能拖上两到三个月,一个实际测量又能够拖上好几个月,一来二去,捂盘销售拖上半年很正常,就是拖上一年多也不奇怪。

这种方法不仅可将一个项目中品质较差的房源先变现,同时还可为楼盘争取更多的宣传和前期房价市场调查时间。

在这一过程中,捂盘炒楼的开发商与相关职能部门联系密切,一旦开发商以材料不全为理由,要求推后审批的时候,相关职能部门的负责人心里清楚,也"睁一眼闭一眼",暗地里配合,于是乐得"多一事不如少一事",于是预售许可证就一拖再拖。这恰恰帮助开发商拖延了开盘时间，无形中助长了捂盘效果。

应该说，故意迟领或不领预售许可证还只是开发商"捂盘"的"常规武器"，甚至可能是比较笨的办法，因为有规定拿地后两年内必须开发，否则定金就会有损失。因此，除此之外，开发商有更多更好的"捂盘"手段。

据媒体报道，从2009年8月上旬售出第一张价值30万元的VIP金卡后，某房企旗下位于北京南二环内的某楼盘到年底仍然没有取得预售证，但在该项目排号的客户已累计近5000名，按这一规模估算，该房企廉价掌控的资金接近10亿元，而其导演的这出延期开盘大戏现在仍在继续。按照售楼处的规定，该楼盘要求有购房意向的客户必须在指定的民生银行办理VIP金卡，并存入30万元"诚意金"，才能取得该项目的排号资格，参与楼盘的摇号认购活动。账户日存款额必须保证足额，而这笔30万元的存款，最后连资产证明都不能出具，否则将取消排号资格。①

事实上，该楼盘项目最终开盘拖到了一年多以后，而该楼盘一期尾房的销售均价为21800元/平方米，就在这个排队期间，该房企曾放出风来，二期均价预计28000元/平方米，而实际上在一年以后正式开盘时，均价已经超过了35000元/平方米。捂盘的目的，就是可以"随行就市"不断上调价格。

由于排号客户太多，几百套房源显然不能满足客户都买到房，但客户数月资金的机会成本和时间价值却白白地让渡给了银行。2009年下半年央行为防止银行过度扩张，规定商业银行最高的存贷比例为75%。据调查与该房企合作的这家银行三季度存贷比高达83%，已经超越"红线"。就在9月、10月间，这家银行开始"搞活动"奖励客户储蓄，其中包括送加油卡、送代金券甚至派送现金

---

① http：//www.cs.com.cn/fc/01/091118/200911/t20091118_2260819.htm 中证网。

等手段。巧合的是，这一期间，该房企一再拖延开盘时间。看来，得到好处的不仅仅是开发商和中介机构，开盘时间拖得越长，银行得到的好处也越多。

一位中欧工商学院的 MBA 戏言，该房企捂盘认购可以评为中国房地产市场营销成功案例的 2009 年度大奖。开发商与银行合谋体现的是产业资本与金融资本的"天作之合"，一个经典案例，比哈佛商学院的教材还精彩的成功典范。

事实上，这并不是个案，相同或类似的做法甚至成为全行业的通行"潜规则"。由于楼市销售火爆，绝大多数楼盘在取得预售证前，便开始内部认筹，并收取一定数额的"诚意金"，某些项目收取的金额特别巨大，且占用资金遥遥无期，无疑就与"变相揽储"具有相似特点。然而，令人哭笑不得的是，在楼市火爆的前几年，在一些特殊地段，由于项目的垄断性，这种现象被有关监管部门认为是"一个愿打一个愿挨"的事情，为了交上"诚意金"排上队，一些项目甚至还需要托人情吃请。

（2）小红旗的秘密：分批开盘销售

开发商拿了预售证后 10 天之内必须开盘，但并没有要求开发商一次性领取所有房子的预售证。因此，房产商可以根据销售策略，按栋领取预售证，然后分批销售。

笔者了解到，北京某楼盘 2008 年 9 月 29 日第一次拿证，包括 3、5、6、7 共 4 栋高层整体拿证。但在 2008 年 12 月 6 日，只推出 108 套单位，均价 7800 元/平方米，成交 9 成。2009 年 2 月 28 日，又加推 60 套，均价 8500 元/平方米，当日售罄。3 月 9 日，第二次拿证，包括 1、2 栋高层共 247 套住宅。但到了 3 月 21 日，加推的 60 套单位仍然是 2008 年拿证的那批单位，均价 9000 元/平方米，当天售罄。到 2009 年 4 月 25 日，又推出 123 套单位，均价 1 万元/平方米，当天销售 9 成。最后，在 2009 年 6 月 20 日，推出 120 套，均价高攀到 1.2 万元/平方米，当天成交 8 成。

很多购房人都知道开发商会先销售房型、朝向、楼层不好，性价比较低的房源，其实这就是捂盘惜售最常见也最有效的方式。

一位房地产业内人士介绍，这种方式叫做销售控制，开盘时组织销售员开会，比如开盘 500 套，只拿出 300 套来卖，剩下 200 套想办法留下来。如果故意拉高开盘价，不给优惠还可以人为造成卖不出去的假象，剩下的房子会更多。

"留下这些房子的方法很简单，先期做一批意向购房合同就行了。有的开发商垫付定金，等房价处于高位时就说'购房者'退房了，这也是为什么很多项目一开盘就被插上售罄小红旗的原因。这种方式最安全，八成捂盘开发商都这么干。"

这种分批开盘，"挤牙膏"式的分批销售策略早在 2007 年便盛行，大量项目捂盘惜售，使得房价暴涨。

（3）后续房源转售为租

开发商往往用亲戚朋友甚至整村整族的身份证来制造房屋"销售告罄"的假象，实际上是把房屋出租，用租金来偿还银行利息，等时机成熟后，再将房屋重新翻新再高价出售。这种变相捂盘方式不但可以延长销售周期，而且还可以拿租金来偿还银行利息。

此外，在各种调控手段频频出台的情况下，不少开发商采用与银行联手的方式，在获得楼盘预售许可证后，立即将 1/3 左右的楼盘抵押给银行，获取房地产开发贷款，进行滚动开发，在不明就里的购房者确定买房之后，开发商又能迅速从银行手中将房子赎回。这种先"抵押"后"赎回"的方法，风险为零，利润翻番。

5. 公摊变公"贪"　借机玩猫腻

2008 年年底，白先生看中某楼盘的一套三室两厅住宅。售楼处告诉白先生，他看中的房子面积是 136.65 平方米，公摊面积应该在

20%以内。到2009年7月，开发商通知业主们交余款，签合同。白先生发现，合同上所标注的房屋面积成了140.65平方米，比原来说的整整多了4平方米。开发商称，多出的面积是公摊面积增加了。

2010年年初，不放心的白先生和其他业主找了几个测绘专家，把正在建设中的房屋面积重新测量了一下，结果让人大感意外："我们的测绘结果，算上公摊房屋面积应为126平方米。"但开发商却坚称，公摊面积增加了，房子的建筑面积仍是140.65平方米。

一平方米就是4200元，14平方米就是58800元。如此算来，仅该户型的几十位业主，就会蒙受多达数百万元的损失。而开发商称，因为该楼盘是期房，最初的公摊面积仅是一个估算。

通常商品房面积都由两部分组成，一是"套内面积"，二是"公摊面积"。"套内面积"因为是实实在在有眼见为证，国家的相关规定也较为严格，业主拿起尺子来一测就清楚，因此不容易"做假"。

而"公摊面积"却是计算方法复杂。按照住建部的有关规定，在商品房的销售面积中，公摊部分为：本幢楼的大堂、公用门厅、走廊、过道、公用厕所、电（楼）梯前厅、楼梯间、电梯井、电梯机房、垃圾道、管道井、消防控制室、水泵房、水箱间、冷冻机房、消防通道、变（配）电室、煤气调压室、卫星电视接收机房、空调机房、热水锅炉房、电梯工休息室、值班警卫室、物业管理用房等以及其他功能上为该建筑服务的专用设备用房……如此之多的子项目，是任何一个购房者无法搞得清楚的。

因此，业主们对于公摊面积难以自己复核，从而给开发商造成"上下其手"的机会。通常来说，发展商在"公摊面积"上常玩弄的手法主要有以下三种：

一是增加公共建筑的内容，将原本没有或不该列入的建筑列为公摊范围，如将独立烟囱、烟道、油罐、水塔、储油（水）池、储仓、车库，及地下人防干、支线等建筑构件或建筑物内外的操作平台、上料平台，及利用建筑物的空间安置箱罐的平台，还有层高在2.2米以内的技术层、夹层、地下室、半地下室、深基础地下架空层、坡地建筑物吊脚架空层等面积都列入公摊面积；二是在不增加公共建筑数量的前提下，将测量面积人为加大；三是调高公摊系数，在不改变实测公摊面积的前提下，增加每户的公摊面积。

一位不愿透露姓名的业内人士估计，在多层建筑商品房中，开发商一般会让公摊率提高3%，而在高层建筑中，5%–6%的水分是非常正常的，一些胆大的开发商，甚至注水10%！而这些注水面积换来的全部是净利润！公摊率提高3个点，就可增加10%的净利润，在高层住宅中，将公摊率提高6个点，就让开发商多得了20%的净利润！如果一个销售面积10万平方米、平均售价每平方米1.7万元的小区，仅公摊率虚高6%一项，就可使开发商狂赚1亿元！

6. 送阳台、送地下室，羊毛出在羊身上

在买房中，我们经常会遇到售楼小姐介绍说，我们小区的一层送半地下室，我们的顶层送阁楼、送露台，您买100平方米的房子，我们又送了您30平方米的露台和阁楼，而这30平方米只收房价的一半，多值呀。

且慢，天下没有免费的午餐。利用购房人的心理，利用设计规范和面积计算规则，从中渔利是开发商一贯使用的伎俩。

在不提高容积率的情况下，开发商增加面积的惯用手法包括：一是把首层设计成半地下室，或者下沉式花园，赠送客户，虽然不算销售面积，但却可以提高总价；二是顶层加盖阁楼，2.2米以下虽然不算销售面积，但却可以提高使用面积，这一部分面积尽管不能按销售面积计算，但总比成本要卖得高得多；三是在报建和验收上做文章，因为根据规定，实际建成面积不超过规划审批面积的5%就

可以通过验收，开发商总是要把这个政策用足。更有胆大的，在施工中不按设计报建图纸进行，比如，每栋楼增加进深 0.5 米，一般多层或小高层板楼进深在 14－16 米左右，在感官上不明显，客户和验收人员都很难发现，但面积却可以提高 3%－5%，就可能是千万以上的利润，如果万一被验收人员查出来，也能搞定，总不能不交房吧，有些开发商甚至以居民不能按时入住可能引发群体性事件为由，与政府讨价还价，遇到这种情况，最终的解决方案往往是政府睁一只眼闭一只眼，或者罚点款了之。

与银行共建利益联盟

《大话西游》中有对神仙姐妹，紫霞和青霞。她们是如来佛祖神灯的灯芯，身体纠缠在一起，却一辈子都在吵架。既是姐妹，又是冤家。

银行和开发商之间有类于此：一方面，银行担心自己的金融风险，担心房地产市场低迷萧条，造成大量烂尾楼；而另一方面，银行又全面深入到房地产开发、炒房、炒地的每一个环节，实现其利润的最大化。

对开发商来说，与银行达成"利益同盟"，可以充分利用银行信贷所形成的高杠杆率，实现超额利润，甚至是实现其"空手套白狼"的目的，也可以在短期内实现快速的规模扩张，从而实现连续不断的巨额利润。同时，也可以降低其自有资金的风险。难怪在 2008 年国际金融危机最严重的时刻，当部分开发商忧心忡忡，呼吁抱团取暖过冬时，任志强冷笑了一声，"要死也得银行先死"。

且看看开发商与银行是如何共建"利益同盟"的。

1. 开发贷和按揭挂钩

买家许小姐为了办理银行按揭一事对开发商心怀不满："为啥我买楼办按揭，就非得要按照开发商指定的银行办理？难道我就不能有自主选择的权利吗？"

许小姐夫妻都有多年的公积金，希望办理公积金加商业贷款的组合贷款。可是当王先生向开发商提出要办组合房贷时，开发商和银行却以各种各样的理由推诿和阻挠，最后通知他：要么只贷40万元的公积金贷款，要么全部办商业贷款。"哪有业主不能选择房贷银行的道理呢？"许小姐对此很气愤。

凡办理按揭贷款的购房者都会有类似经历：购房时，开发商都会以"省麻烦"为由向其推荐贷款行，消费者只需签合同，其他事情都不用管。当向开发商表明要采用公积金贷款买房时，有的明确表示不可以，有的随即取消了原本谈好的优惠。

为什么公积金贷款这种能够为购房者带来方便和实惠的产品，不受开发商的青睐，而商业银行的贷款成为开发商的首选呢？

对于开发商来说，不论是在拿地、审批还是在建设、完工等投资房地产的各个环节中，都会和银行有资金链上的往来，和银行的通力合作也就至关重要。开发商在前期要想从某商业银行获得开发楼盘的贷款，该商业银行的附加条件则是把楼盘的按揭业务指定给该银行去做。也就是说，银行向开发商提供前期开发所需的资金，开发商要保证买房者到这些银行去办贷款。所有的个人按揭都在发放开发贷的银行办理，回款自然都回到此银行，这样对银行来说才有保障。

与此同时，如果开发商在资质上、抵押物的价值或其他一些条件上不能完全满足贷款资格审查的要求，只要按揭款在本行做，银行也会睁一只眼闭一只眼，或者找一些变通的办法和开发商合谋以规避监管部门的审查。银行和开发商实际上是拿购房人做了"人质"。

因此，开发贷和按揭挂钩，对开发商和银行来说，可谓互为"筹码"，让两者的利益联系更为紧密，但就是在这样紧密的"互利"中，也就剥夺了买家选择按揭银行的权利。

一位中介机构人士透露，银行办理一笔公积金贷款所获得的手续费为公积金贷款总利息的5%，大约为办理一笔商业住房贷款所赚得的利息收入的1/25。

而正是由于银行向房地产领域投放了大量的开发贷款，令政府在进行房地产调控时一直投鼠忌器。这样，银行在为开发商提供开发贷款获取收益的同时，也成了房地产链条中重要的一环，而房产开发贷款则成了开发商绑架银行的"作案工具"。

2. 改变资金流向，预售款用来买地

对开发商而言，其资金的获得有以下的程序：以流动资金贷款交纳土地出让金，取得"四证"，只要能拿到四证，一些银行就想尽办法拉拢好的房地产贷款项目，这样开发贷款就可以轻松获得。接下来就是建筑商垫资入场开工、预售款回笼、再还款、再销售的过程。

然而，在这一过程中，开发商往往改变资金流向，之后的监管，往往也就成为"神话"。

以房屋预售款为例，该款项是购房者交给开发商用来为自己盖房子的，虽然交到了开发商手里，但并不是属于开发商的钱，这钱还是属于购房者的，而国家也有相关规定，预售款必须存入相关账户，监督使用，专款专用。

商品房预售制本来是为了加速房地产开发，降低开发成本，给消费者带来相应利益。但在实际情况中，开发商都是多项目运营、

扩张式发展，三个盖子盖六个瓶子、八个瓶子，资金的运转就显得特别重要。因此，开发商一般都不会将预收款存入监管账户，他们往往先把钱用到了其他的地方，或拿着预售款去买地，或者投资其他领域。一旦开发商资金链出现问题，就可能拖延交房，甚至个别开发商还"一逃了之"给消费者带来很大风险。

很显然，实现这个循环没有银行的配合是行不通的，但是只要房地产市场依然火爆，只要房价在持续上涨，又何乐而不为？银行和房地产商都扩大了规模，获取了超额利润，而将房屋建设可能面临资金断裂，房屋不能如期交用的风险转嫁给了购房人。

3. 银行与房地产经纪、资产评估、律师等机构合谋，各取所需

在一定程度上来说，在房地产暴利的诱惑面前，银行、经纪、估价、律师等相关机构或相关人士都没闲着，为了利益，他们都在一定程度上充当了获利者的角色，完成了一个完整的利益分割过程。

一些房地产中介公司与银行合作，享受银行的"返点"利润。一家房地产中介负责人透露，房产中介一般为购房者指定贷款银行，原因只有一个：银行会给中介佣金。如果自选银行，中介就很难拿到这笔佣金。这种佣金返点在业内比较普遍，一般为千分之几，每家银行不同。

一般来说，房产中介只有一个基本工资，其主要的奖金来源是中介返佣、银行客户经理给的"佣金"和律师行给的好处费，因此，不到迫不得已，他不会让客户自选银行贷款和找律师验证资格的。

而财大气粗的银行之所以愿意跟中介捆绑在一起，主要也是因各个银行信贷员为争抢客源、尽量多放贷款所致。由于二手房中介手上有客源，可以跟银行谈判，哪家银行给的佣金高，中介就跟哪家合作，两者之间形成休戚相关的"利益体"。而在拿了银行信贷员的好处后，中介自然为其提供优质服务，包括介绍优质客源，也包

括为一些不符合条件的购房人提供额外的特殊服务，比如：提供收入和资信证明，疏通律师和评估机构对抵押物高评，甚至在"限购"政策出台后，提供社保和纳税证明等等。因为，如果没有人贷款，银行信贷员、中介、评估师、律师，谁都没有奖金。

而评估机构参与利益合谋的例子，莫过于建设部在2007年全国房地产交易秩序专项整治工作中公布的上海某房地产估价有限公司违反房地产估价规范和标准的案例。

该房地产估价有限公司在2006年6月接到委托方的要求，为世茂滨江花园2号5101室房屋估价。该房屋为复式高档房，面积938.34平方米，买入价为2400万元，即便按后来房价涨到每平方米4万元估算，真实交易额也就4000万元。而该房地产评估有限公司为迎合客户，将该套房产的估值达到1亿元。如果按照七成贷款计算，仅这一套，客户就将从银行贷款7000万元。除去真实房款，套现4600万元。①

还有律师。律师本应该是银行请来替银行看门、把关的，在国外，银行要给律师费，而在中国这笔费用又莫名其妙地由购房人承担，银行的手续费、评估费，只要是贷款过程中发生的成本都由购房人承担，于是，出现律师还要给银行返佣就见怪不怪了，律师给购房人提供增值服务，帮助购房人顺利通过资格审查就是家常便饭了。

于是，在这个完整的链条中，在巨大的利益面前，开发商、银行、中介等通力合作，一步一步把房价推高，而地方政府也乐于看到这种现象，房价高了地价就会水涨船高，税收就会增加，等到泡沫出现时，或许这一任的官员早就高升了。

---

① 东方早报，叶莺，2007年03月22日。

4. 制造转按揭甚至"假按揭"

房贷转按揭是指，已在甲银行办理了住房按揭贷款的借款人，直接将在甲银行办理的按揭转到乙银行，以便享受到更优惠的利率。

2008年，转按揭业务曾一度盛行，后被监管叫停。而近两年来，中小企业、小微企业贷款业务风险升高，不少银行出于自身业务结构的需求纷纷下调房贷利率，导致房贷利率在不同银行出现了明显差距，房贷"搬家"的需求也随之出现。

贷款"搬家"时，有不低的"过桥费"。业内人士介绍，由于贷款的抵押在原来的银行，需要该行将原来的房贷结清，但同时原来的抵押尚未解除，对于该行来说存在风险，因此需要购房者交一定额度的抵押金。同时，如果按揭的转出银行事先有提前还款违约金的条款，则借款人需支付一定比例的违约金。此外，可能还要收取房产评估费、公证费、房屋抵押登记费等。

而比起过桥费用，转按揭的政策风险更需要警惕。在操作过程中，出现了一些炒房者为炒高房价获取差价收益，在转按揭的基础上进行加按揭贷款等不规范的操作。所谓加按揭是指，炒房者等到房价上涨之后，要求银行按市价重新评估房产价格，其贷款额度则随房价不断攀升而增加，炒房者再次向银行申请，对房产升值的部分重新给予贷款。

所谓住房贷款"假按揭"，是指不以真实的购买住房为目的，开发商以本单位职工及其他关系人冒充客户作为购房人，通过虚假销售（购买）方式，和银行合作套取银行贷款的行为。

假按揭通常采取以下的运作程序：开发商发动亲戚朋友或者员工，与之签订不具备真实交易基础的虚假合同，再串通银行内部人员，提供虚假资料，最终以个人住房按揭的合法之名，套取银行信贷，用于房地产投资。为了消除假买主的顾虑，开发商一般会承诺对方无须交纳首付，而且在办房产证前的按揭款将由开发商负责。合同签立后，银行即根据合同向开发商放款。

假按揭的表现形式是多种多样的，通常开发商和银行更多会采取"打擦边球"的方式来运作。一是开发商与购房人串通规避"零首付"的政策限制，将实际售房价提高一定比例后规定在售房合同中，再向购房人出具收到首付款的收据，双方按照售房合同规定的虚假售价，依银行要求的按揭成数办理贷款手续。二是对于一些投资性购房和炒房大户，开发商和银行往往在他们购房时在资格审查和贷款手续上提供更多的方便，等到房价上涨投资人再行转让时，又会在转按揭等手续上提供方便，即按照房屋重新评估以后的增值部分，给予更多的贷款。

开发商搞"假按揭"，没有银行的合作办不了。按照规定，银行发放按揭贷款，要贷款人提供收入证明，视其有无偿还能力，还要实地察看贷款人购买的住房，而在"假按揭"中，这些都由开发商"搞掂"，甚至出现虚编房号骗取贷款的现象。对于银行而言，增加了贷款规模获取了利润，只要房价还在涨，最终有买主接盘，就不会有崩盘的风险。在一些城市，假买主不少是银行本身的职工，开发商将一定比例的商品房以低价优惠提供给银行职工，由他们抛售后赚取差价，可谓公、私两不误。

当然，随着央行监管日趋严格，涉及"假按揭"的大案不断被曝光和查处，这些违规甚至是违法行为也有所收敛，但为规避宏观调控，一些银行又搞了许多变通和业务创新。比如，对于不符合贷款条件的二套房买主提供流动资金贷款用于装修等等。

假按揭比较极端的有以下几种情况：一是开发商不具备按揭合作主体资格，或者未与银行签订按揭贷款业务合作协议，未有任何承诺，不承担任何义务，与某些不法之徒相互勾结，以虚假销售方式套取银行按揭贷款；二是以个人住房按揭贷款名义套取企业生产经营用途的贷款；三是以个人住房贷款方式参与不具有真实、合法交易基础的银行债权置换或企业重组；四是银行信贷人员与企业串谋，所定售的房价水分大，向虚拟借款人或不具备真实购房行为的借款人发放高成数的个人住房按揭贷款；五是所有借款人均为虚假购房，有些身份和住址不明，有些为外来民工，或由开发商一手包办，或由包工头一手包办。①

暴利不除，房价难降

"有50%的利润，他就会铤而走险；有100%的利润，他敢践踏人间一切法律；有300%的利润，他敢犯任何罪行，甚至冒着绞首的危险。"100多年前，马克思对资本家追求高利润有过经典的描述。

可以肯定的是，改革开放30多年来，从来没有哪一个行业像房地产业这样盛产亿万富翁，各种富豪排行榜上，房地产富豪连年占据半壁江山。改革开放30多年来，也很少有一个行业在"野蛮生长"中能引起人们如此集中而强烈的关注、诟病以及抨击，被人们称为"见利忘义"、"为富不仁"，甚至是"牟取暴利的奸商"。

为什么众多来自钢铁、冶金、医药、农业、粮油、化工等其他行业的央企、国企，组成一支强大的拿地大军，大张旗鼓，浩浩荡荡进军房地产？为什么金融机构总是通过各种方式甚至不惜规避银监会等主管部门的监管大开资金的闸门？为什么各种炒房团和国际资本时刻眷念着兴风作浪？为什么房地产中介像雨后春笋一家接一家开店……

---

① 黄石松、陈红梅：《房价之谜》，社会科学文献出版社，2009年5月第一版，第242页。

　　原因其实很简单，支撑它的动力只是利润。一个产业如果利润率低，就会导致大量的企业退出，转入利润率较高的行业。我们看到，房地产行业无论是土地的获得方面，还是在成本的把控方面，无论是在销售的过程中，还是在销售完之后，它都有着明显的暴利存在。

　　只要有这些暴利存在，降低房价无疑是纸上谈兵，而要根除暴利，就要铲除暴利产生的土壤，根除规则背后的那些"潜规则"。

第二章

"鸡生蛋"还是"蛋生鸡"?

土地是天生的,它是没有成本的,或成本等于零。那么它的价格是由什么决定的呢?如果一块土地是用来开发做房地产用,土地的价格就由最后的房价决定。或者说,房价决定了地价。

——经济学家　茅于轼

地价是影响房价的重要因素之一,但不是决定因素。目前中国地价占房价15% - 30%,平均是23.2%。与国际水平比较,这一比例美国是28%,加拿大是24%,英国是25% - 38%,韩国是50% - 65%,日本是60 - 75%,新加坡是55% - 60%,中国的地价水平显然偏低。

——时任国土资源部副部长　鹿心社

2016年的"地王潮"比往年都要猛烈,上半年全国地王频出,建筑用地的价格不断地被刷新,尤其是在市场需求旺盛、库存低位的城市屡创地王纪录,形成了一股"地王潮"。"地王"多达219宗,土地出让金总额首次突破万亿元,高达10243亿元,远超去年同期的6973亿元。可以说,2016年是名副其实的史上最强地王年。

以最近的为例,2016年7月27日,上海浦东新区祝桥镇中心镇区核心区 G - 10 地块被金地以88亿元拿下,楼板价33023万元/m²,

剔除不可售面积，楼板价高达 41313 万/m²，溢价率 286%，未来保本售价预计破 6 万元/m²。

理论上说，"地王"项目要想上市盈利，未来两年房价必须要在目前基础再上涨 100% 或更多。"地王"所在的城市如果未来一年房价涨幅不超过 50%，拿地企业将面临入市难题，风险非常大。

其实，一直以来，到底是"地价上涨导致房价上涨"，还是"房价上涨导致地价上扬"？在房地产业内，这样的争论由来已久。

追溯到 2004 年 10 月 11 日，当时履新不久的国土资源部副部长负小苏在一次会议上表示，近几年来，我国部分城市的房地产价格出现了较大幅度的上涨，有一种观点认为是由于推行了经营性用地的招标拍卖挂牌出让，导致地价上涨，从而抬升了房价，这种观点是不正确的。[1]

负小苏的话显然直指任志强，或者说以任志强为代表的观点。因为，"将房价的迅猛上涨直接归咎于推行经营性用地的招标拍卖挂牌制度（政策）所引发的地价大幅上涨，唯任志强一人而已。"

2004 年 6 月以来，任志强多次抨击土地招拍挂政策。"招拍挂政策是让土地平均价格暴涨的根源"，"任大炮"的结论一针见血，矛头直指土地招拍挂制度：这一轮的所谓房价增长的"过热"，完全是由于土地供给制度的变化所造成的。

负小苏认为，土地需求的变化是受房屋市场需求变化影响的，房屋市场供不应求，价格上涨，才使开发商对土地的需求增加，造成地价上涨。

对此观点，任志强的评价是："似是而非，完全颠倒了。"

任志强认为，土地是房屋生产成本中的重要组成部分（大部分项目的土地成本占到全部生产成本的40%－70%），当土地的价格高

---

[1] 《中国经济时报》，王小霞，2004 年 10 月 20 日。

涨时，房屋的生产成本必然会大大增加，并推动房价的上涨。

接下来，一场关于"地价与房价"的论争在全国范围内轰轰烈烈地展开。其中最典型、影响最大的一次是在2009年的全国两会期间，全国工商联公布的一项调查显示，房地产项目开发中，土地成本占直接成本的比例最高，达到58.2%。

而在此之后，国土资源部公布了全国620个楼盘地价房价比的相关数据。在所调查的案例中，地价占房价的比例最低为5.3%，最高为58.6%，平均为23.2%。从数据上看，土地成本所占比例不到四分之一。时任国土部副部长鹿心社说，中国的地价房价比，低于欧美及亚洲近邻，决定房价的根本因素是供求关系。

国土部的调查报告用意明显：不想再承担"地价推高房价"的"恶名"，从某种程度上来说，也是在为很多地方屡遭舆论指责的"土地财政"解压。这是国土部正面回应"地价推高房价"的争论，并否认地价推高房价。但国土部的结论受到业界广泛质疑。

任志强在以"越描越黑"为题的文章中称：国土部调查所指的地价只是土地出让金，但开发商除了支付土地出让金之外，还要为地价支付各种税费，加起来比例大约就超过了35%。①

鸡生蛋，蛋生鸡，但世上到底是先有鸡还是先有蛋，却难以说明白。地价和房价的争论有类于此。究竟是高地价推高了房价？还是高房价拉高了地价？高房价的皮球还在来回来去地踢，永远都在吵闹"谁是蛋，谁是鸡"，而憋气的公众只看到一地鸡毛。

---

① 任志强博客，http://renzhiqiang.blog.sohu.com/119242715.html。

招拍挂和"地王"

尽管谁也不愿成为"高房价"的始作俑者。但通过梳理我国的土地使用制度的改革发展过程，我们或可以一窥究竟：

我国的土地使用制度经历了几个重要的过程———

最早是行政划拨，土地无偿、无期限使用，这种方式的最大弊端是导致土地资源配置不合理、利用效益低、土地浪费严重，产权关系混乱。

上世纪 80 年代末 90 年代初，以深圳为先锋开始了第一次土地使用制度改革，实行土地有偿有期限使用，但在当时土地以协议出让为主，在这个制度下，出现了土地交易过程不透明、寻租现象丛生，低价出让致国有资产流失严重等问题。

2002 年 5 月国土资源部签发 11 号文件《招标拍卖挂牌出让国有土地使用权规定》，叫停了已沿用多年的土地协议出让方式，要求从 7 月 1 日起，商业、旅游、娱乐和商品住宅等各类经营性用地，必须以招标、拍卖或者挂牌方式进行公开交易，标志着新一轮的土地使用制度改革开始。

2004 年 3 月，国土资源部、监察部联合下发《关于继续开展经营性土地使用权招标拍卖挂牌出让情况执法监察工作的通知》，为协议出让经营性土地使用权规定了最后期限，即 2004 年 8 月 31 日后，所有经营性国有土地使用权转让一律通过招标、拍卖、挂牌方式出让，通称"8.31 大限"。

"招拍挂"的土地使用制度，其核心的"土地招标竞价、价高者得"，但在土地供应有限但房地产开发需求旺盛的背景之下，这也无形中引导了土地价格逐年提高的潮流，直至地价成为房价高居不下的"罪魁祸首"。

这其中最显著的表现是,一个名词——"地王"开始接连涌现,房价的快速上涨。

2003年12月8日上午,北京大兴区黄村卫星城北区1号地拍卖会经过激烈竞拍,天津市顺驰房地产公司以9.05亿元竞得。本次拍卖会是土地供应制度改革以来,北京市首次大宗国有土地使用权拍卖会。这只是开了一个头,随后,全国范围内"地王"频频出现。

"地王"所至,房价飙升。这有例可循。2005年8月1日,华润置地以25.65亿元竞得45.6万平方米北京清河地块,当时业内也是一片哗然,因为其楼面地价也是接近商品房平均售价。结果怎么样呢?一年以后,在这块土地上建起的橡树湾一期,售价8000多元,一天就卖完了。它的售价一举拉高该区域房价30%以上。

而之后2007年的夏秋之际是中国"地王"的集中暴发期,这也是土地招拍挂制度实施三周年。北京、上海、长沙、武汉、广州、深圳,35.02亿、44.04亿、72.4亿、92亿,在那些惊心动魄的槌声中,各大城市的"地王"们竞逐天价,"欲与天公试比高",在一片"天价地"狂潮中,引发全国上下对房价浪潮的忧虑。

进入2009年,在巨额信贷资金的推动下,大型国企纷纷上市抢地,中国土地市场再次出现"地王"争夺战,各大地王平均楼面单价全面超越此前土地市场最辉煌的2007年。"面粉贵过面包"的故事还在不断地上演。

2009年的"地王"市场分外鲜明的特征,首先就是"国家队主战"。无论从北京的土地市场看,还是全国的土地市场看,至少6成以上的地王背后都有国字号开发商的身影。2009年在北京成交的地块中,有8块地曾被冠以地王之称,其中,仅有3块地是被民企获得的。

在没有实行土地招拍挂制度以前的15年,我国的房价平均年增长率为 5.1%，低于收入增长和 GDP 增长；实行土地招拍挂制度后，从 2004 年到 2010 年的 6 年间，平均房价每年上涨超过 10%，涨幅是 10 多年前的 3 倍以上。

据相关数据，2001 年至 2003 年间，地方政府的土地出让金收入为 9100 亿元，约占同期全国地方财政收入的 35%；2004 年全国土地出让金高达 5894 亿元，占同期地方财政收入的 49.5%；2005 年在国家紧缩"地根"的情况下，土地出让金总额仍有 5505 亿元；2006 年为 7677 亿元；2007 年高达 1.2 万亿元。2008 年房地产市场不景气，但地方政府仍获得了 9600 亿元土地出让收益，而到 2009 年，全国土地出让收入达到 15910.2 亿元，同比增加 63.4%，土地收益已名副其实成为地方政府的"第二财政"。

一律通过招拍挂一种渠道获取土地，虽然达到了规范市场的目的，但也将土地价格推高，结果是既推高了房价，又造成地方财政过度依赖土地出让收入。原因很明显，地价带有风向标的作用，每个高地价出来，周边的二手房第二天就有反应，周边的楼盘一周内也一定会调整价格。

面对天价"地王"，实力雄厚的开发商如潘石屹者也一再感叹"面粉贵过面包"。而那些面粉，本来是要做成窝头，卖给那些只能吃窝头的人的，而今，面粉的钱都要比面包的价格都贵了，它所能做的只能是必胜客的比萨饼，只有这样，才能让自己赔得不算太惨。

从这一意义上来说，一部地王的形成史，同时也是一部地价催高房价，房价又推高地价的历史，是一部将"窝窝头"卖成"比萨饼"的历史，民众于此，难怪只能眼睁睁看着高楼耸起，感叹"何处是我家"了。

土地市场"潜规则"

人民日报社下属的《人民论坛》杂志曾做的一个调查显示，62%受调查者认为"国土局长"风险最高，排位第一。①

有例为证。2010年9月，有媒体报道称，曾任辽宁抚顺市国土资源局顺城分局的女局长罗亚平用1.45亿元这个数字刷新了辽宁省的贪污纪录。她的案子被中纪委领导批示为"级别最低、数额最大、手段最恶劣"。②

据报道，兼任顺城区土地经营管理中心主任的罗亚平之所以能成为"巨贪"，是因为当时抚顺市政府对土地出让金的管理存在着巨大的漏洞：这些巨额资金不但没有由财政部门收取，甚至没有进行有效的监管，这就使罗亚平将国有土地当成了自己的摇钱树。

刚开始，罗亚平让前来缴款的单位拿两张支票，一张她交给土地经管中心，一张她拿到银行兑换成现金装入自己的腰包。到后来，卖地得了钱，就完全凭罗亚平的心情了：高兴了，就分一部分交给土地经管中心；不高兴了，就一分不剩地据为己有。

按照国家规定，土地开发、征用动迁和审批监督，必须分属不同部门管理。但辽宁抚顺市顺城区则由罗亚平一人操纵。这种体制上的缺陷，为罗亚平牟取私利提供了便捷的条件。

辽宁抚顺市"三最"女贪官的落马，更暴露出我国部分地方在土地等大量审核及财务领域，存在着"体制不畅"、"监督失位"等

---

① 《人民论坛》杂志，2010年04月29日。

② 《中国青年报》，2009年11月27日 http://leaders.people.com.cn/GB/10460972.html。

诸多问题。

据了解,罗亚平在区发展改革局时,就担任了土地经营中心主任,重大的金额支出按照规定只有局长审批才能生效,但该局的前后两任局长仅仅执行了"批复"职能,并没有审查,使最后一道监督的闸门形同虚设。

可以说,土地问题是中国房地产的主要问题,其间上演的诸多故事在轰轰烈烈之外,不乏灰色甚至黑色的东西。为何国土局长、土地经营管理者会成为高危职业?正是因为当前土地市场上权力规范和监管机制并不完善,诸多漏洞和薄弱环节存在,使得整个土地市场基本上是"潜规则"先行。

"潜规则"其实就是"隐蔽的规则",就是老百姓平常说的"猫腻儿",古人说的"形格势禁",亦即亚当·斯密所谓"看不见的手",即市场经济的"钱规则"。

开发商最难的是拿地。"磕地"已经成为业内的专用术语。一是形容非常难,磕头也未必给你;二是形容每拿一块地都要长时间公关。每一家生存下来的开发商都有一部非凡的"磕地史"。

纵观房地产从土地出让到规划调整,可以发现中间有很多"猫腻儿"。一些掌握国家资源的政府职能部门官员,身怀国家利器,稍有动作,则腐败暗生,形成以"显规则"之虚,行"潜规则"之实,谋求私利,贪污腐败。

而一些房地产开发企业则深谙"潜规则"之道,遵循"行业秘密",以"看不见的手",对房地产业"上下其手",在错综复杂的利益关系当中获得自己的应得利益。

"每一个行业都有自己的潜规则。金钱是巨大的磁铁,决定着潜规则的方向。"在利益关系错综复杂的房地产行业,潜规则如"病毒"般侵蚀着整个行业,土地市场上的黑幕不过是其中之一。

1. 提前内定——名花先有主

"从 14 点 30 分开始，到 16 点 51 分结束，整个拍卖持续了 2 小时 21 分钟。在冗长而紧张的拍卖中，前面 5 块地拍卖之后，嗓音嘶哑的土地拍卖师不得不要求换人，拍卖中场休息 5 分钟。"

这是媒体对某地土地拍卖现场的描述，拍卖现场火爆之极，甚至曾呈现过某地一天爆出"三个地王"，某地块"半小时猛涨 10 亿"的"壮观"景象。但在火爆的拍卖现场背后，却有可能竞拍者早已经内定。

2010 年 1 月 29 日下午，SOHO 中国董事长潘石屹在得知中服地块挂牌的消息后，对其标书"非常吃惊和不解"。他如此发表自己的质疑：其标书对招标人的资格做了严格限定，使得能够符合挂牌条件的，全世界仅有一家公司，设定的条件只是为一家公司"量身定做"。

也难怪潘石屹发出如何的质疑和牢骚，查阅中服地块的挂牌文件可以发现，该文件明确规定，该宗地竞买人须为金融机构与房地产开发企业组成的联合体。其中，金融机构应为由银监会、证监会和保监会等国家金融监管部门批准设立的具有法人资格的金融企业，且注册资本不少于 50 亿元人民币，并在联合体中绝对控股；房地产开发企业应具备房地产开发一级资质，且注册资本不少于 30 亿元。

尽管北京市土地储备中心相关负责人断然否定了"内定"说，并表示，之所以为中服地块设置门槛，主要是因为中服地块的位置太敏感，位于 CBD 核心区，该地区必须有一个金融产业支柱功能，且只能成功不能失败，所以才对企业资质和合作金融机构做了高标准限制。

这样的例子并不是孤例。

在土地招拍挂的过程中，"设门槛出让"已经成为圈内都心照不宣的"潜规则"，很多地块在拍卖之前已"名花有主"。

"大家一般都知道规则，要么找些自己人来拍拍，参与一下。要么就直接放弃了，不会和我们争，也争不过。表演赛而已。我们也知道别人都是这样的，所以没有搞定的土地是不会参与的。"一位业内人士如此表述。

在某地块拍卖之前，该地区主管部门会事先与特定开发商达成出让意向，为了达到该地块顺利出让给对方的目的，为其"量身定做"竞买资格。其主要方法包括：限定开发商的资质条件，如必须具有一级开发资质，或该地块资源的开采权，如地热探矿权证等，从而一开始让其他竞买者知难而退；拍卖土地时设附加条件，如要求5天内与被拆迁人达成协议，但这些条件可能早就通知给意向买主了，他们早早开始准备，而其他的竞买者因为不知情，可能就不得不放弃了；打时间差，如临放假前一天公布消息，要求竞买者在挂牌后3天内交齐保证金，故意排挤外来竞争者。

一些"有背景"的开发商只要在挂牌前跟地方政府充分"沟通"好，摘牌的可能性极大。一些有"能耐"的开发商，事先就可以将政府要征用的土地及其地上建筑物，或直接或间接地先买下来（假设费用为 A），等政府部门去征用时，开发商再或直接或间接地以协议补偿的方式获得补偿金（假设费用为 B）。当这个企业再来参加该土地的"招、拍、挂"，以价格 C 获得土地时，该开发商获得土地支出费用（C + A － B）。这样，实际上就可以从中渔利。①

如果真有不知趣的竞拍者执意参加竞拍，走竞价程序，那也不怕。假如拍到了商定价以上，"内定者"哪怕是价格再高也照样举牌，因为实际支付仍按商定总价。所以其他开发商不过是陪标而已，无论如何都拍不过他。

---

①　见黄石松、陈红梅《房价之迷》，社会科学文献出版社，2009 年 5 月第一版。

在"提前内定"的市场潜规则下，一些地方进行土地"招拍挂"时，在看似合理的表面进行着见不得光的交易：从挂牌文件上看，这些土地都是正常的出让，遵循了公开、公平的原则；从程序上，都是按照正常的步骤进行，公正透明，没有丝毫违背原则的地方。但实际上和没走程序是一样的。"轰轰烈烈搞形式，认认真真走过场"。

2. 互抬轿子——你好我也好

在火爆的土地拍卖现场上，总有人不断举起报价的牌子，没有丝毫地不安和犹豫，那比对方高出几个亿的报价从唱标员嘴里像唱歌一样轻松唱出，整个拍卖地块的价格像驾了筋斗云一样火速飞升。终于，到最后，一锤定音，天价地出。

但是，可以告诉你，这个在拍卖现场举牌甚多，但"得"意稍微的报价人，可能是来"抬轿子"的。

以 2009 年 6 月 30 日诞生的北京广渠路 15 号地王为例。这块被誉为"北京 CBD 最后一块黄金地块"的地王在 2008 年市场低迷时，曾因竞卖人数不足 3 家而流拍，只得在一年后拆分上市。

在当时的拍卖会现场，最终出价 40.6 亿元的国企中化方兴成为焦点，却很少有人注意同场竞技的万科。

有媒体报道称，在整个竞价过程中，万科仅在 33.1 亿元的价位上举了一次牌。联想到广渠路 15 号地块对面就是万科 2007 年拿下的地王——西大望路 27 号地，有分析人士指出，"万科出手的价格是早就预定好的，并不准备深度介入，不过是抬抬价，为自家的地王解套"。①

粗算之下，万科西大望路 27 号地的楼面地价为 11409 元/平方

---

① 《财经国家周刊》，王玉光，2009 年 12 月 28 日。

米，按万科对广渠路 15 号地的报价 33.1 亿元计算，楼面地价约为 12490 元/平方米，恰好略高于前者。

另一细节也颇具戏剧性。广渠路 15 号地拍出的当天，隔路相望的某房企的楼盘销售人员"全体庆功"，"所有人都喝醉了"。因为 7 年前公司老板花 6000 元/平方米拿下该地段时，所有人都认为他"做了一个错误的决定"。广渠路 15 号地王的出现，使这种认知有了 180 度的转折。

广渠路 15 号地王产生不久，该房企的新一期楼盘从 22000 元/平方米上调至 29800 元/平方米，比 2002 年 7000 元/平方米的开盘价翻了 4 倍还多。

广渠路 15 号地王与万科的关系，行话叫"抬轿子"。通常情况下，开发商在打算竞拍一块地时，最主要的功课是了解竞争对手。那些早就在拟出让地块周边建有项目的开发商，往往会在竞拍现场充当"轿夫"，蓄意抬出一个新地王，让自己的在建项目受益。即使"抬轿子"不小心"抬到"自己手里，也没关系，和此前的地块联动涨价，总会在某个环节将成本补回来。

俗话说"一人得道，鸡犬升天"，一旦"地王"产生，周边的地块也便随着升值。譬如在 2009 年 12 月 4 日，远洋地产超出底价 467% 拿下亦庄新城成为新地王，一街之隔的在售某楼盘再次将房价上调 2000 元/平方米至 19500 元/平方米。

除了开发商之间相互"抬轿子"，地方政府与开发商私下协商，联手"抬轿"的现象也并不鲜见。据业内人士透露，某南方三线城市请来某知名开发商到当地，双方"贵宾室长谈"一番之后，便放出风来，说该开发商要来当地来拿地。"实际上，外来开发商根本不会拿地，只不过是来替政府托市，让真正想拿地的本地开发商开出更高的价格"。

"抬轿子"者，即互相帮衬，互为"地托"，这次你帮我，下次我帮你，来而不往非礼也，一来二去，地价被这些"抬轿子"者越"抬"越高。

3. 明知付不起，还要当"地王"——只为融资

2009 年 11 月 20 日，北京某房企以总价 50.5 亿元，楼面地价接近 3 万元/平方米，成为北京当年的"双料地王"。但是，从拿到地开始，市场和媒体就一直怀疑该房企的支付能力和开发能力。

事实也的确如此。2010 年 1 月 28 日，该房企发布了 2009 年年报，年报显示：公司仅有 30.07 亿元总资产，15.68 亿元净资产，即使是在业绩最辉煌的 2008 年，在同比暴增近 143 倍后，该房企的净利润也只有 3.39 亿元。

也就是说，刨除 2 亿元保证金之外，该房企要用 3.39 亿元的最高净利润去支付 48.5 亿元的余款，按此计算需要用 17 年的利润才能够付清，这样大的差距即使是外行也能明白其中的难度。

相比于当初拿地的凶猛，该房企没能笑到最后，盲目做"地王"，最终是玩火烧了自己。

为什么该房企明知买不起这块地，却还要买？我们知道，一般而言，房地产开发商项目资金来源主要有三部分：自有资金、银行贷款、购房者的个人按揭款。按照国家规定，开发商运作一个楼盘项目，其自有资金不应低于开发项目总投资额的 30%。但在实际运作中，很少有这样本分守法、老实规矩的开发商。据媒体披露，北京不少房地产开发商自身资金投入量，甭说是 30%，甚至不足10%。像手中只有数千万资金就敢玩几亿资金的楼盘，只有近亿元资金却敢操作十几亿、几十亿项目的企业大有人在。

土地招拍挂之所以被房地产公司追捧，其目的并不在真正从事房地产开发，其原因就在于利用土地作为撬动金融杠杆的利器。疯狂抢地的公司往往愿意以某一个局部利益的牺牲，来换取"市场上

的轰动效应",或作为进入某一地区市场的跳板,不惜代价拿地。

该房企之所以敢高价拿地,原因就是这种业内"潜规则":先是不惜血本拿下优质土地,占上位子,然后拿这块地向银行贷款或者与其他房企或投资公司合作,等有了资金再去再盖房。期间还可以进行各种公关,实现如延期付款、改变付款规则、更改规划指标、更改用地性质等目的。——先是将"生米做成熟饭",然后再"空手套白狼",可以说,很多公司拿地都是这么操作的。

在该房企拿地之初,就有业内人士猜测,该房企肯定无法在规定期限内缴清地价款,很可能会利用跟当地政府的特殊关系拖延付款时间或者改变付款规则。可以设想,如果该房企拿的这块地不是"地王",如果该房企不是这么高调地引起了公众的关注度,类似的情况很可能就成功了。

——这正是业内众多拿地的开发商操作的"潜规则",只不过这一次该房企没有那么幸运,它踩到了"潜规则"的线外。

4. 久拖不开发——期盼改规划

2007 年是一个全国各地涌现"地王"的年份。在这一波热潮中,全国各地催生了大量的高价地。然而,2008 年房地产市场的低迷,使得这些地块的开发显然得不偿失,于是众多的"地王"在这一年采取"隐忍不发"的态度。

一般而言,"地王"不开发,或是选择直接退地,或是修改规划,调整容积率。相比较而言,后者更加隐秘,也更加"技术化",也更为开发商所青睐。

据业内人士介绍:高价拿地后修改规划是开发商的惯用手段,假如某开发商拿下一块"地王"后为降低风险,往往会设法找地方政府谈条件,比如提高容积率、修改规划等,而地方政府出于多种因素"最后一般都会批准"。

　　容积率，是房地产界一个专有名词，是指一个小区的总建筑面积与用地面积的比率。对于发展商来说，容积率决定地价成本在房屋中占的比例，而对于住户来说，容积率直接涉及居住的舒适度。一个良好的居住小区，高层住宅容积率应不超过5，多层住宅应不超过2，绿地率应不低于30%。

　　按常规测算，如果1万平方米的土地规划容积率是2，则可以建造2万平方米住宅；如果将容积率提高到2.5，则无形中多出5000平方米住宅，相当于摊薄了拿地的成本。在房地产圈内有一个说法，叫"向容积率淘金"，基本就是上述的意思。

　　一些业内人士透露，目前规划和城建部门批准的市区内楼盘的容积率一般不超过2，而有"实力"的房地产商会通过特殊的途径，打通主管部门的关系，把楼盘的容积率调高，这就意味着在同样一块土地上可以开发3倍甚至5倍土地面积的商品房。

　　如果说，土地项目审批时间的快慢，还只是"权力寻租"链条中最末端的一种，那么，修改规划，调整容积率可以说是"权力寻租"链条中最昂贵的"权力价格"。

　　来自于重庆规划局、国土资源和房屋管理局、区县级政府的大小涉案官员，均与"容积率"相关。前重庆沙坪坝区副区长陈明，在2006年3月间，利用担任重庆市规划局用地规划管理处处长的职务便利，为重庆某地产项目调整容积率，使之从原先的3.0调高至5.0。而前重庆市渝中区副区长王政、渝中区委原副书记郑维亦通过容积率的调整，大肆收受房地产商贿款。

　　而据称，重庆市规划局原局长蒋勇更是技高一筹，他通过情妇设立一家中介公司，"经营"容积率生意，通常按每平方米100－300元收费。如此这样以"增加多少建筑面积来计算应该收取多少贿款"，借调整"容积率"受贿已达非常"专业"的水准。

　　吴思在其《潜规则》一书中，将掌握国家权力的人比喻成"身怀利器"的人，他说，"你随时随地可以打人家，人家却打不着你。这正是'利器'的妙用。掌握了这样的利器，谁还敢惹你生气？你又怎么能不牛气冲天？"

吴思说，中国民间有句老话，叫做"身怀利器，杀心自起"。在如此实力悬殊的战争中，自己最多不过蹭破点皮，俘获的却是众多的子女玉帛，这样的仗自然就特别爱打，也特别能打。官吏们要顶住多打几仗的诱惑，很有必要定力过人。①

权力，就像待价而沽的商品一样，在不同部门不同等级官员身上，以不同的"价格"形成一张完整的清单。陈明、蒋勇等人都是"身怀国家利器，而腐败心自起"的"没有定力"的人，他们在"多打几仗的诱惑"下，在俘获"众多的子女玉帛"之后，也不是"蹭破点皮"，而是陷入今后的牢狱之灾。

据业内人士称，对于容积率调整，最早出现的一个词称为"拱"，"拱高容积率"曾经在土地"招拍挂"之前大行其道，而在土地公开拍卖之后，由于土地需要事先规划好才能拍卖，事实上修改容积率已非易事。此时容积率淘金之道，就开始从带有简单粗放色彩的"拱"，转向"避"了，如何利用现有规则，合理规避容积率限制，成为地产企业必修功课。

目前，"地王"改规"增高"似已蔚然成风。尤其是国字头房企的实力和资源都十分强大，修改规划也很是常见。据媒体报道，某房企拿得"地王"不久就申请调整规划，其内容有两条：在建筑规模不变的前提下，该项目西北侧的 A4－1 地块，建筑控制高度拟由 60 米调整为 80 米；位于东南侧的 A4－10 地块建筑控制高度拟由 80 米调整为 100 米。在用地面积不变的前提下，该项目配建的体育公园位置和形状也有所调整。

---

① 见吴思《潜规则》。

业内人士分析，60 米高的楼盘基本在 20 层左右，而现在增加到 80 米，在建筑面积不变的情况下也就是说其中的一半可以设计成标准层不高于 4.9 米的 LOFT。这一改变将使得开发商仅 26 万平方米的商品房住宅可以分别以 13 万平方米按 3 万/平方米获得 39 元亿；13 万平方米的 LOFT，可以按 4.5 万/平方米获得 58.5 亿元。项目总值可能超过 110 亿元。而成本将可以控制在 80 亿元左右，如果按照自有资本 25% 计算，获利将超过 150%。修改规划后，获利之丰厚，可见一斑。

5. 土地换项目——另类利益输送

据业内人士透露，具有官方背景的人，或者国有企业，拿到的土地价格并不高，很多是通过"土地换道路"的模式拿到土地，然后高价转手，牟取巨额暴利。

"土地换道路"是"土地换项目"中的一种。"土地换项目"是指有的地方政府为加快城市基础设施和其他一些公共设施建设，以向开发商提供一定面积土地且往往是经营性土地的使用权为条件，向企业换取工程。简单讲，就是政府为建造一个或几个工程项目，给企业一块地用于经营性开发，作为回报，企业为政府完成某些工程项目建设，如有的地方用土地换取道路，有的用土地换取防洪堤，还有的地方采用这种方式换取政府办公楼。

"以土地换项目"从表面上看能够起到加快局部地区基础设施建设的作用，但其弊端很大。

首先，政府"以土地换项目"时，往往规避招拍挂出让土地使用权的规定而将经营性土地直接协议出让，或通过虚假招拍挂的方式出让经营性土地，以符合双方事先约定的条件，这不利于建立和规范正常的土地市场秩序。

其次，"以土地换项目"的出让土地价格往往明显低于市场价格，会造成国有土地收益流失。再有，由于换给开发商的土地未缴纳出让金而直接换成了工程项目，也造成了这部分应缴纳出让金的体外循环和固定资产投资脱离计划控制。

6. 改变周边规划——不动声色推动升值

根据《中华人民共和国城乡规划法》第五十条规定：经依法审定的修建性详细规划、建设工程设计方案总平面图不得随意修改；确需修改的，城乡规划主管部门应当采取听证会等形式，听取利害关系人的意见。

前面提到的"地王"通过增高、提高容积率等方法变更规划，虽然有效，但容易引起公众的强烈反弹，基于此，一些开发商采取了更为隐蔽的方式，即不改本项目的规划，而是改周边配套设施的规划。

电视剧《蜗居》中有这样一幕：宋思明让亲近的开发商拍下公园项目，计划的都是先拍下地块后再改方案，把貌似不赚钱的项目转化成盈利空间非常充沛的项目。

现实中也常常有这样的情况。开发商拿到某个地块后，不急于开发，而是通过做地方政府的工作，修改城市规划，或在地块周围建一个公园，或在地块周围接通地铁，这样，本来是偏僻或荒凉的地方，因为周边配套设施的跟进，该地块马上迅速升值，开发商的利润也滚滚而来。而公众对此却可能浑然不觉。

地方政府的土地财政依赖

很多时候，在楼市低迷的情况下，土地流拍现象在全国各地也日益普遍。面对这种情况，地方政府看在眼里，急在心上，纷纷出台"救市"政策，包括延长公积金贷款期限、降低公积金贷款首付、放宽享受优惠契税的普通住宅标准、减免二手房交易税费、购房落户、买房补贴，等等。

显而易见，地方政府不想让房价跌下来，因为房价越高，土地就越值钱，以致有些时候，地方政府为了自身利益很可能或明或暗地支持房价上涨。原因很简单：房地产行业是地方投资和税收的重要来源，其持续低迷将对地方经济造成一定打击，造成 GDP 增长减速，这是地方政府最不愿意看到的。

英国《金融时报》报道说，在过去 10 多年时间里，中国完成了从单位提供住房到房地产市场化的转换。其间，中国地方政府借助租赁和出售土地获得了巨额财政收入。据追踪新兴市场经济数据的统计公司 CEIC 调查，2010 年，中国地方政府的土地转让资金总额高达 3 万亿元人民币，占到地方政府财政收入的 70%。CEIC 估计，2011 年，中国地方政府的土地转让资金总额将下降到大约 2 万亿元人民币。

在众多业内专家看来，在现有的财税制度下，土地的增值收益是地方政府财政收入的重要渠道，楼市的"繁荣"，攸关 GDP 的数据、当地的政绩和官员的升迁。如此激励不相容的制度安排，使一些官员有足够的动力甘冒道德风险，作出逆向选择——想方设法推高地价房价以增加土地收益。

1. 都是分税制惹的祸？

在实际情况中，地方政府对"土地财政"也有自己的看法："这都是现行的分税制的缺陷造成的。"

"'分税制'实行后，税收大多是中央得大头、地方拿小头。一些地方政府迫不得已将土地出让金收入作为地方财政的主要来源，形成颇具中国特色的'土地财政'。"一地方政府负责人坦言。

事实真的如此？造成"土地财政"真的都是分税制惹的祸？

财经作家吴晓波在一篇文章引用的数据显示，分税制后十年，"1995 年到 2004 年中央财政收入平均占国家财政总收入的 52%，但财政支出平均只占国家财政总支出的 30%。到 2004 年，地方财政收入占全国财政总收入约为 45%，但财政支出却占全国财政总支出的约 72%。"

在业内知名专家顾云昌看来，地方政府的土地财政是一个公开的秘密。"1994 年推行分税制改革后，地方财政的事权与财权不匹配问题相当突出，并导致地方政府过分倚重土地财政。"顾云昌说。

顾云昌分析，分税制使中央财政占全部财政收入的比重由改革前的 22% 提升到 56% 左右，地方财政收入占比则由 78% 降到 45% 左右，这使得地方财政出现了一定的困难。地方政府严重地缺钱，必然从土地财政上获得他的补偿。减少土地供应量，必然使价格越拍越高。

数据显示，2001 年，土地出让金收入不过占地方本级财政收入的 16.61%；而到 2006 年，这个比例则到了 50.92%，一些地方政府的土地收入竟占财政收入的 70%。过去十几年来，土地出让金规模不断扩大，从 2007 年的 8000 亿元到 2014 年的将近 3.2 万亿元，7 年翻了 4 倍。

同时，按照分税制，仅有营业税、契税等税种可以由地方独享，所以很多地方政府将其作为最主要的财源培养目标。譬如说，建筑业和房地产业不仅会带来可观的营业税，其巨额利润还会带来丰沛的企业所得税。正因如此，很多地方政府打着"经营城市"的口号，竭力发展城市建筑业和房地产业，以土地带来滚滚财源。

也正因为如此，一些地方政府在调控房地产市场时力不从心，而在"救市"上则不遗余力；在商品房开发上动力十足，在保障性住房建设上却裹足不前。甚至，某种程度而言，某些地方政府和开发企业因为"土地财政"事实上已结成某种心照不宣的利益同盟。

2. 如何告别土地财政？

全国人大财经委副主任吴晓灵曾对媒体坦言，"如果我们不把中央政府和地方政府的事权、财力划分得更加对称，地方政府的财政过多地依靠土地出让收入，高房价的问题是很难解决的。"

全国政协委员、北京大学经济学院教授李庆云认为，要从根本上打消政府的卖地冲动，就应该把土地出让金收归国税，而现在是收归地税。

"收归国税后再通过转移支付全额返还给当地，并规定有大部分金额建保障性住房。这样，地方政府建保障性住房的兴趣就会提高，这也需要从立法上加以确定。"李庆云说。

民革中央在两会上也提出，应尽快改革税制，地价所得收归中央，同时开征的房产税，留地方使用，使地方政府不再以高价拍卖土地、转嫁住宅配套设施来维持地方财政运转。

全国政协委员朱景辉建议说，要想扭转地方政府部门"卖地生财"的无序状态，要适度提高地方政府对增值税等税种的分享比例，尤其重要的是，要把营业税纳入中央与地方的共享范畴，以此彻底扭转地方政府借地生财的内在动力。

"在财政改革上，我主张通过扁平化解决分税制得不到贯彻的现实问题。"财政部财政科学研究所原所长贾康说。

贾康认为，从国际经验对比来看，实施分税制的地方政府，应该有规范的房地产税，即物业税。"如果把这个制度推出去，地方政府有了稳定的支柱财源，就会专心致志地优化本地投资环境，改进提升公共服务质量，才能在这个过程中更好地转变职能。"贾康说。

然而，中央政府果真能下"壮士断腕"的决心吗？或者说，对土地财政的依赖就如同一个老烟民对戒烟的爱恨情仇，明知"吸烟有害健康"，却总是戒而又吸、吸而又戒，欲罢不能。

当前已经出现了一些可喜的变化。2016 年 6 月，由北京大学经济学院团队研究的相关课题成果显示，近年来，房地产相关税收在地方财政占比不断增加。地方财政构成已一改土地出让金一家独大的情况，对房地产相关税收依赖度正慢慢超过土地出让金。研究结果显示，上海、北京、海南、黑龙江、内蒙古、新疆 6 地房地产相关税收已超过土地出让金比例，而浙江、江苏、安徽、河北等地对土地出让金依赖依然较大，浙江、江苏土地出让金更是相关税收的 2 倍。

据中国指数研究院数据统计，2015 年全国土地财政收入为 32547 亿元，土地出让金占地方财政收入比重为 21.38%，而 2013 年这一数值达到 60%，2014 年为 30.36%，可见从 2013 年以来，全国土地财政依赖度正逐步下降。

应该看到，土地始终有限，"土地财政"终将难以为继，大城市不可能一直扩围摊大饼。京沪在逐渐无地可卖的客观限制下，依靠本身的经济和财政实力正向着更良好的财政结构发展，而它们的特有条件是其他地区都不具备的。总体而言，各地均应尽快摆脱对"土地财政"的依赖，借助财税改革契机，逐渐建立起自力更生、财事权匹配、可自主发债并自己负责的健康财政体系。

进行土地使用制度的全面变革

有人用一个通俗的比喻来形容土地管理部门的权力监管：国土资源部门就像一个游戏开发商，以土地为基础开发了一个庞大的游戏软件，这个游戏该怎么玩儿、角色拥有什么技能、游戏物品属于什么角色，都由游戏开发商一个人说了算。

事实的确如此。与其他领域中的腐败相比，国土资源部门拥有行政体系内最重要的两种权力：行政审批权和行政执法权，而这两种权力又是建立于自身代表国家行使土地所有权的基础之上。

应当说，国土管理部门并不缺乏监督体系。除了上级主管部门，还有人大监督、纪检监察、舆论监督和群众监督等，但在实际工作中，这些监督机制的作用发挥得并不能让老百姓放心。上级主管部门主要是业务指导，对下级的监督往往很难深入到位；地方人大及其常委会、纪检监察机关不直接接触国土资源管理业务，也很难实施具体的监督；行政行为的不公开则导致舆论监督、群众监督更是很难落实。

腐败之所以滋生，原因都是大同小异的，都是权力过于集中而得不到有效的制约。因此，国土系统腐败现象屡禁不止，根子还在权力失控，只有通过有效的手段实现对权力的监督，才能杜绝腐败现象。

而从根本上来说，我国土地管理的制度安排，一个突出的问题是地方政府既负责土地管理，又负责国有土地的经营，所谓集"裁判员"与"运动员"于一身。政府成为土地市场的利益主体，在不正确的政绩观的指导下，就很容易形成"与民争利"的格局，这就是一些地方产生土地财政依赖的制度基础。

另一个突出的问题是，城市土地国有和农村土地集体使用、同地不同权的"二元结构"，从制度上形成了地方政府经营城市的本能冲动。对农村土地的大规模征用和低价占有后，通过"招拍挂"实现土地大幅增值，达到经营城市的目的，既是手段也是目的，既是GDP也是民生政绩。

于是，在客观上就造成了地方政府对"土地财政"的追求，造成了当前土地市场上规范权力运行和监管机制不完善，在实施中也存在诸多漏洞和薄弱环节，于是土地市场"潜规则"先行，"猫腻儿"横生，一些掌握国家资源的政府职能部门官员，身怀国家利器，稍有不慎，就容易产生腐败，形成以"显规则"之虚，行"潜规则"之实。

任何一种好制度的确立都要与人性中的"劣质"做长期的斗争，所谓"好"是它能有效地将人性的"劣质"强行关进"笼子"，让想犯错的人不敢犯错。一个好制度只有在权力的制衡中才能长期坚持，就会逐渐成为一种习惯，形成一种良善的文化，它让有机会犯错的人也不愿犯错。

要想解决"鸡生蛋"还是"蛋生鸡"的悖论，就必须进行土地使用制度的全面变革。

第三章

税与费，罪与罚？

> 善赋民者，譬如植柳，薪其枝叶而培其本根；不善赋民者，譬如剪韭，日剪一畦，不罄不止。

——（清）魏源

每次"土地增值税清算风暴"到来之时，房地产公司都是"倍感压力"，叫苦连天，心疼不已，感觉"今后的日子会更不好过"。

因为，土地增值税政策要求直接转让土地的企业须在交易时清算应纳土地增值税，如果严格执行清算政策，将大大降低土地二级市场卖方的赢利空间。另外，因囤地或捂盘而获得的额外收益，最高要缴纳60%的土地增值税，加上囤地或捂盘的资金成本和机会成本，将可能使开发商囤地陷入无利可图的境地。

但是，"风暴"过后，一些房地产公司依然"活了下来"。一位业内人士告诉笔者，从2007年开始，土地增值税的清算就并未严格执行。"不能全看政策的规定，关键看执行的力度怎么样？上有政策下有对策，关键看你如何应对了。"

该人士透露，应对的办法，其实在业内大家都知道。无非是做高成本、拖延清算时间以及直接开假发票。计算土地增值超额部分是要扣除掉成本的，所谓假发票，是由他们公司下属的工程队开出面额很大的发票，如花了1000万元写成1500万元。

房地产商以各种手段逃避税收由此可见一斑。

高房价板子应该打在税费上？

　　每年的全国两会上，有关房地产税费也是关注的热点。在 2008 年的两会上，全国政协委员王超斌与蔡继明等 10 位全国政协委员，联名提交了一份影响很大的提案——《关于减少政府收费环节，遏制住房价格上涨的建议》。

　　在这份提案中，10 位委员表示，目前我国住房价格居高不下的重要原因是住房开发过程中政府收费（税）环节过多，造成房地产开发成本过高；而其中大部分税负都被转移到房价当中。有关政府部门对房地产业收取的税费总计占房价的 15%－20%，而这种税费已占到地方财政收入的 30%－50%。

　　据了解，王超斌公司旗下的任何一个正常房地产开发项目，从开始获取土地，到竣工结算备案，跑部门、交费用、盖章，贯穿始终。从征地开始，到把楼房建成，让购房者入住，王超斌的公司管理人员乃至王超斌本人，要跑遍 25 个局、委的 80 多个科室，共缴纳 50 多项费用。

　　据王超斌委托河南房地产协会做的一份"房价清单"显示，各地政府在房地产开发过程中，除了土地出让金和双重配套费外，还要征收蓝图审查费、防雷检验费、防震检验费、施工合同鉴证费、绿化费、墙改费、施工放线费、规划咨询费、人防费、文物勘探费、预算审核费、工程造价咨询费、质量监督费、土壤氡气检测费、室内空气检测费、安全施工措施费、散装水泥推广费、预售许可证服务费、房屋面积界定费、房价审查服务费、管线综合竣工图设计费等 50 多项费用，涉及 25 个部门。①

实际上，对于房地产经营过程中税费过多的抱怨，绝非仅王超斌一人。

任志强早期曾撰文指出，整个房地产行业链中到底涉及了多少税和费，不要说普通人，就算圈内专业人士也很难讲清楚。据他粗略盘点，房地产税费既包括各种税项，也包括地租，而地租又分货币地租与实物地租两大类。

"这些税和地租在房价成本中占有极大比例，其中货币地租和实物地租（不含征地、拆迁等费用）各约占房价成本 20%，税和地租累计可占房价的 60% 甚至以上，这还不含税和地租以外的其他收费。"任志强估算说。

重庆市政协原副主席陈万志也有类似的表述。也是在全国两会期间，陈万志透露，据初步统计，我国现阶段涉及房地产的税种有 12 项之多，涉及房地产的收费多达 50 项，两者共计 62 项。陈万志说，更为严重的是，据抽样调查，部分项目的税费已占到房地产价格的 30% - 40%。税种设置繁杂、征收环节多，存在重复征税和多次收费问题，一定程度上推高了房价！②

在众多的开发商看来，政府卖地的价格越来越高，钢材、水泥等建材价格又一路上扬，税费还收这么高，房子价格高主要是这些因素推动的。试想，捆着 62 种税费的房子能便宜吗？把高房价归到开发商头上，是"打错了板子"，开发商是在替地方政府"背黑锅"。

事实真的如此吗？真的是税费推高了房价吗？房价上涨的板子真的应该打在税费上吗？

---

① 《21 世纪经济报道》，贾海峰，2008 年 3 月 11 日。
② 新华网，2010 - 03 - 07，http://news.163.com/10/0307/15/616CDKF2000146BC.html。

在一些业内人士看来，我国的宏观税负水平已经至少超过了30%，处于30%到35%之间。税费负担过重是全行业、全国性的问题。房地产税费与其他行业相比，并不算高。如工业企业、航空运输业、冶金矿山企业都在呼吁政府降低税费。17%的增值税，再加上营业税、企业所得税、教育附加税、城建税等各种税费，一般企业的税费负担都在30%以上。

因此，一些开发商呼吁税费过高，其实是为减税找借口。因为即使降低房地产税费，开发商也未必愿意让利于民，结果只能让开发商占便宜。与居民的收入水平相比，现在的房价远远超出了普通百姓的承受能力，已经不能用简单的成本逻辑来解释。

中国社科院研究员曹建海博士认为，税费过高是影响房屋成本的一个因素，但不是根本原因。因为税费再高，开发商一样可以获得暴利。

开发商逃税有术

在开发商大喊税费过高的同时，房地产业却被社会各界称为"财富巨人、纳税侏儒"。这个社会公认造就富人最多的暴利行业，已经成为税收违法行为的"重灾区"。

从2003年至2005年，北京市地税局对1103家房地产开发企业进行了纳税检查，共发现有问题企业725家，有问题率为66%。其中千万元以上案件24个，总计追缴税款达10.05亿元。

2005年，国税总局公布的2004年度中国纳税500强企业排行榜中，前300名内没有一家房地产企业，500强中也只有一家。2006年9月2日，国税总局发布的"中国纳税500强"企业中，房地产企业的数量仅占0.6%，纳税额仅占0.3%！

2006 年 11 月 3 日，财政部发布的第十二号会计信息质量检查公告显示，2005 年检查的 39 户房地产开发企业会计报表反映的平均销售利润率仅为 12.22%，而实际利润率高达 26.79%，隐瞒利润超过一半。这些企业中，既有全国性的大型房地产企业，也有区域性中小房地产企业，地域分布上兼顾了东、中、西部地区。

美国知名大法官汉德曾说过："法院一再声称人们安排自己的活动以达到低税负的目的，是无可指责的，每个人都可以这么做，不管他是富翁，还是穷光蛋。"合理合法地少纳税，是纳税人的正常心态。

但是，房地产为何成为"财富巨人、纳税侏儒"？

房地产行业偷税手法被业内人士称之为"偷税手法大全"，也就是说，其他行业所运用的偷税手法，在房地产行业都可以找到；而房地产行业所特有的偷税手法，则其他行业未必能使用或会使用。笔者择其主要内容概括如下。

1. "转"字诀

即利用关联关系转移利润。房地产开发企业采用集团战略，利用关联关系承包或分包工程，如建设、装饰、建材、绿化和物业等，加大建筑安装成本，虚加工作量减少或转移利润。

设立上下游公司是大房地产公司常用的做法，包括设立装修公司、设计公司、园林绿化公司、建筑公司、工程管理咨询公司、供材贸易公司等，由于这些上下游公司都不需要缴纳土地增值税，因此可以将利润外移至上下游公司以便避税。以某房企为例，集团旗下设有住宅建筑设计院、工程监理公司、物业公司、担保公司、创业投资公司、园林绿化公司、市政公司、广告公司、门窗制造公司、会所公司等众多下属公司。

成立自己的建筑公司，在很大程度上是出于避税的考虑。

之所以能通过这一办法达到避税筹划的目的，原因在于税收政策在房地产业和建筑业的两大出入：一是房地产开发公司是要缴纳增值税这类税种的，而建筑公司不需要，放到建筑公司那边，虽然要缴的营业税会多一点，但是因为增值税税率比营业税高得多，总体来说是划算的。

比如，北京某地的一个房地产项目，建筑面积 11 万平方米，其平均售价为 9300 元/平方米，估算其土地增值税计税成本为 6500元，增值额在 20%－50% 之间适用 30% 的税率，按此推算，每平方米应缴土地增值税（9300－6500）×30%＝840 元。开发商自己设立了一个建筑工程公司。建筑工程公司的营业税税率为 3%，建筑公司从开发公司每获得 100 元收入，需缴纳的营业税为 3 元，而开发公司相应增加了 100 元的成本，可以少交 13 元的土地增值税，抵消多交的 3 元营业税，少交 10 元土地增值税。而建筑行业企业所得税的核定利润率一般在 10%－20%，该开发公司的实际利润率高于建筑企业的核定利润率。如果在核定征收的情况下，还可以节省部分企业所得税。当然，这是以前的做法，在当前全面实施"营改增"之后有所改观。

大型房产企业的特征之一，就是设立的房产项目公司非常庞杂，而项目公司恰恰是房产企业实施偷逃税款的首选载体。项目公司是房产企业的成本中心，拥有法人资格、独立运作。但在楼盘开发过程中，项目公司基本不会确认营业收入，却以"其他应付款"、"银行借款"等科目堆积了大量负债，使之成为经营性资金流入的主要渠道。而一旦楼盘销售完毕，这些项目公司往往会被注销，使得某些欠税甚至偷逃税款的行为能随之隐匿。据统计，全国房地产的项目公司数以万计，就在这些企业的出生与消失之间，国家税收大量流失。

目前大部分房地产企业都办了物业公司，而开发商往往通过将物业公司、其他楼盘成本集中到即将验收的楼盘上来，用"东墙成本西墙贴"的方式，造成房地产成本高的假象。一些在东部沿海和中、西部省区同时都有楼盘开发的开发商就更容易转移成本，极少遇上监管部门跨地域核实。

2. "虚"字诀

即虚开虚列成本费用。典型方式是，开发商和建筑商互相勾结，有预谋、有目的、有步骤地通过先与承建方编造虚假合同，再让承建方多开建安发票的手段，人为地提高造价，增大建安成本，以少缴所得税。

例如，一个房产项目的建筑安装成本为 2 亿元，但是开发商在与建筑商、安装商签订协议时，把合同金额拉升到 3 亿元或者 4 亿元，但是实际仍按 2 亿元执行，此外，房产商还主动承担建筑安装商增加的 2 亿元合同金额的 4% 的税收。按照目前的规定，开发商适用的税收大致为 40%，这一操作不仅可以规避巨额税收，还可以人为"加大"运营成本。当然，这一"加大"运营成本是虚假的，实际成本并未增加。

建筑材料是开发商成本控制的重要筹码。钢筋、水泥、板材、管线等，某些开发商善于"恰到好处"地在几乎所有不影响工程质量安全的环节上使用价格相对低廉的产品。"尽管这部分材料成本低廉，但往往要求供货商填写的发票是原来价格的 2 倍至 3 倍。"

凑人头数也是一个"绝招"。某些开发商搞来亲戚朋友甚至整村整族人的身份证来制造使用大量"农民工"和"技术工程师"的假象。在某些项目，农民工的工资甚至可以开到每月 2000 元至 3000 元，拿不出任何资质证明的"技术工程师"，每月开出的工资也达到 8000 元甚至 10000 元，大量的虚增成本开支从此而来。

3. "拖"字诀

即不按期结算项目成本，预付金、定金不入账等。

高负债经营是房产企业运作的一大特征，而现行预售制则在完成收入确认之前为其提供了源源不断的现金流。当购房者的按揭贷款由银行账户直接汇入开发商账户后，后者往往以风险没有完全转移等为借口，迟迟不确认到账的预付购房款为营业收入，以此来逃避或延迟缴纳营业税款。

业内专家将其定义为"利用房屋预售收入定义不准确避税"，即开发商在汇总预售收入时，只计算购房者所付定金，将购房者首付款排除在纳税范围以外，这样企业预售收入缩小。有的开发商等到房子基本上卖出去后，迅速将购房者支付的房款用于银行还贷。而相关税法规定，银行贷款不能算进销售收入，因此不用纳税。开发商在"一贷一还"间，逃避了营业税。

对项目销售环节交纳的所得税，不少开发商采取"拖"的办法。最常见的操作手法是在一个项目内留下几套房子不销售，项目因此无法结算。一些开发商在交纳预收企业所得税后，一拖就是好几年，造成税收黑洞。

如某房地产开发公司在2000年至2004年承建的9个房地产开发项目上，有的项目已经完成多时，但并不进行项目结算，该公司将收取的产品收入742万元长期挂在"预收账款"科目不进行结转，造成少缴所得税36.7万元的事实。

4. "推"字诀

即将项目决算期推后。不少地方的地税部门规定，"经过有关部门验收合格"，项目才算完工。因此，房地产企业的项目决算要等到整个工程项目通过验收后才能进行。因为一个项目需要建委、人防、消防、交管、技监、供水供电等 10 多个部门出具验收报告后才算完工，漫长的验收过程为开发商提供了偷税便利，有些发商利用滚动开发项目，有意无意地将项目决算期推后。

比如说，楼盘多为滚动开发，开发期间一般在账面上不体现利润，因而缴纳所得税的企业屈指可数。而如果一个楼盘还没有卖完，但是开发商看钱赚得差不多了，没有等到结算，就用卖房款去开发第二个楼盘，这样尽管一个一个楼盘交了，但是账面上却一直是亏损的。有关税务部门曾表示，不少开发商拿到一个项目成立一个新公司，等到这个项目完成后，新公司就注销掉了。这种现象防不胜防。

当然，也有提前入账的，就是提前计提成本，开发商在推迟确认收入的同时，还会提前确认各种公摊成本。比如，一个分 3 期开发的项目，需要建设幼儿园、中小学、市政公用设施和公共配套设施，开发商总愿意把这一部分成本提前确认，以减少当前的利润，等到项目开发快结束，真正要结算时，就拖着不结，实际是因为结的都是利润，成本早就确认入账了。

总之，开发商利用财务会计制度，按照有利于自己的方式操纵利润减少税费的现象十分普遍。

欠税有靠

在西方国家，成为纳税人是他们很骄傲的事。一个人如果偷税漏税，那是很让人瞧不起的，没有人会喜欢与一个偷税漏税的人做生意。但在我国，偷税漏税却成了有能力的代名词，偷税漏税是快速致富的捷径。

业界私下流传一个趣闻：税务局的工作人员在近两年成了兼职

的"楼市情报搜集员"。每逢黄金周或年度总结时，房企往往会大肆宣扬其辉煌销售业绩，税务人员就会把报道详细摘录，等到查税时拿出来作为辅助证据，与意图以业绩不良为借口偷税的企业进行对质。

税务部门不乏努力，但即便如此，有关房地产企业"偷税漏税"的消息仍然不断见诸报端，其中的一个重要原因还是因为房地产企业不缺"保护伞"。而一些地方政府在某种程度上充当这样的"保护伞"。

比如一些大开发商往往是地方招商引资项目，通常享受税收优惠政策。税务部门一方面要完成税收任务，另一方面害怕与投资者产生不快。因此，开发商要求的一些条件，地方政府和税务部门能操作的往往都会给予方便。

比如为了体现政绩，实现"财政年年增收"，很多城市下辖的区级政府鼓励房地产企业提前缴纳来年甚至未来几年的税收。这样做实际上将多期房地产开发税负集中释放，增加了当期开发成本，进而也就刺激了当期房价。而开发到了二期、三期，税已缴完，成本越来越低，房价反而随着大环境越卖越高。

这就好比一个人看见某人在掠夺他人的财富，于是便去干涉。在干涉后，竟发现掠夺他人财富的还有自己手下的人。于是，对于自身利益的考虑、对于所谓大局的考虑，便使得某人放弃了干涉。很显然，谁有资格揭开欠税内幕，你干净吗？你有资格说吗？

以土地增值税的清算为例。

据国家统计局和国税总局 2010 年公布的数据，近 10 年来全国已纳土地增值税税额仅占全国房地产开发企业销售额的 1.29%。

有业内人士粗略测算，开发商应缴的土地增值税额应占其楼盘销售收入的 15% 至 30%。根据计算公式，如果按 20% 的中位数进行计算，2005 年到 2009 年土地增值税流失数应该在 2.52 万亿元，而财政部公布的 2009 年全国税收总收入为 6 万亿元，占比的确很大。

上海社科院曾在一份报告中公开数据称，2007 年土地增值税如果要清算的话，单是上海一个地区的规模就有 400 亿 – 500 亿元。

我国 1994 年开始征收土地增值税，征税对象是土地取得、转让、建设所得增值额。根据当时的规定，按照增值额与扣除金额的对比，税率分为 30%、40%、50%、60% 四个级别，是税率较高的税种。

2006 年年底，国税总局曾发文，要求各地从 2007 年 2 月 1 日起，对房企进行全面土地增值税清算。2007 年，国税总局曾对土地增值税进行过一次清算检查，导致房地产公司股价迅速跳水，但随后由于征管工作任务庞杂，一些细节无法清晰认定，最后不了了之。

1994 – 2006 年土地增值税增加额呈现逐年上升趋势，但增加速度却先降后升，其中 2000 年和 2001 年仅为 23.53% 和 22.62%，但远远低于平均增长速度 91.27%。究其原因，1997 年亚洲金融危机过后，政府为了刺激房地产市场重新活跃，对一部分转让房地产的企业和个人实施了一定的减免政策，这也大大减少了土地增值税的征收额。

因此，以往关于土地增值税清算往往被称为"高举轻放"，"有名无实"。

"土地增值税清算没有很好执行，与地方政府有很大关系。"国土部中国土地勘测规划院原副总工程师邹晓云曾表示，主要原因在于一些地方政府担心土地增值税严格执行会影响开发商的积极性，同时，近几年房地产市场波动较大，税务部门也不好确定征收时机。①

---

① 《北京商报》，齐琳，2010 – 05 – 31。

房产税：为何叫好的少？

在 2016 年 7 月 23 日举行的 G20 税收高级别研讨会上，财政部部长楼继伟表示，受制于信息征集能力弱及利益调整阻碍，目前房地产税制改革尚未推出正式方案，但下一步将"义无反顾"推进改革。该表态与十八届三中全会中提到的"加快房地产税立法并适时推进"相呼应，印证了官方推进税制改革的决心。

为此，已历时两年的房地产税提法和此前已经在上海、重庆试点 5 年的房产税成为撩动楼市神经的敏感话题。房地产税不是房产税，早在 2012 年 9 月，国家税务总局政策法规司巡视员丛明就曾经强调，要区分房产税和房地产税这两个不同的概念，如果按照原值征收则是房产税，如果按照评估价值征收则是房地产税，评估价值里包括了地价。

2011 年 1 月 27 日，重庆、上海两地同时出台房产税实施细则，并于当月 28 日正式试行。据报道，截至 2011 年 4 月底，重庆房产税税收收入 70 余万元，上海房产税入库税款为百万元左右。上海试点的情况是在上海新购且属于该居民家庭第二套及以上住房的，按人均计算，人均超过 60 平方米的，进行房产税征收。比如一个居民家庭原来已拥有的住房面积共计 180 平方米，刚好人均 60 平方米，现又新购一套 100 平方米的住房总价 100 万元，那么其一年应该缴纳房地产税 4200 元左右。

业内人士表示，从性质上分析，物业税和房产税基本上同属一物，都是持有环节的税收，区别在于前者涵盖面更大，包括所有的不动产。而且，房产税早已有之，只需简单调整税则即可适用于对住宅的征收，而物业税是新税种，其出台需要走复杂的立法程序，比较麻烦。因此，相比物业税，房产税更具可操作性。

但是，在房产税推出之后，也有声音质疑：房产税出台真的能抑制高房价吗？房产税出台真的能为地方政府带来一个稳定的主体税种，从而改变"土地财政"吗？

1. 能抑制高房价吗？

对于风传的房产税将要推出的消息，闫明并没有表现出太多的兴奋。

作为三套房子的拥有者，从事法律工作的闫明对当前楼市调控每一个政策的出台都极其关注，房产税是他最近研究的重点。

"就像汽车的养路费改为燃油税一样，最后倒霉的是每个车主，房产税可能也一样，每个购房者并没有得到什么好处。"闫明说。

在闫明看来，房产税的开征可能会进一步加重置业者负担，从而推高房价。"很明显，房产税征收之后，一些豪宅的持有人不会在乎，而对于大部分中低收入居民来说，一笔房产税无疑会对生活造成影响。"闫明对记者说。

闫明分析，目前炒房者和投资房产的人，主要目的是为了财产的保值和增值。"当通货膨胀率实际上超过3%、而房价上涨动辄每年超过10%的幅度来看，即使房产税税率高达1%，也无法起到阻止炒房和投资房产的作用。"

在闫明看来，增加持有者的成本，但不可能从终端的产品上让其价格下降，不足以调控市场降温。

甚至还可能出现坏的情况。在闫明看来，在把房产税当做压住房价上涨的最后一根救命稻草的情况下，一旦房产税真的出台，可能出现相反的情况。"市场可能形成主要控制房价的政策都已经出尽的认识，房屋价格的上涨将会出现更加强烈的势头。控制房价将是更加困难重重。"

有研究报告显示，当房产税的税率为 1% 的时候，刨除每人 20 平方米的免征额，那么全国范围内相当于，地方政府卖地收入的 18%，如果不考虑免征额，也就是所有人都收税，但这也仅仅占卖地收入的 45%，而如果要跟地方政府的卖地收入持平，房产税的税率需要定在 2.2%，如果算上免征额的 20 平方米，那么更是要高达 6%。

这是什么概念呢，以北京为例，如果一家三口在 100 平方米的房子里，大概四环外，价值是 500 万元。如果不算免征额，这家人一年需要交纳的税大概是 11 万元，如果要是算免征额，对超标的 40 平方米征税，也需要交纳 12 万元。如果你多出一套 100 平方米的 500 万的房子，那么也就意味着你必须一年租出 30 万元，一个月 2.5 万元的房租，否则就是亏本的。那个时候，房子不再是你甜蜜的资产，而成为一种恐怖的负担。

复旦大学住房政策研究中心执行主任陈杰也认为，现在大家对房产税的期望值有些高过头了，对房产税的效果也有些夸张。"实际上房产税开征达不到那么大的作用，在很多征收房产税的国家里，照样有房地产泡沫。在短期之内，可能对房价上涨有一定的抑制作用，但长期来看，一些投资客可能还是会囤房。"

2. 能改变"土地财政"吗？

1994 年分税制改革后，土地出让金作为我国地方政府预算外财政收入的一个主要来源，对于地方的经济发展起到了重要作用。数据显示，2001－2012 年，我国土地收入占比呈稳步上升趋势，土地出让金在地方财政收入中所占比重在波动中不断上升，从 2001 年的 19.7% 上升至 2012 年的 42.1%，10 年内涨了一倍之多，几乎占据了地方财政收入一半。

2012 年以来，随着我国经济增长走弱和房地产调控的常态化，地方政府的土地出让金收入大幅放缓，开始进入波浪式下行通道。2012 年全国 300 个城市土地出让金总额为 19504.3 亿元，同比减少 13％，占地方财政收入的比重降至 27％，其中净收入占比仅为 5.9％，加上土地相关税收收入，2012 年政府土地相关净收入仅占财政总收入的 20％。这意味着我国土地出让金的高速增长时代已经结束，今后土地出让金的逐步减少将成为一种常态，多年来给地方政府创造出巨大资本盛宴的"土地财政模式"也正面临重要拐点，转型势在必行。

在众多业内人士看来，开征房产税，将使得地方政府改变"土地财政"的老路，不再扛着市场的名义接二连三催生"新地王"，而地方政府因为无法通过卖地而获得的预期收益，则通过新税种来予以弥补。

房产税规模会有多大？在目前税率、房产保有量等数据尚缺的状况下根本无从计算。但公认的是，这是一个巨额的数字，有媒体估算为年逾千亿。

从这一程度上来说，开征房产税，一方面给了市场良好的信号，一方面也安抚了地方政府。国家发改委国土开发与地区经济研究所副所长肖金成认为房产税有两大主要作用，一是对房产的持有环节进行调节，二是对于地方财政增加一项税收。在此之前，国家发改委财政金融司有关负责人就表示，"这个税种的开征可以为地方政府带来一个稳定的主体税种。"

开征房产税真的能改变地方政府的"土地财政"吗？推动房产税开征是为稳定中国房地产业出谋划策，还是仅仅为地方政府吸金？

从目前已经执行房产税试点城市的情况来看，房产税收入给地方政府带来的收入是非常有限的。以上海为例，上海市 2011 年预算执行报告数据显示，包括经营房屋在内的 2011 年房产税收入为 22.1 亿元，完成预算的 110.5％，这与 2011 年 3429.8 亿元的上海地方财政收入相比，只占到很小的比例。而这一年，上海土地出让金约为1491 亿元，即便在调控之下的 2012 年，上海土地收入预计为 1250亿元，数据表明，上海市征收的房产税只占到财政收入很小的一部分。

而另外一个试点城市重庆公开的数据显示，2011 年重庆市地方财政收入超过 2900 亿元，增幅超过 40%，而其中的房产税收入仅有1 亿元，同时，2011 年重庆市土地出让金收入为 1344.2 亿元，增长47%，相比之下，重庆市的房产税对地方政府的财政贡献更小。

"如果开征的主要意图在于增加地方收入，那么房产税收不可能取代土地出让金，进而让地方政府摆脱对'土地财政'的依赖。"闫明说。在闫明看来，如果不理清地方政府职能，不改革土地出让制度，地方政府该高价卖地的还会高价卖地，因为，"没人会嫌钱扎手。"

更重要的是，开征房产税也不大可能取代原本附着在房产市场上的其他几十种税费。"开征意味着政府从房产市场获得了更多的收入，这个收入不可能凭空产生，而只会以抬高市场成本为代价，并最终体现在房价上。"闫明说。

所以，闫明认为，若以增收为主要目的开征房产税，令人担忧的结果就是，政府收入增加了，但房价不仅没能得到抑制，反而助推了房价。

因此，控制房价，要跳出加税的误区，通过改革土地出让金制度、减少交易环节的税费、扩大供应等手段，才能达到目的。

3. 不能一蹴而就

应当说，房产税的试行以及承载它的房地产税制体系的改革调整，是一个长期性的建设形成过程，注定会是一项长期任务，在短期内取得明显成效的想法和做法是不切实际的。

全国政协委员、中国财政部财政科学研究所原所长贾康就认为，中国经济社会转轨过程中矛盾错综复杂，在触动既得利益格局、各方面认识明显不统一的情况下，如果想首先形成一个非常稳定的、全面的房地产税税法，人大审批通过后再执行，估计几十年也拿不出一个结果，房产税改革会无限拖延。

他认为，不能不让争论，但不能陷于争论，要有先行建设的试点。应该推动理性探讨，寻求既有利于社会、民族长远根本利益又能助益较短期经济运行趋向平稳健康的可行性方案。

房产税实施确实还有很多障碍。比如，房产税征收是以房产物业为对象的，其征税的量化依据是房产物业的计税价值（税基）。合理地评估房产物业的计税价值是房产税能否成功实施的关键。建立房产税评估体系，是房产税推行和房地产税收体系改革的前提和基础。我国现有的房产物业价值评估队伍和机构能够承受我国征收房产税时的超巨量的评估量？这是一个问题。

另外，当前房地产税收体系没有相应进行改革。我国现行的房地产的各项税收有十多项，其主要税种是契税、印花税、营业税、企业所得税、个人所得税、土地增值税、城镇土地使用税、城市维护建设税和教育附加、房产税等。有的是向开发企业征收的、有的是向房屋权属人征收的、有的是向购房消费者征收的，基本上都是在房地产交易流通领域中的税赋。

在交易流通环节的房地产税没有减少、合并情况下启动持有环节的房产税，是"税上加税"，是房地产税赋总量没有减少的情况下增加新税种和总税量，这自然加大了房产税推出的难度。实际上房地产税收体系的改革，也成为房产税推出的重要前提条件。

如此困难种种，未来房产税的正式推出还有待时日。

改革现行财税体制是根本

"治其田畴，薄其税敛，民可使富也。"这是几千年前孟子对税费的看法，其思想的主旨就是"薄税"。在历朝历代中，总有后继的儒者提出类似的薄税敛的主张，作为发展农业生产、缓和社会矛盾的一项措施。

为什么开发商群体在一边喊"税重"，一边又能轻松逃税、拖税有术、欠税有靠？为什么各级政府明知房地产税费数量繁杂、存在重复收税的乱象，中央也多次提出要加强税收改革、规范征收行为，打击不法商人，但喊了多少年，总是雷声大、雨点小？改革的阻力大于动力？为什么每一次打击清理开发商税收不法行为总是草草收场、不了了之，或者罚点款意思意思？

"房地美和房利美就是华盛顿的一个游离于核心地带之外的权贵圈子的一部分，在一帮政府官员和政治说客们没完没了地玩弄着权术的同时，公司靠着联邦政府的授权而大发横财。"在美国前财政部长亨利·保尔森看来，是房地美和房利美绑架了美国经济和金融政策，绑架了美国政府和纳税人，而政策博弈的背后是不可告人的特殊利益集团的肮脏交易。

保尔森的这段话点出了正是利益集团之间的利益交换，使得房地产绑架了国家经济。税收领域的潜规则远不是一个改革税种，调整税率等能够解决的问题。中国房地产税费问题的根子在中国的税收体制，在于地方政府和开发商作为利益集团的联盟，使得税费转嫁到房价，广大购房者成为"买单人"。

因此，对房地产的税费而言，不仅要加强税费政策在房地产调控中的作用，打击个别房地产企业的偷税漏税行为，提高税费调节的精准度，避免误伤广大购房者，更重要的是改变现有的财税体制，降低房地产业的总体税负水平，特别是与人民群众直接相关的税收负担；规范和严格房地产企业财务会计制度管理；规范政府的征税行为；合理划分中央与地方的事权与财权，削减地方政府"土地财政"的动力；规范房地产税收的使用，完善税收监管制度，真正做到"取之于民，用之于民"，同时接受人民的监督。

经国之道，取于民有度，用之有止，国虽小必安；取于民无度，用之不止，国虽大必危。

第四章

房价成本：不能公开的秘密？

房地产是我国社会中隐含权力行使秘诀最丰富、能够展现权钱交换关系最典型的领域之一。

——清华大学社会学教授孙立平

上帝拼命要掩盖的，就是世人迫切想知道的。

——西方谚语

原南京江宁区房产局局长周久耕，大概没有想到自己会在 2008 年年末成为最红的"网络名人"——"最牛房管局长"。

之所以被称为"最牛房管局长"，起因是网友从周久耕一次工作会议的照片中发现，其抽的烟是每条售价 1500 元至 1800 元的天价烟。一时之间，舆论沸腾。2008 年 12 月 28 日，周久耕被宣布免职。

一位在珠三角和广西、云南多年从事楼盘开发的房地产开发商曾坦言："楼盘开发成本只占房价 20%，开发商能够拿到其中 40% 的利润，余下超过 40% 的利润全部被相关职能部门'层层消化'掉了。"①

开发商自曝的利益分配的具体数字，是不是权威，我们不得而

---

① 《市场报》，何丰伦，2007 年 06 月 25 日 http：//news. xinhuanet. com/house/2007 –06/25/content_ 6285879. htm。

知，但有一点可以肯定，房地产市场的"灰色产业链条"是真实存在的。周久耕抽每条售价 1500 元至 1800 元的天价烟就是例证。

在众多业内人士看来，当前政府调控房价，仅仅在削减房地产商的利润上做文章，无异于扬汤止沸，而由地方政府主导，来一场自我利益革命，才是釜底抽薪之策。只有将当权者的利益之手从房地产市场收回，房地产成本才会降一大截，房价才有可能随之下降。

利用政府力量调控房价，不仅要在"看得见的利润"上做文章，而且还要使"看不见的利润"进入政府监管的视野。倘若不剪断"灰色产业链条"，特别是不剪断有关政府部门和官员的寻租之手，强力推进的房价调控最后可能变成"空调"。

公布房价成本：不了了之

在带领福州市物价部门完成对商品房社会平均成本测算并在全国进行公布这一创举后，福州市物价局局长朱光华并没有感到轻松。相反，他可能已经预感到，在吃下第一只"螃蟹"后将"悄然谢幕"。

据《南方周末》报道，2005 年 7 月，主持公布房价成本的福州市物价局局长朱光华不但遭到利益集团的恐吓，还被批评为"喜欢出风头"、"影响了投资环境"、"不利于房价稳定"。《南方周末》记者透露，朱局长因公布房价成本得罪了很多人，险些断送前程。①

2005 年 7 月，福州市物价局公布房价成本清单，似一枚重磅炸弹，在社会上引起了很大反响。福州市的这份房价清单显示：福州

---

① 《南方周末》，2006 年 12 月 28 日，http：//news. sohu. com/20061228/
n247316621. shtml。

市市区商品房平均开发成本约为每平方米 2160 元，社会平均利润约为每平方米 1400 元。测算结果显示，地价约占房价的 30% 左右；建安成本约占房价的 25% 左右；管理费用、营销费用和利税等税费成本以及开发商利润共占到房价的 40% 以上。①

这份公开披露的对照表进一步显示，在所列的 23 个楼盘成本目录中，开发商的利润率平均约为 50%，最低的约为 20%，最高的超过 90%。其中利润率超过 50% 的楼盘有 10 个，呈现出楼盘越高档，利润率越高的特点。

以福州某楼盘为实例：土地成本为 683 元/平方米。2003 年 9 月，开发商通过竞拍以每亩 112.6 万元购得这一地块，面积 320 余亩，小区总建筑面积为 48.5 万多平方米，其中商业建筑面积为 1.45 万多平方米。将地价摊入小区住宅建筑面积，可得出商品房的地价成本。

土建和安装成本为 875 元/平方米。这项费用主要包括：所有因建房而发生的建筑安装工程费，包括建材费、人工成本、机器使用费，公建用房建设费分摊，水电线路安装成本等。由于多层、小高层、高层等商品房类型不同，开发成本有差异。

配套建设费用为 486 元/平方米。这项费用项目较多，主要包括勘察设计及前期工程费和住宅小区基础设施费两大项。这些费用大多为政府部门或指定单位收取，有较明确的收费标准。

开发商的运营成本为 390 元/平方米左右。这项费用主要包括开发商的管理费用、人头费用、广告投入、贷款利息、纳税等。据业内人士介绍，虽然每个楼盘的运营成本有差异，但一般不会超过商品房销售价格的 10%。

综上所述，保守计算该项目总成本约为：683 + 875 + 486 + 390

----

① 《中国经济周刊》，王红茹，2005 年 11 月 28 日。

=2434 元。开发商利润（2005 年该楼盘开始销售）：销售均价 3900 元 – 总成本 2434 元 = 1466 元。开发商的利润率为 60%。

2006 年 6 月，南京第三次公布了"民间版"房价成本清单。房屋成本（未把开发商利润计算在内）通过综合成本累加法计算，即房屋成本 = 土地使用权费 + 住宅建造成本 + 住宅建造期间费用 + 税费。按照这份成本清单的测算，"销售价格"与"房屋成本"相比，101 家楼盘中，近七成楼盘高出 30% 至 50%，两成楼盘高出近 100%。

公布房价成本引起社会各界的强烈反响，有关部委予以回应和支持，认为公布房价成本清单，还购房者知情权，是非常有意义的。但是公布房地产成本的举措遭到了房地产商们的统一坚决的抵制。

2006 年 12 月 13 日下午，凤凰卫视"一虎一席谈"栏目录制了一档"是否应该公开房屋成本"的节目，任志强说，公房的房价成本是可以公开的；而普通商品房不应该公开，公开房价成本，就如同公开自己老婆的胸部有多大一样，这属于立法规定的，也属于秘密。

此后，任志强还撰文指出，地价占房价的比例高达 59%。"房价的高只是地价高的表象，地价高则是房价高的原因。"显然，任志强在暗批地方政府拿了"大头"。

纵观反对公布房价成本的声音，主要有四种观点：一是认为，政府公布商品房成本，带有较强的行政色彩，会带来政府越位、侵犯企业经营自主权以及改革倒退等质疑。二是"公布成本无用论"，认为房价是由市场的供给与需求决定的，与成本没有关系。因此，公布房价成本对房价没有任何作用，公布房价成本没有什么用处。三是认为公布房价成本侵犯企业的"商业秘密"。有开发商认为，目前各楼盘的各项销售指标通过网络很容易查到，如果再公布成本，房地产商将没有任何秘密可言。四是认为公布房价成本不可行、难操作。

开发商们的极力反驳真的有道理吗？

知名房地产专家包宗华认为，"公布成本本身是一件好事，可能有人认为这种做法是走老路，但政府不做谁做？"

中国社科院研究员易宪容认为，在房地产交易中，购房者长期处于信息不对称的弱势地位，政府公布商品房的社会平均成本有利于改变这种不对称，增加购房者与开发商在博弈中的话语权。北京大学法学院房地产法研究中心主任楼建波认为，公布"清单"不构成法律上保护的商业秘密，我国反不正当竞争法第10条规定，是指不为公众所知悉、能为权利人带来经济利益、具有实用性并经权利人采取保密措施的技术信息和经营信息。

另外，开发商公布的房价成本真的真实可靠吗？2009年8月31日，南昌市65个在售楼盘率先公示了相关信息，约百家楼盘公布了成本价。然而，令人们感到奇怪的是，根据公示信息，有约两成的楼盘在"亏本销售"，其公示的房价成本高于累计成交均价，让老百姓有些"雾里看花"。

据南昌市楼盘公示的信息显示，出现价格"亏损"的楼盘约两成，既有刚刚开盘不久的新楼盘，也有开发时间前后长达8年、即将售罄的老楼盘，而且不乏总建筑面积达几十万平方米的大型楼盘。

信息显示，开发商的利润水平多在10%至20%之间；土地成本约占总成本的20%至30%，税费成本约占开发成本的10%。似乎与外界盛传的房价暴利不太相符。

可以说，开发商公布的商品房成本总是"雾里看花"，有的成交价远远低于成本价，有的与销售量相差无几。不知道是开发商在"做假"，还是政策在"作秀"，"数据文章"看不懂，房价仍是糊涂账。

为何阻力重重？

三国时期，曹操行军途中，军士饥渴难耐，曹操诱之曰，前有梅林可解渴，众人乃感有力，饥渴为之而减，及时到达了目的地。

房地产行业是一个非常不透明的行业。在房地产交易中，购房者长期处于信息不对称的弱势地位，开发商很清楚成本是多少，购房者却一无所知。

尤其是在房价高涨的背景下，公众迫切想知道房价成本的构成，将成本看得清清楚楚，这时突然有一个人应时而起，扯起大旗曰："我要把房价成本说清楚！让一直'潜伏'很深的房价成本现形！"这就好比曹操告诉人前有梅林解渴一样，给了人很大的希望。

然而，最后却不了了之，原因何在？是因为房价成本是房地产商们的"商业机密"？还是有关部门"不便过问"？

1. 地方政府的阻力

据媒体报道，福州市物价局早在 2004 年就提出社会成本测算问题，福建省物价局在 2005 年下发"关于切实稳定住房价格的通知"，要求各级价格主管部门定期测算并公布不同地段、不同等级普通商品住房开发建造的平均成本，但没有一家公布。究其原因，是因为房地产对地方经济影响重大，"不少物价部门都有顾虑"。

朱光华坦言，福州市在测算工作中，"省里有关部门就多次找我们，电话也不知道挂了多少次。"而测算结果早在 3 月份就出来了，

"一直在评估，怕公布出去对社会影响太大。"①

应当说，对于具体成本测算方法，福州市物价局作了充分的考虑，按照这个方法，公布"清单"从技术层面解决并不难。然而却遭遇执行阻力，"清单"成"一纸空文"。江苏省要求公布"清单"的通知在绝大多数地市没有得到当地政府的落实。公开成本的做法也随着舆论的平静而不了了之。

可以看出，公布房价成本构成在操作可行性上确实出现了困难，但不是技术层面的障碍，巨大的阻力源自政府、开发商以及作为某些利益群体代言人的干扰。

房价成本公开的真正阻力并不全在开发商方面，很大程度上还在于地方政府。除了福州市的例子外，可以举出的例子是，2006 年广东省"两会"期间，广东省人大代表朱列玉建议通过开发商公开房屋成本价等方式来控制地产行业的暴利行为，但建议被"否决"。

房地产的"热"与"不热"关系到地方的诸多利益：从 GDP 指标、财政收入、带动相关产业到吸纳就业等方方面面，房地产业与地方政府都有着千丝万缕的关系。地方政府和开发商完全是一个利益共同体，房价高，市场繁荣，则地方财政收入高，地方政府财政收入增加，才能为某些官员大搞"政绩工程"，或建城市广场，或修景观大道，或搞旧城改造，或立城市地标，总之，是为自己换来了"政治资本"和"锦绣前程"。

地方政府当然不希望土地出让利润被公众所知。一般而言，建安成本、配套设施成本浮动不大，能够决定房价的最重要因素是土地成本，而土地价格和相关利润是地方政府最忌讳的话题之一。许多发达地区的财政被称为"土地财政"，地方政府本能地不想让公众

---

① 《东南早报》，2005 年 07 月 28 日，http：//finance.sina.com.cn/roll/20050728/0349235071.shtml。

知道他们所获的这部分利润的丰厚程度，因为他们担心公众有可能因此把对房价非理性上涨的不满从开发商身上转移到自己身上。

公布房价成本还可能会将地方政府的各种税费大白于天下。据报道，在我国房地产开发过程中，有"头税轻，二税重，三税、四税要了命"的说法，所谓三税、四税指的就是各种收费。这些收费常常是违规征收的，如果公开房价成本，势必会把地方政府悄悄收取的各种费用拉出来曝晒，地方政府自然不愿意干。

基于以上的原因，一些地方政府就会或明或暗地联合抵制公布房价成本或对公布房价成本大加指责：要么辩称"统计工作量太大，条件不具备，时机不成熟"；要么散言房价成本公布后会带来多么严重的后果，严重损害经济发展等等。

另外，房地产开发商是一个很有实力的群体，他们比物价局更能左右地方政府。这些都是物价局的规定执行不下去的原因。同样，开发商比政府更能左右专家和媒体，他们可以付出大量的广告费用，也可以花巨资搞学术研讨会，为他们的利益鼓吹，制造有利的舆论氛围。

2. 开发商的攻守同盟

自 2006 年 08 月 14 日起停止审批党政机关集资合作建房项目之后，建房必经开发商，事实上形成了开发商一统天下的垄断局面，开发商垄断房地产市场和价格，房子卖什么价，开发商说了算，在这样的垄断优势下，开发商不是按照房地产的成本来定价，而是完全脱离了成本，演变成了漫天要价，既垄断房地产市场又垄断了价格。

同时，我国房地产市场是一个区域性市场，在特定的时间周期，极易形成区域性的寡头垄断市场。

房地产市场区域寡头垄断最主要的表现就是对区域内土地资源

的垄断经营。在通过招拍挂掌握了区域内土地资源后，也就拥有了本地区房地产商品的定价权，成为该区域的垄断寡头。这样，房地产商赚取的就不是供求平衡时的边际利润，而是非均衡市场的垄断利润，甚至价格成倍成倍上涨也不担心房子卖不出。

区域性使得房地产商竞争范围缩小，房地产业在特定区域内只存在少量有竞争实力的厂商，他们相互影响。因而，我国房地产业的区域性寡头垄断结构使得价格合谋具备了市场条件。如果这一空间上的垄断又叠加在时间维度上，即在某一特定的时间周期内，则更为严重，甚至演变成绝对垄断。

于是乎，在垄断下，开发商缺乏降低成本的内在机制，更不愿意向社会公开其成本。因为一旦真实、透明地公开，自家各种避税、偷税的手段就无法施展，同时还会成为本区域甚至本行业其他企业的"公敌"，遭到行业的封杀。

"房地产为什么能长期保持高利润呢？是竞争不充分，有垄断。"我国著名经学家茅于轼说，"房地产业本身竞争是相当充分的，但是房地产的投入品土地和资本，不是在市场上能充分竞争得到的。因此，房地产商有毛病，毛病在哪呢？毛病在土地和金融市场不完善。"

因此，要想真正使得房价成本公开，就必须打破开发商的建房垄断与价格垄断，实行商品房开发与经济适用房、居民集资建房等多渠道建房的政策。而对于开发商的开发，更应由物价部门根据不同地段核算开发成本，严格限定开发的利润比例空间，制定出适当合理的售房价格，并配套建立房价听证制度。

3. "权力赎金"与"灰色收入"

建设部原副部长、中国房地产协会会长刘志峰曾坦言，"我国房地产市场发展总体上是健康的，但是，部分省市、地区房地产产业确实存在'大量腐败问题'"。①

　　已故全国人大原副委员长成思危曾在清华大学举行的一个题为"当前经济形势与中国房地产业的发展"的演讲中提到，在房价中，房子土地和建筑成本占50%，政府税费占20%，开发商占30%。成思危解释说，"这30%里有一部分是开发商最不愿意公布的，说白了就是行贿的费用。"

　　在虚高的房价中，除去正常的土地成本、建筑成本之外，那些见不得阳光的灰色成本阻挡了诸多调查者的脚步。很显然，显性成本易算，隐性成本难查。正如成思危所说，这一部分"是开发商最不愿意公布的"。

　　"灰色成本"一词，按照词典上的解释，是指当事人为达到某种目的而支出的本不应支出的成本。包括违纪成本和违法成本。简单地说：违纪成本是指请客送礼的成本；违法成本是指行贿受贿的成本。故专指当事人的请客送礼，行贿受贿所付出的成本。

　　房地产行业的"灰色成本"，或是因为有些官员，按照惯例，吃拿卡要，不付出这些成本，事情就办不成、办不快、办不好，属于官员"索贿"；也有很多开发商自愿投入灰色成本，以套取更大的、损公肥私的利益，属于开发商"行贿"。

　　可以说，一些地方政府和开发商之所以反对公布房价成本，很大程度上就是由于担心房价中的"灰色成本"暴露出来。

　　学者吴钩在其著作《隐权力》中提出了一个"权力赎金"的概念。他认为，一个官员的实际权力值大致可以用他的收入来表示。这里的收入，包括正式收入，如正俸、养廉银，也包括那些灰色收入，如各种陋规、税收提留，还包括官场上的黑色收入，即贿赂款、贪污款、勒索款等。权力是可以赎买的，赎买权力的"赎金"，构成

---

　　①　http://news.sina.com.cn/c/2004－12－15/12224531036s.shtml。

了官员的大部分收入。养廉银是国家财政支付的"赎金"，陋规是请托者支付的"赎金"，勒索款则是直接由民脂民膏支付的"赎金"。权力值越大，"赎金"就越高。①

一个房地产项目从签订意向、选址试点直至销售，有数十道环节，盖100多个公章，除了涉及规划、国土、建设等主流部门，还需经过房管、工商、税收、建设、交通、环保、卫生防疫、消防、地质勘探、园林、人防等众多机构的审批或备案。

在这层层的关口中，无疑插满了各种权力的吸管。诚如业内人士所说，"有公章之处，就有滋生灰色成本的可能。"这就为"权力赎金"提供了可作为的空间。

（1）从土地供应环节看。开发商看好了原本是农业用地或工业用地的地皮，他们通过制造概念，以发展地方经济为名，搞定国土资源部门和地方行政官员，将土地的性质转变为房地产开发用地。

同时，不论是招标、拍卖还是协议出让，"一块地定价多少，有些时候就是领导手中的一支笔。"据某媒体报道，八十年代末以来，中国违规土地出让、转让所造成的国有资产流失每年要超过100亿元。其中多少被开发商以灰色成本方式返还给手握签字大权的人，不得而知。

以原苏州市副市长姜人杰为例子。2001年2月，姜出任苏州市副市长，分管城市规划、建设、管理、交通、市政公用、邮政、电信、园林和绿化、房管、房改、房地产开发、防震抗灾、人防工作等13个大类。2004年8月7日，姜人杰被双规，公安部门在查抄他家时发现了大量尚未拆封的红包，最少金额在两万元以上，现金因为来不及点，只能用秤来称。

苏州市发改委一位官员分析说，开发商操作的通常的做法是：

① 吴钧：《隐权力》，云南人民出版社，2010年6月。

先看好地皮，这些地皮通常是原来的农业用地或者工业用地，接下来最关键——"搞定"能转变土地性质的"一支笔"姜人杰，由政府出面收回土地，给土地原使用者一定补偿，然后将这些土地的性质转变为商业、金融、房地产开发用地。①

（2）从规划开发环节看。规划部门制定的房屋容积率从 0.8 提高到 1.0，开发商利润就可以增加 20%，开发商都希望在容积率上做文章。所以，规划部门往往容易成为开发商公关的目标。

某房地产公司老总透露，"我的一块地上是可以建 10 万平方米房子还是 12 万平方米房子，都由规划部门手中的容积率确定，如果一平方米是 2000 块，多 1 万平方米，便是现实的 2000 万收入，我花多大公关代价也愿意。"这样的例子更是很多。前文提到的重庆窝案就是一个典型的案例。

（3）从审批验收环节上看。除了国土、规划部门外，一个项目还需经过人防、消防、环保、园林、卫生防疫、交通、市政等部门的审批或备案。从审批到验收，开发商行贿费用往往要重复支出。因为每个部门里，审批时是一个人，验收时是另一个人，疏通关系的原则是"一个都不能少"。

以人防部门利用人防工程图纸审批权收受贿赂为例。2004 年 3 月初，安庆市人防办公室原主任方锡武收受虹城公司 15 万元、原分管副主任杨明杰收受 8 万元后，对菱建小区（吴在桥开发的另一个小区）明显不符合人防工程设计标准的图纸未要求修改，签批了建筑防空地下室建设意见书。②

（4）在贷款融资环节。借着前几年鼓励房地产发展的政策，房

①　东方网，2004 年 11 月 17 日，http：//news. sina. com. cn/c/2004 – 11 – 17/16234267410s. shtml。

②　正义网 – 检察日报，2006 年 08 月 15 日 http：//news. sina. com. cn/o/2006 – 08 – 15/07519750993s. shtml。

地产业在不知不觉中已经挟持着银行业踏上了同一辆向前飞奔的战车，两者已然成为一对同生共死的患难兄弟，期间的灰色交易也接连不断。

已经披露的例子有，中国银行海南省分行原副行长覃志新在1992年到2005年13年间，收受贿赂款人民币1200万元、美元13万元、港币30万元，从披露的7宗典型的受贿事件看，其中5宗与房地产业直接相关，先后收受多家公司的贿赂。

可以说，"灰色收入"已经渗透到了社会各行各业，返点、好处费、感谢费、劳务费、讲课费、稿酬、礼金等名目繁多。前文中刘志峰的一番话或许可以作为房地产开发商支出"灰色成本"、某些政府职能部门获得"灰色收入"的注脚。

没有了权力赎金，房价的成本可能就不会那么高，如果所有的权力都在阳光下运行，开发一个房地产项目的成本可能就会降低很多。

4."送礼政治"与"灰色成本"

据媒体的报道，南昌市国土资源局原局长周宏伟收受他人贿赂大多发生在节假日前后，一些地产商老板打着春节拜年的名义，排着队向周宏伟送礼，办案人员搜查其办公室发现，房间内堆放的名贵礼品琳琅满目，仅用于装钱的信封就有40多个，共计300多万元。其中，在现场搜查出的几个大信封中，每个都装着几万元。①

"送礼的人太多，有的放下就走了，连人都不认识，根本记不清哪笔钱是谁送的。"周宏伟在办案人员审讯时交代。

吴钩在其著作《隐权力》中还提出了一个"送礼政治"的概

---

① 《河北青年报》，2010 年 07 月 22 日 http://sjz.lanfw.com/2010/0621/39326.htm。

念：权力需要用人情来维持，而人情则需要用送礼来维持。为了保持权力份额不流失，官员需要通过人情网络来获得隐权力支持。用当时的名目来说，叫做"通声气"、"保位"、"求升擢"、"以幸提挈"。这就是"送礼政治"。

吴钩在文章中进一步分析：人情关系既然具有维持官员权力、隐权力的重要功能，那么我们就不会奇怪：为什么帝国官场会发展出一套半制度化的送礼名目，什么"别敬"、"程敬"、"炭敬"、"冰敬"、"三节两寿"等等。这几个"敬"要解释一下。所谓"别敬"，指地方官赴任前向京官告别时致送的礼金；"程敬"是以路费名义送出的礼金；"炭敬"、"冰敬"是冬夏两季送给京官和地方领导的礼金；"三节两寿"则指春节、端午、中秋及领导本人、夫人的生日，这也是必须要送礼的日子。①

"送礼政治"在房地产的灰色成本中更是极为普遍的现象。"让职能部门赚合理合法的钱，我们才能赚出合理合法的利润。"这是某地的一位开发商的口头禅。

这位开发商一直提起的开发"理念"是：搞房地产开发要"懂政治"。他透露，搞房地产开发要记住各个职能部门负责人的电话、生日以及爱好，"今天到谁生日了？该送什么？这个人喜欢什么？所有这些都掌握了才能做到有的放矢。"

"可以不记老婆、儿子的生日、爱好等，但是这些人的喜怒哀乐必须记得。"该开发商算了这样一笔账：无论大中小型楼盘，要真正在当地站得住脚，至少要拿出两成左右的利润，通过请客吃饭、逢年过节赠送"购物卡"、假期组团旅游、支付出国考察费等方式来"摆平"这些权力部门。

在他看来，房地产管理部门林立，表面上环环相扣，但却很不

---

① 吴钩：《隐权力》，云南人民出版社，2010 年 6 月，第 48 页。

透明、很不规范。如果不一个个上门去烧香，当官的就会拖，楼盘开发是资金密集型的，哪个环节都拖不起。

开发商对开发所涉部门的优惠、照顾、打点。这种成本大约占利润的 10%－15%，分摊到每平方米为 400－600 元。

一处地点好的楼盘，对于办"五证"的部门、水电气部门、当地的公安、法院、税务、银行等部门的部分人员及其他们的亲朋好友，总是不能错失良机的，开发商绝不能将他们等同于普通购房者，根据"看人下菜碟"的原则，每平方米要分别优惠 10%－50%，其特点是均为一次性付款，写家属的名或直接转手变现，不留痕迹。一套百平方米的商品房原地可获灰色收益 30 万－50 万元。——这也是一种变相的送礼政治的体现。

行贿送礼的成本无疑都转嫁给了消费者。2005 年，安徽省安庆市的一家房产开发公司，在承建商品房过程中，先后分别向该市建委、规划、物价、人防、房产等有关部门的 19 个负责人行贿，涉案金额达到 100 多万元。简单计算便可得出，如果是 500 套房子，每户就要承担"行贿成本"2000 元；如果是 200 套，承担 5000 元；如果是 100 套，那么每个购房户承担的"行贿成本"，达 1 万元以上。①

5. 行业垄断使得成本难降

《左传》记载：郑环公请大臣们吃甲鱼，故意不给子公吃，子公很生气，就伸出手指蘸了点汤，尝尝味道走。后"染指"一词多指分取不应该得到的利益，也指插手某件事情。

就房地产行业而言，由于市场竞争的不充分，一些开发和审查

① 南方网，2006－11－24，http：//biz. 163. com/06/1124/10/30MHHNHB00020QE
O. html。

环节成为一些主管部门下属的"专利",其他市场主体无法"染指"。

一般而言,消防、人防和管线验收,都是由相关主管部门(如消防局,人防办等)的所属企业来验收,如果开发商为降低成本把这几项工程拿出去招标,那只能是自找麻烦。也没有施工单位敢接你这活。因为竣工验收肯定通不过。这也是开发商不敢得罪这三大专业施工单位的主要原因。

以消防审查为例,消防报建,要说难,是所有专业报建中最艰难的,但是如果说简单,也可以很简单。一般说,各发展商都委托消防局下属的施工企业代理报建。为什么呢?因为这些企业要么长期和消防部门打交道,跟消防部门之间的关系千丝万缕源远流长,往往由他们出面才能把事情办成。要么企业本身就是在政府机构改革中被剥离出来的职能和分离出来的员工,一些企业的法人代表或负责人本身就在政府部门有职务。

一般来说,小区设施中用于人防用途的那部分地下室也可以搞停车位,但是这部分要被划出来,不能发产权证。所以开发商绝对会想办法减少人防面积。而这就要借助人防部门所属的专门企业来施工。

开发商如果和消防、人防和管线的施工队伍搞好关系,验收基本上都通过。但是,验收报告上肯定会留有伏笔,基本上都是这么个写法:原则同意通过验收,但如下问题需要进一步整改……

住宅中燃气管道的设计、报装、施工也是由特定的燃气公司来完成,否则,验收通不过不能如期交房。而验收交房后,居民户装修时往往是要拆改的,因为在设计时就埋下了伏笔,让你使用时不方便。当然,如果自己私自改装,房子肯定是无法通过验收的。一般由特定公司的员工上门看完、鉴定后,报出配件和工时的价格,然后到某公司门市部交钱,才能安排员工上门安装。改装价格和服务质量都由这家公司说了算，比如把燃气表改装到另外一面墙上，距离很短，却可能收你200－300元，根本没有选择的余地。

除了热气，电力、上下水、热力、有线电视，又有哪家市政公用设施不是如此？

再比如成片开发的住宅，都要进行教育的配套建设，而且要通过教育部门的审查验收，不可否认，一些开发商建好了小区，卖完了楼，但小区的学校却没有建好；但另一方面，同样也存在着，需要通过教育部门的验收通过，而教育部门对于小区与哪一家幼儿园合作等事宜总是要发表一些意见的，否则也可能出现通不过的事情。

再比如小区绿化建设，按照规定，首先开发商要交8元/平方米的绿化建设费用于公共绿地的建设，但实际操作中，往往是钱交了，公共绿地不能得到及时的绿化。不是园林部门不干，而往往的说辞是，他们"负责全市的园林绿化工作，贵公司的项目今年没有列入年度计划"。为了不影响房屋销售，开发商只好搭着笑脸先干了再说，还要请他们吃饭以便顺利验收通过。

至于开发商为提高小区品质搞的绿化美化工程，绿化设计方案也要报园林绿化主管政府部门审批，施工完成后要由其验收，看是否按照要求施工，是否达到规划指标等要求。这本无可非议，但实际操作中开发商一般都不愿意公开招标选择施工单位，还是找园林主管部门分离出来的绿化大队。而且第二年的补种是必需的，树种下去的时候就没指望它活，否则第二年的工程费怎么收啊。诸如此类，时有发生。

同样，房屋交用时的面积实测是一定要交给房管局有关系的单位的。根据规定房屋在预售时按照图纸计算面积签合同，而在交用之前必须完成面积实测，按照实际面积交房和结算。于是预测和实测之间的差异就很有文章可做了，开发商往往会利用这一制度合理合法地使其利润最大化，选择与房管局有关联的部门往往有这个优势。

毫无疑问，上述这些特定的审查和验收部门的垄断行为，水、电、气、热等市政公用部门的垄断，无形之中增加了房价成本，而且极为隐蔽，让"潜规则"大行其道。

让成本暴露于阳光之下

西方有句谚语说："上帝拼命要掩盖的，就是世人迫切想知道的。"用这句话来形容当前众多资源性产品公布成本价格的艰难，可能是极为贴切的。

当前石油、水、天然气等众多资源性产品价格节节攀升，但其成本究竟是多少？其定价的依据是什么？一直受到公众的质疑，要求公布成本的愿望日益强烈，但在权力以及太多灰色因素的干扰下，公布成本阻力重重。房价公布成本面临着同样的尴尬，公布房价成本的呼声一直是干打雷不下雨，更像一个"望梅止渴"的游戏。

记得在 2010 年 3 月 5 日，温家宝总理在《政府工作报告》中，首次使用了"规范灰色收入"这一概念。后经代表们讨论，认为"规范灰色收入"这一提法不妥，在正式《政府工作报告》中把它删去了。报告中虽删去了，但它向我们说明了一个问题："灰色收入"在我国存在的普遍性和危害性。"灰色收入"不仅在国有工商企业有，文化教育系统有，医药卫生系统有，而且政府部门也很普遍。

不少"灰色收入"，虽事出有因，但不论何种"灰色收入"，都存在着众多的副作用、甚至坏作用。因此，不管在哪个领域的"灰色收入"，都应该逐步加以梳理和解决。但相比较而说，政府部门的"灰色收入"危害最大，当应率先解决。

利用政府力量调控房价，不仅要在"看得见的利润"上做文章，而且还要使"看不见的利润"进入政府监管的视野。倘若不剪断"灰色产业链条"，特别是不剪断有关政府部门和官员的寻租之手，强力推进的房价调控最后可能变成"空调"。

让房价成本暴露于阳光之下，让一些"灰色成本"无所遁形，或许唯有如此，房价才能真正有所回落，房地产业才能真正持续健康发展。

第五章

炒房手法全揭秘

房子应该是买来住的，不是买来投机的。

——新加坡总理　李显龙

所谓房荒，只是荒了大多数人，却有极少数人反有房多照顾不过来的痛苦。

——民国作家　张恨水

电视剧《奋斗》中杨晓芸妈妈市侩的"房虫"形象让人印象深刻，他们靠倒卖房子挣差价发财。"比炒股挣钱快，投资最短一个月见效，最长两三个月，不用担心欠账，不用耗时间盯着。"

在房价依然看涨的前提下，多少人主动或被动地奔向这场楼市投资狂宴。就像大盘狂飙时候出现股疯一样，在这个楼价疯涨的今天也出现了大量狂热的投资客。

在全民投资炒房的大潮中，既有像杨晓芸妈妈一样的"房虫"，也有眼红炒房的"一夜暴富"，拼钱当起了"炒房族"的众多中介炒房者，更有足迹从温州、山西到杭州、上海、北京以及到全国的"炒房团"，他们炒房的手法不一，但只有一个目的：从狂飙的房价中获利。

涌动的"炒房潮"

　　王燕是典型的楼市炒房者。从几年前开始，手头有一些储蓄的王燕就寻机会投资房产，主要是小户型。几年下来，精于算计的她已经大有收获。

　　"应该说，2008 年年底的时候，楼市比较低迷，但随着国家一些优惠政策的出台，2009 年的楼市成交量很大，市场也很繁荣。"王燕说。2009 年年初，王燕几乎是以"抄底"的价格在西二环外投资了两套小户型，当时价格是每平方米均价 1.5 万元，一年左右已经达到了每平方米 2.7 万元左右。

　　"在楼市的优惠政策下，房子贷款很方便，贷款利率达到 7 折，这样的好机遇为什么不抓住呢？"王燕说。"大不了多'转手'几次，反正不会赔。"说这话的时候，她得意地一笑。

　　她的"得意"是有依据的。当时的楼市优惠政策中，"契税税率暂统一下调到 1%"的规定，导致了不少投机型的炒房需求。

　　但是，市场上有关楼市优惠政策将终结的"风声"，让精于算计的王燕感觉到楼市的变化。最终，王燕在优惠终结之前以每平方米 2.75 万元的价格将她的两套房子出售了。

　　2008 年年底，以国办 131 号文件《关于促进房地产市场健康发展的若干意见》为标志，中央和地方政府出台了一系列"救市"政策，主要包括首套房七折利率、改善型二套房贷放松、二手房交易营业税减免等。而其中部分优惠政策的时间节点是 2009 年 12 月 31 日。

　　"现在房价已经很高了，已经挣得不少了，见好就收吧。"用王燕的行话说，这叫"高位套现"。"以后看准时机，还可以再'出手',再'转手'。"王燕说。

为了在楼市"变脸"前及早收割丰厚的投资回报,一些房产投资客开始追赶政策优惠的"末班车",挂牌高位套现出售。王燕不过是其中之一——当然,这个案例是前几年炒房最热时候的事情。

为何我拼命工作,还买不起房子?请先看网上流传的一个典型的炒房案例:

一炒家购得一处100平方米的商品房,开盘价5000元/平方米,房屋总价50万元。贷款8成,首付10万元。几个月后,他们将房价炒到了8000元/平方米。担心没人买吗?他们根本没打算卖!——他们将房子卖给自己!(当然是以另一个人的名义)。这时房子总价是80万元,贷款8成(64万元),首付16万元,通过转按揭(或提前还贷方式),他将房子卖给了自己。

这时候,让我们来看一下是什么结果:这个人赚得房屋差价30万元,减去第二次的首付16万元,他已经白拿了14万元,而这时候房子还在他名下!他现在唯一的负担是要还64万元的贷款,加上利息,是一笔不小的数目。可这有什么关系,大不了还不起贷款,银行把房子收回去呗?!他还是白赚14万元啊。

如果他还能找到买主,即使以第二次的成交价卖(通常还会高,他会给你看购房合同上的买入价),那他至少又拿回了第二次的首付16万元。那么这一轮下来他就净赚超过30万元。当然,这中间会发生一些交易费用,但比起房价是微不足道的。

与上述炒家王燕一样,在北京某外企工作的刘先生买房就是为了投资。他告诉记者,他在2003年购买了一套位于东四环的65平方米小户型,购买价为44万元,到2006年能够卖到65万元,除了交纳营业税、契税等费用外,他可以净赚近20万元。

其实像刘先生这样有两三套房的"投资"人还只是"小打小闹",在一些城市不乏动辄十几套、二十几套的"炒家"。统计显示，2001 年以前，外地客户在京的房地产成交面积约占成交总面积的 15%，至 2003 年这一比例上升至 48%，2004 年的比例为 61%。许多城市的房价都是在"温州炒房团"、"山西炒房团"那样的炒房团大举出动、光临该市之后而直线上涨的。可以说"炒房"是推动房价上涨的重要助推器。

除了像"温州炒房团"、"山西炒房团"那样数目众多的投机者，大量党政人员利用"灰色收入"在多个大中城市投资住房也成为一个普遍的常态。民间有一个说法是，全国一半以上的县委书记在北京拥有住房，而京畿大省河北省的接近一半的乡镇一把手以上的官员在北京拥有住房。

长期以来，我国住房制度提倡"居者有其屋"，"人人享有住房"，这种号召一度被理解为"拥有自己的一套住房"，"我想有个家，有一个好的家"。于是"人人买房"、"家家户户买房"；于是买房要"一次性到位"，甚至刚步入中年，便早早地把子女的房子都买好了。

这是东方人特别是中国人的梦想，所谓"安家立业""有恒产而后有恒心"的儒家文化也长期熏陶着每一个国人。它不像西方文化中的西部牛仔、吉卜赛女郎一样，四处流浪，身上绝没有家的概念，精神的寄托只是教堂。

尤其是 1998 年房改之后，老百姓改善居住环境的需求便越来越旺盛，大家都想住好房子，换房子的人也越来越多，人人都想拥有自己的一套住房。

据有关数据，2003 年以后，全国城镇住房建设投资每年增加 20% 以上，年建设住房面积 6 亿多平方米；人均年建设住房面积 1.3 – 1.5 平方米；到 2005 年底，人均拥有住房面积 26 平方米，自有住房率达到 80% 以上。

如此高的自有住房率实际暗示着中国住房中的一个现实问题：

不太接受租赁概念的中国消费者，要房子就一定是要有产权的房子。

对此，经济学家吴敬琏有个著名的论断：政府的责任是"居者有其屋"，不是"居者买其屋"。即使在当今经济最发达的美国住房自有率也只是达到65%左右，很大一部分人都是租房住。而中国的发展水平远远低于欧美，所以让所有的老百姓都买得起房的想法并不实际。

但毫无疑问的是，房子太好卖了，卖不出房子的售楼人员不是疯子就是傻子；买房子太好赚钱了，随便放在那里，转眼几年就可以让你的资金成倍地上升。在投资渠道短缺的情况下，炒房成了持有大量流动资金的投资者稳妥的选择。

个人炒房手法全揭秘

2004年，一个名叫姚康达的人成了众多舆论关注的焦点。他的出名源于当时的国家审计署审计长李金华的一句话："工商银行上海外高桥保税区支行向姚康达一人就发放个人住房贷款7141万元，这些资金被用于购买128套住房，炒作房地产。"①

有说法称，随着近年来个人信贷系统趋于完善，如果"姚康达"光靠"买进房子，然后重新评估，再抵押贷款"的循环做法，套用信贷资金，这样的手段很难获得7000万元人民币以上的巨额贷款。

"一个自然人，从一家银行贷出七千多万，用于低吸高抛炒房，这不可能是一个信贷员能办下来的事，我看，'姚康达'这个人简直手眼通天。"上海某银行房产科曾科长告诉记者。

令其他炒家羡慕的是，"姚康达"居然能从同一家银行获得如此

---

① 《上海侨报》，彭千山，2004年07月02日。

巨额的贷款，因为，一般要贷款买 10 套以上的房子，银行都会认为风险很高，"'姚康达'何止与工行外高桥支行的人很'熟'，他与工行上海分行的人也不可能只是一般所议的'熟'"。

在探究故事内幕的过程中，虽然银行方面声称"该笔贷款已全额收回，未造成资金损失。"但人们还是产生了以下疑问："姚康达"究竟是谁？其担保人又是谁？收回了贷款，难道就可以当做没发生过这回事？"姚康达"就可以享受用巨额贷款炒房获得的巨额"利润"？

"姚康达"可能只是一个特例。在国家严厉的信贷政策调控下，炒房客们靠正常渠道投资炒房已经没有了可能性，但炒房客们还是有不少"空子"可钻。试列举如下。

1. "以小博大"

"比炒股挣钱快，比炒股挣钱多，一年投入 100 万元就能挣回 100 万元，投资最短一个月见效，最长两三个月，不用担心欠账，不用耗时间盯着。"这是老张作为炒房投资客的"心得"。

老张入行已近 8 年，目睹了房价的上涨，算得上"骨灰级"炒房人。

老张专炒小户型的二手房。"炒这类二手房，付个十来万首付，其他靠银行贷款，转手也快，正适合我们这些缺乏资金实力的人。"老张说。

2007 年 4 月，老张看中了一套 50 平方米左右的房子。那户人家当时急着要用钱，所以价格挂得不高，单价才每平方米 1.2 万。老张毫不犹豫地出手了。"当时的市场，真是牛啊，房价一路飙升，我敢说：坐火箭也不过如此！放到 5 月的时候，一出手，我就赚了 30 万。"

那段时间，老张每天必做的事情就是上网找房源，路过中介公司，都要坐进去了解下房源情况和市场行情。凡是单位低于每平方米 1.4 万元的房子统统吃下，付个首付，能贷款就贷款，能借就借，直到实在没钱买了为止，最多的时候他手上房子有 6 套之多。

对老张这样的个人炒房者而言，只用 20% 或者更低比例的首付，套取银行 20 年甚至 20 年以上的贷款购房，然后在很短的时间内转手买卖，就可以赚取"差价"作为投资回报。可以说，这一类炒房者的主要资金来源是银行，玩的就是以小博大的金融杠杆游戏，可以说银行资金是众多炒房客的"生命线"。

"简单说，就是运用杠杆原理，以小博大，借助银行贷款把投资放大。"老张说。

在老张看来，股市的杠杆低了些，买多少股票，你就要投多少钱，不像房子，投入 5 万或 10 万块钱，可能就可以把一个七八十万的房产买下来。而买下来不久，房价就可能翻倍，而你的收益就可能一下子放大十几倍。正是如此高的投资回报才引得众多炒房客趋之若鹜。

2. 以消费贷款形式获得购房款

炒房客老刘是通过个人消费贷款的方式借贷购房。具体做法就是将首套房进行抵押，在银行以消费贷款的名义申请贷款。一般来说，个人消费贷款只能用于买车、装修等，而不能用于买房。但是，银行监管毕竟不能做到万无一失，拿到贷款后就可能进入楼市。

老刘说，如果购房资金差得不多，可以申请一笔装修贷款，如果差得多，可以申请一笔购车消费贷款，而这些贷款可以享受到基准利率，或者只比基准利率高一点，完全可以规避二套房新政。装修消费贷款只能申请十几万元，而买车消费贷款申请 30 万元就很轻松了。申请人要和车行沟通好，并且最好弄一份大于 30 万元的购车合同，如果这些手续准备好，办理贷款很容易。

"还可以提前与装修公司打好招呼，支付一定的'通道费'，即可让装修公司将贷款打入客户账户，而且消费贷款的利率比二套房贷款的利率要低得多。"老刘说。

3. 借用他人身份证做贷款

为了能享受到购买第一套房子的优惠贷款，炒房客就盯上了别人的身份证，但是，亲朋好友数量有限，于是，深圳市场上甚至出现了炒房客找农民工借用身份证的怪事。

曾经在深圳有一种传说，就是炒房客是用麻袋扛着身份证去买房子，将能收罗到的，跟他有关系的一些身份证拿到银行去做贷款，最后他跟这个身份证的持有者签一个协议，证明这个房子是我的，我只是用你的名义去贷了下款；但是银行也默许这种行为。

4. 同时下单

当"炒房者"要购买多套房产时，便会面临较高的首付比例和房贷利率。因此，"炒房者"一旦决定买下多套房产就要同一天下单，由于银行的征信系统无法实时更新，"炒房者"所购的每一套房产都被当做"第一套房产"。

5. 阴阳合同

所谓"阴阳合同"有"阴合同"和"阳合同"之分。"阴合同"，指的是买卖双方之间所签的买卖合同，反映的是房子的真实成交价格。而"阳合同"则是买卖双方另签的一份成交合同，用于到房管部门备案，到税务、财政部门交税，特点是房屋的成交价格远低于"阴合同"的价格，这样就可以少交税。

例如你买了一套价值60万元的房子，房产中介会"指导"你以53万元的假合同报税。

这样，按照该交 3% 的交税比例，你通过"阴阳合同"省下2000 多元税金。当然，在实际交税过程中，财税人员也知道其中的"潜规则"，往往都会进行估价并上调一部分。但是，作为买方的你仍然会省一部分钱。

除了故意将总价做低，还有一种"阴阳合同"，是故意将总价做高的。

在二手房交易中，如购房合同的真正价款为 100 万元，假合同做成 150 万元，三成首付，原本可从银行贷 70 万元，现在则变成105 万元。

比如说要买一套一百万的房产，那么按照政策需要要交三十万的首付，剩余的七十万要用银行按揭的方式来付款。如何操作呢？首先提高房价，通过虚假合同把一百万的房价提升到一百五十万，银行经过评估，认为这个房子确实也值一百五十万，那么它就会贷一百万给你，你就可以拿上这个一百万直接付了房款，不用再付其他的首付了，这就是零首付。

二手房交易过程中，卖房者、中介、买房者，还有部分评估公司，他们之间形成了一种"默契"的同盟，共同为"阴阳合同"培植了"潜规则"的"土壤"。

首先，对卖房者而言，由于在现在的卖方市场下，营业税、个人所得税等各种本由卖方支付的费用都由买家来支付，在这种情况下，用低报价帮助购房者减轻税负，对自己有利而无害，有的甚至还能分点省下的税款。

对中介而言，在收取买家的服务费后，在对自己无害的情况下，为了服务好自己的客户，促进交易尽快完成，也会帮忙。由于其具有多方面的资源，熟悉手续，因此经常会成为"阴阳合同"的"操刀者"。

对评估公司而言，在利益的驱动下，为多做业务，对此也就

"睁一只眼，闭一只眼"，根据客户需要，做出报价较低的评估报告，甚至一次评估，出两个报告。

正是在这样的"潜规则"下，炒房者一波高过一波，"阴阳合同"成为二手房市场交易的"顽疾"。

中介暗箱操控没商量

曾经有一个在上海地产界流传很广的故事，可以说明当地的二手市场是多么发达：这个开发商以均价 4000 元每平方米的价格卖自己的楼盘，一个中介公司找到他们，以 3900 元的价格包销，开发商同意了，结果这个中介公司以 6000 元的价格把这个楼盘卖了出去。

在深圳，一些在销售处被告知"售罄"的楼盘，只要你步行至附近的中介公司，往往就会获知这样的信息：这个楼盘还有很多好房子，你只需在开盘均价的基础上，再每平方米加几千元，同时交纳几万元的"茶水费"（行话），就可以签订购房合同。但是，公司规定的中介费，还要照常收取。

中介公司利用他们与购房者信息不对称的优势，根据自身的需要，暗箱操作，给购房者提供虚假的信息，以达到抬升房价、攫取最大利润的目的。手段如下：

1. 直接与房地产商合作

房地产商将楼盘全部交给中介销售，每卖出去一套，中介会从中收取一定比例的提成。由于销售权全部转给了中介公司，市民要买房，就必须接受中介公司提出的"VIP"转号费或者"茶水费"。

对房地产商而言，将销售权转包给中介公司，可以节省大量的人力成本。与此同时，中介公司为获得销售权，往往会作出承诺，将楼盘均价提升百分之几，同时保证可以销售百分之几，如果无法实现目标，将减收、免收代理费等，对房地产商吸引力大。

实质上，由于深圳房地产商普遍选择中介代理销售，中介公司控制楼市买卖在某种程度上已经成为现实。在一些房地产项目的销售处，其销售代表就是中介公司派出的工作人员。

开发商、中介商暗箱操控合谋炒房的例子，莫过于上海市"××公寓"的例子。某市民在2005年2月打算购买"××公寓"的房子，开发商却告知已经全部卖完，但该市民多方打听了解到还有很多空房子没卖出去，一气之下把开发商告到上海市房屋土地资源管理局。

经过调查，有关部门发现总共114套住房的"××公寓"，有49套房子被一个叫李欣的人买走了，购买数量接近楼盘的一半，"××公寓"每平方米的售价在24000元左右，李欣买下的房子总价就超过1亿元人民币。而这个"李欣"在合同上登记的资料都是假的，电话地址等都是填"1"。①

此外，"××公寓"还有一些购房合同明显是伪造的，"买家"的名字居然是"A"、"S"、"D"等英文字母，合同上的买家资料和房价等大都是胡乱填写的。据报载，上海市有关部门的工作人员在调查中还发现，以英文字母作为购房人名字的行为，绝不是"××公寓"的专利。

2. 整体"吃进"，分割出售

以中介公司名义，获得房地产商的"VIP"号，利用自身资金或依托私募基金，整片、整栋地"吃进"楼盘。

与散户炒家相比，中介公司的"批发"式购房，更加容易让房

---

① 中央电视台《经济半小时》栏目，2005年4月8日报道。

地产商拿出排位靠前的"VIP"号。据一位业内房产销售人员介绍说，利用"VIP"特权，中介公司可以大批"吃进"房源，然后在市场上继续拖延数月，进行"第二次捂盘"。最后，楼房价继续翻倍，中介公司抛出获利。

有业内人士称，在部分中介公司的"坐庄"下，一手房的真实购买成本，除了合同价格，还要加上"炒号费"、"茶水费"等。因此，不少新盘在进入二手市场后，往往会出现20%－30%的暴涨。"中介作为最大的庄家，成功把价格抬高20%－30%后，就必须马上把货抛出去。"

业内人士透露，这时候中介公司会利用其营业网络，不断向市场灌输"政府即将强征个税"、"银行首付将提至四成"等"小道"消息，暗示市民买房要赶快出手，否则以后成本会更高，制造楼市紧张气氛。

尤其是在房地产调控政策不明朗的时候，许多地方政府的调控措政策也不确定，有些政策是"只见刮风不见下雨"，而恰恰是这样的政策环境，为一些不道德的中介公司散布"小道"消息，制造市场紧张气氛提供了机会。毕竟，在市民眼中，自身政策知识有限，而中介公司则要专业得多。

3. 自卖自买

开发商发动中介以按揭方式买房，一旦银行把房贷发放给开发商，房价上涨到一定程度，由开发商控制的中介便把房产以二手房的形式出售。这不仅可以帮助开发商回笼资金，还有助于把房价维持在较高的水平上。更有甚者，一些非法中介还会采取"一房二卖"或者"一房多卖"的方式，只要过程中的买卖不发生实质性的过户行为，买卖双方并不一定能知觉这一情况，而一买一卖中炒房者赚取了差价，中介则获得了双倍甚至几倍的经纪费用。

4. 炒房不如炒号

中介炒房最快的方式是炒房号——即从开发商那里预定好房号，或者每天花 100 – 200 元钱雇佣民工排一天队等号，或者给销售人员回扣以拿到好房号。一般一个号可以卖 1 万块左右，他们会等到开发商推出二期或者三期的时候卖出。

笔者了解到的一个情况，通常，开发商会预留一些号，因为这样可以造成房源紧俏的假象，同时也为开发商和炒房者"合作"留下了空间。例如，有 500 个房号，但是开发商在开始选号的时候通常是从 100 以后开始的。也就是说即使最先拿到房号也是 101 号，而很多炒房者就在打这前 100 号的主意，方式是给销售人员一定"好处"，而销售人员也乐得把房号卖给他们，可把楼盘炒热。

炒房团的前世今生

一个不争的事实是，近几年我国房地产市场的投机色彩愈来愈浓：先有"温州炒房团"，后有"山西炒房团""内蒙古炒房团"，"先富起来"的地方、"先富起来"的人们南征北战攻城略地……

前些年在北京、上海、深圳、杭州等城市，以几十套、几百套为单位大规模买房、囤房的现象不断出现。2001 年 8 月，一个由157 个温州人组成的"看房团"携 5000 万资金奔赴上海，之后，温州炒房团开始名声在外。2004 年成了炒房的巅峰时代。那一年，辗转各地的温州炒房团，已被当地的自住购房者视为"洪水猛兽"。

有一段文字对温州人炒房进行了精彩而生动的描述："就像20年前他们担着小商品奔向全国一样，近年来，温州人再一次从故乡出发，水银泻地般长驱直入。东及上海，西抵喀什，南到芒街，北至哈尔滨，千里奔袭，攻城略地。他们目光炯炯、胸怀大志，欲将天下房产一网打尽！"

炒房团也有其自身的"绝招"，试分析如下。

1. 大量买进，高位出仓

温州炒房团的特点是乘虚而入，逢低大量吸纳房产，然后高位出仓，他们的购房目的很简单，绝不为自住，而是单纯的作为投资，通过团体协作的力量，炒高价格进而转手倒卖。随着温州人集体到全国各地看房、购房的现象日益普遍，媒体开始对"温州炒房团"大肆报道，温州人也找到了自己的同盟军。深圳、山西等省市中也有不少人在现实利益的驱动下，组成了自己的炒房团。

温州炒房团的人员可能来自于各个行业。包括大大小小的专业炒房户、企业主、开发商等。一向以精明著称的温州人自然熟谙此经营之道。他们不仅胆大，而且心细，每次出手之前不仅要分析环境因素对房地产升值的影响力，还会分析基础设施、市政规划等因素是否扩大了房屋的升值空间，有时甚至还会去了解当地人的生活水平以及人员工资等。一个炒房团里一般会有一个领头人。当他看中了某地某个楼盘后，就会回来向大家作推介，最后统一委托办理，以庞大的队伍来增加和开发商谈判的筹码，获得最优惠的价格。下单迅速，团体购买，出手大方，快进快出，富有视觉冲击力。这就是外界对温州炒房团的整体印象。

当然这些炒房者并不全部依靠自有资金，而大部分是依靠银行贷款。由于这些炒房者的前身多为工厂主、商人，因此已与银行建立了良好的合作关系，一般只要能出示自己的收入证明（温州很多企业主出示的是其营业执照和资产证明），开发商都能帮购房者从银行轻松贷出款来。①

除了温州炒房团，比较知名的还有一个山西炒房团。山西的一些小煤窑主通过采煤赚了很多钱，于是在北京等地投资炒房，既有投资，又有投机。

山西人与温州人买房子的目的不同。据称，温州人的方式业内称之为索罗斯的方式，本质是一种金融投机。而山西人买房子则是居住型的投资。

山西人与温州人的买房子特点不同。温州人一般就是看中一块地块有升值潜力，就大量买入。而山西人不太看中升值，更看中房子的保值，他们认为房子只有保值才能升值。

"一些山西煤老板往往是带麻袋现钱到售楼处，简单看了楼层之后，往往能把一个楼层的房子全买下来，或者是将各个楼层的同一户型的房子买下来，等到了合适的时机转手就卖。"某售楼处的销售人员对笔者说。据其介绍，在外省市购房人中，有近四成是山西人，一下子买几十套房子进行炒作的山西煤老板很普遍。

2. 资金联合，共同"下注"

资金进入楼盘后，选择怎样的操作战术，是"炒房团"必须考虑的。如：是否大资金联合？是否先将整个楼盘买下，待市场中存量下降而造成房价稳中有升后抛售？怎样寻找后来买家接盘？

上述手法在温州人"炒房"中均有运用，但并非人们想象的那么神秘。所谓"大资金联合"，多是在一个炒房初试成功者的带动下，联合周边亲朋，共同"下注"。因为在温州，亲友之间有着不同寻常的"增值信用"，这成为温州人往往不经意间做成大事的重要前

---

① 黄石松、陈红梅：《房价之谜》，社会科学文献出版社，2009年9月第一版，第37页。

提。其余手法的操作，关键还是对市场的把握，温州人认定房地产市场将长期向好，因此，他们很少担心"后来接盘者无以为继"的问题。

"当然，投资房地产与其他投资一样，最忌贪心。随着市场日益成熟，我们经常是在一个楼盘上涨超过30％时，就悉数出手。否则，一旦市场变化，将不堪设想。"一业内人士透露。或许正因此，"贪图小利"的炒房者能顺利找到接盘者，成功兑现"炒房"利润。

有圈内人士披露，按照常规操作手法，有门路的直接从开发商手中拿到预定号，过段时间抬价卖出；接手者再次抬价、再次脱手；更新的楼盘推出时，又以提高了的房价行情作参照定价，并开始新一轮的炒卖过程。如此周而复始，房价扶摇而上。"温州的房子和楼花像接力棒似的，在炒家手中一路传递。炒家似乎至今尚未被套牢过，而且是屡买屡赚，这使得温州人把投资热情几乎全都落到了房地产上。"

3. 炒房团怎样组织运作？

炒房团找目标开发商炒房一般是不从售楼处下手的。去找销售经理、总监也不成，甚至总经理也不成，而是直接找到老板。这是因为知道的人越少越好，否则很多关系户都会找上门，按炒房团的价格要房子。

对于不熟悉的开发商老板，炒房团会从售楼处职员开始找，但是背后的运作机制是绝对不和职员讲的，一定要见到老板才会说。

最初，炒房团操盘手往往要说服开发商合作，但尝到甜头以后，开发商就会主动寻求合作，并且开发商之间也会互相介绍。其表象就是某个炒房群体会专门跟在某个开发商的身后买房子，开发商到哪里就买到哪里，炒到哪里。

在炒房的利润分配上，如果是炒房团出资，操盘手团队至少分三成利润；如果是私募带资并操盘，炒房团的"演员"们可以分三成利润。为了能保证得到利润分成，操盘手团队会以建筑公司的建安费用作为转钱通道，参与的建安公司也可以有经手金额1%－3%的管理费。

从"禁炒"到"限购"的是是非非

随着"炒房"的逐级升温，各地政府也认识到了问题的严重性，看到了"炒房"对于房地产市场以及普通消费者利益的侵害，各地房价由于"炒房团"的作用而过快增长，炒房往往与未建先售、捂盘惜售、发布虚假信息等违规行为相伴而生，特别是一些中介公司违反规定，囤房吃"差价"，充当"炒房"先手。"炒房"还扩大了放贷量和银行的金融风险。因此，自2003年下半年起，许多地方政府颁布了"禁炒令"，开始了反炒房运动。

2003年9月15日，杭州市政府常务会议通过了8项新的房产措施，内容包括对二手房交易征收20%的个人所得税，增加期房转让契税、增强租赁房税收征管，对购买高档住宅的高收入群体实行从高税率（即所购买或交易房屋如果单价在1万元以上或单套面积在300平方米以上的就要缴纳3%的税率。）同时对按揭买房的首付比例由20%提高到30%－40%，对买第二套房产、高档住宅不再执行房贷优惠利率。这些措施大大提高了炒房的交易成本。新政策于2004年1月1日起正式实施。

面对全国各地抑制炒房以及相关舆论的压力，温州市委宣传部应市政府的要求，向温州各媒体下文，禁止以媒体名义组织购房团到各地炒房，并限制发布相关的广告进行宣传或炒作。

2005年4月30日建设部、发改委等七部委发布《关于做好稳定住房价格工作的意见》，规定了自 2005 年 6 月 1 日起，国家将对个人购房不足 2 年即转手交易的行为加大税收调控力度；7 月，国税总局发布《关于住房转让所得征收个人所得税有关问题的通知》，宣布从 8 月 1 日起，各地税局将在全国范围内统一强制性征收二手房转让个人所得税。可以说，这是给"炒房"行为下达的"国家禁炒令"。

2010 年以来，中央在部分城市和地区实行的"限购"政策将"禁炒令"推向一个新的阶段。2010 年 4 月 30 日，北京市率先在全国出台临时性的限购措施：同一购房家庭只能在本市新购买一套商品住房。

2010 年 9 月 29 日，住建部、国土资源部、监察部联合出台了《对各地进一步贯彻落实国务院坚决遏制部分城市房价过快上涨通知提出四项要求》，其中指出"房价过高、上涨过快、供应紧张的城市，要在一定时间内限定居民家庭购房套数"，其中还提到对政策落实不到位、工作不力的要进行约谈，直至追究责任。此后，深圳、厦门等一二线城市陆续推出限购令。一时之间，限购令在 40 多个城市执行。

根据严厉程度，那些出台的城市限购令分为"很严厉"、"比较严厉"和"严厉"三种类型。

深圳、南京限购令属于"很严厉"类型。深圳规定：户籍居民家庭限购两套，非户籍居民家庭限购一套；南京规定：暂时限制购买第三套住房。两市都限制了居民家庭购买第三套房，强调家庭购房在基数上变化，与其他城市限购令相比属于很严厉的。

属于"比较严厉"类型的城市：北京、上海、厦门、杭州、宁波、三亚、温州、海口、大连，这些城市都是限定居民家庭只能新购买一套商品住房。无论以前是一套、三套还是五套，在这些城市居民家庭都可以而且只能再购买一套商品住房，包括新商品房和二手存量房，淡化了家庭原来拥有的住房量，没有考虑基数，只强调了动态变化"再购买一套商品住房"，相比深圳、南京稍微宽松了些。

广州、天津限购令属于"严厉"类型。广州规定：户籍家庭和常住非户籍家庭限购一套新房，天津规定：户籍家庭和常住非户籍家庭限购一套新房。广州、天津两市，不仅没有考虑家庭拥有住房的基数，而且也只限制新房，没有限制购买二手存量房。也就是说一个家庭还可以再买一套新房，多套的二手房，无论以前有多少套住房。广州、天津两市政策是这些城市限购令中最不严厉的。

从短期来看，限购令实施导致了住房交易价格稳中有降。2010年70个大中城市房屋及新建商品住宅销售价格月度同比涨幅呈现先上升后回落趋势，其中涨幅于2010年4月份达到最大的17.3%和12.8%，而后一直呈下降趋势。这表明2010年4月限购政策的出台，抑制了我国商品房销售价格飞速上涨的势头，使我国房地产市场出现降温迹象。这说明我国限购政策在短期内起到了一定的积极效果，为降低商品房销售价格奠定了基础。

同时，对于抑制投资投机需求，限购令不愧为"精确打击"的武器，遏制住了投资投机的"咽喉"，使房地产市场的投资投机气氛显著下降，尤其消除了外地游资炒房的现象。以北京为例，截至2012年2月，京籍个人购房者占比为87.2%，非京籍购房个人比重下降25.1%，其中外地个人购房者所占比重仅为11.2%，减少25.7%。限购政策导致直接需求减少，投资投机需求已基本挤出。

但是，从2014年8月16日起，哈尔滨市全面取消执行3年多的商品房限购政策，随后，其他城市纷纷效仿，至目前为止，全国46个限购城市中已大多数"松绑"，仅有北京、上海、深圳、广州等几个一线大城市仍在坚守限购。

综合来说，限购政策刚开始实施时，对"不合理住房需求"的杀伤力非常强，很好地起到了抑制房价上涨的作用，房价涨幅应声而降。但是时间一长，"药效"冷却，其弊端也不断被激发出来。

像汽车限购一样，有的人本来没有买车打算，但是因为限购，所以非常珍惜购车资格，于是全家齐上阵，就是为了碰个彩头也要拼上一把，从而一定程度上刺激了需求。这种需求实际上对真正的刚需是不公平的。

因此，从当初政策的出台，到如今政策的松绑，楼市限购注定充满了是是非非。

"限购"被见招拆招

在众多业内人士看来，房产"限购令"如果要从根本上取得实效，彰显其应有的生命力，必须要有相应配套制度的跟进和完善，并要以政策能得到切实落实为前提。

据了解，深圳 2010 年 9 月 30 日出台房产限购令，在深圳市暂时实行限定居民家庭购房套数政策。但在"家庭认定"、"婚姻认定"等方面均遭遇到具体的执行困难。

长期混迹在北京楼市的王先生，手头至少已有 5 套房子，他告诉记者，他们圈内不少投资客，一般不使用按揭，而是全额付款，所以不担心房贷。现在的"限购"，本意是为了限制投资客炒房，然而实际上，只要手头现金充沛，可以"不受限制的"。

"一张结婚证对于'限购令'的作用十分有限，以假结婚的方法来骗购住房的现象早有存在，尤其是在北京等高房价城市，'限购令'反而还有可能催生出扎堆'结婚'的高峰现象。"王先生表示，想多买，就使用亲戚朋友的身份证，用他们的名义代购就不受限制。

小张是一位在武汉经营广告的小老板，几年前因为房地产商服务做广告，开始投资房地产。目前小张自住一套、投资一套，小有积蓄的他还想再购置一套住房。就在这个时候，出台了限购令，已购一套、没有户籍、又没有社保记录的小张被纳入了限购范围。

在小两口假离婚的主意遭到丈母娘的斥责后，小张决定找房地产中介和身边的朋友试一试。没想前些年从房管局下海开了一家二手房经纪公司的老朋友蒙总给他支了几招"逃过"限购令的办法，让他醍醐灌顶：限购令下买房并不是一点机会都没有。

（1）全权委托

"全权委托"，简而言之就是打算买房的 A 利用不打算买房的 B 的身份买房，之后 A 和 B 到公证处进行全权公证，将房产相关的全部权利全权委托给 A，A 就成了住房的实际控制者。笔者曾暗访中介，销售人员称：目前各限购城市公证处的最火爆业务就是进行各种"全权公证"。

全权委托的"好处"是可以从银行拿到贷款，并且还能享有首套贷款折扣。不过首套住房贷款并不是各个商业银行最感兴趣的业务，对购房人的资信审查也会比较严，替人买房的 B 能否通过贷款审核是整个过程中难度最大的环节。不过，房产中介会帮你搞定。

（2）以房"抵债"

卖家和买家虚构一份债务协定，之后买方持此份协定起诉卖方，卖方再申请将房产变为抵债资产，买家通过行使债权的方式将房产过户至自己名下。这一方式不仅绕过了限购令，连二手房的交易成本都省去了。深圳即将实行的二手房按评估价缴纳税款的规定也不适用于这种受让抵押物的情况。将房产变为抵押物过户的方式虽然逃过了限购规定，但是还是要支付一定的诉讼成本，包括诉讼费、执行费、保全费等，将占到抵押物价值的3%左右。同时法院也会对这种行为进行鉴别，倘若露馅，不但房产过户失败，还白白损失了诉讼的费用。

（3）中介包办过户手续

只要买房人愿意出3万到5万元的"手续费"，房地产中介就可以尝试为你办理房产过户。"今年我们已经操作了5起这样的交易，其中有3起办成功了，不成功不收费。"中介人员向小张介绍说。至于小张交纳的"手续费"去向何处，具体程序如何操作，这位中介人士一概语焉不详，只是说可以用来"打通关节"。而被问及房产中介包办的方式是不是直接触犯现有法规规定，中介只说"局里有人好办事"。

（4）买房先签合同再过户（以租代买）

小张的老婆最近又看中了一套江景房，和卖家谈妥了价格之后又找到了中介。小张决定先将自己前些年在郊区买的另外一套经济适用房出售，再买这套江景房，但卖家又不愿意等。于是，中介建议张妻和卖家先签协议、付一定比例的首付，等张妻符合购房条件了再过户，或者等到限购令松动或取消后再过户，结清尾款。但小张对此觉得不放心，他主要担心卖家还有可能将此房抵押或再次出售，"一房二卖"，于是他们去公证处做了一个公证。还有一种办法是以租代买，先签订买房合同定死价格和交房条件等事宜，同时签订一个长期租赁。

（5）名为"赠予"实则买卖

同样是以上那套江景房，卖主陈先生还提出了一个新的方案，可以签一个赠予合同，去房产交易中心过户时采取"赠予"的形式，私下再签一个交易合同，因为陈先生在税务局有人，还可以免去相关税费。

（6）以公司名义买房

目前，限购令对于企业购买房产，没有明确限制。专业炒房的高先生打起了如意算盘："先到工商部门去注册一个公司，注册费不过几千元，然后以公司的名义买房，想买几套就买几套。"而被限购的私营企业主刘先生更是心中窃喜，自己的公司是现成的，想以公司的名义买房方便得很。

（7）补齐一年个税和社保缴费，瞒天过海

蒋小姐最近准备和老公在南昌购买婚房，但是两人都是非本地户口，且在南昌工作时间未满一年，不符合在南昌购买住宅的条件。有朋友给她出了一个主意，让她请公司帮忙补齐一年的个税，要是公司不愿意，可以找朋友的公司，冒充其员工，补齐税款，也就几千块钱的事。据说，现在已有中介公司提供专门的办理服务，只要付钱就可办个税证明。在问到办假证明被查出来后会不会犯法时，朋友不屑一顾地说：谁会去查呀？税务局多收了税，社保局多收了社保基金，银行又多放出去一笔贷款，谁多收益的事谁会拦着？①

可以看出，只要房地产市场仍被投资者看涨，在民间游资与境外热钱未变的既定语境下，投机性需求必然能找到突破政策的空间。限购令的绩效取决于执行力，如果严苛的限购仅仅是因应民意的"止疼片"，久而久之难免就容易出现变形操作。

打破利益链条上的攻守同盟

在分析了炒房者各种"精妙"的炒房手法之后，我们不禁要问：我们国家从 2004 年开始就禁止炒房，却为什么屡禁不止？为什么每一次打击清理开发商扰乱市场秩序的大整顿，就像刮风一样，来得快去得也快，总是草草收场、不了了之，或者罚点款意思意思？为什么中介机构能够肆无忌惮、为所欲为？为什么银行总能如鱼得水，背后的利益格局是什么？

① http://business.sohu.com/20110617/n310405924.shtml。

　　为什么2003年实行房地产宏观调控以来，"禁炒"和"炒房"就像一对孪生的兄弟，又像一对狭路相逢的冤家，总是在不停地较量？为什么"投机"和"限购"不断地玩着"道高一尺，魔高一丈"，抑或是"猫捉老鼠"的游戏？

　　其一，因为在炒房这一产业链条上，开发商、银行、中介机构无一例外都是受益者，所谓"上有政策、下有对策"，难怪"禁炒令"和"限购令"总是被他们见招拆招，而地方政府也只是"睁一眼闭一眼"。于是，一些中介机构大肆歪曲和误导解读政策，制造市场的波动，引导消费者增加交易量，提高手续费，从中获取不正当的利润。于是，银行和中介利用"限购"政策变相提高利率和融资成本，而为不符合条件的购房人取得"合法"的收入证明、社保证明、纳税证明。于是，一些地方的税务部门对于不够条件的购房人主动办理补交纳税证明，成了税收增收、个别官员捞取政绩的重要手段。

　　如此"潜规则"之下，房价一步步攀升也就不足为奇了。

　　其二，所有的炒房者都在玩一个叫做"击鼓传花"的游戏。在这个游戏里，房地产作为"供人居住，是生活的必需品"的本质属性逐渐被淡化，而代之以金融属性，成为一个金融产品，供人们投资，供人们投机炒作，像股票。

　　每个人都在热浪传递中地避免自己成为最后那个接棒的"傻子"，于是，每个人都在尽快地把手中的房子、地皮转给下一个接棒者。买进、囤积、拉高出手……在房地产投资巨额回报的诱惑下，不仅投机客规模越做越大，而且越来越多的人加入炒房大军。在这种心理下，"花"越传越快，房价越炒越高。

　　于是，中国的房产市场不仅仅成了富人的游乐场，也成了众多有闲钱的普通民众的投资渠道，甚至出现了借钱、拼钱炒房一族，成为投机者的冒险乐园。他们都把房产市场作为掠取社会财富的最好场所。他们乐此不疲，不愿离开这个市场。

诚然，从短期看，"限购令"确能起到了立竿见影的效果。但从根本上说，仅靠政府干预扼制房价效果有限。这种强行压制，又是否切合实际，又是否对楼市发展有利？"限购"也好，"限贷"也罢，毕竟只是行政性的短期措施，其深层次的东西是根治不了的。况且，炒家可借道避开而变相入市。

"炒房"炒高了房价，炒肥了炒房客，让开发商快速获得资金，获取暴利，让卖土地的地方政府获得财政收入，得以大兴土木，而单单苦了广大的老百姓。房价降不下来的罪魁祸首不在消费者身上，根子在土地财政和开发商那里。可看看历次的调控措施，几乎都将矛头指向购房者，而很少涉及土地和开发商。在这样的利益格局下，"禁炒"和"限购"怎么能真的使炒房行为烟消云散呢？在没有为房地产本质属性定位的情况下，在没有为民间汹涌的流动资金找到合适的出口的情况下，任何的调控和禁止，不都是一片浮云吗？

第六章

外资注视下的中国楼市

他们就像狼群站在高高的山脊之上，俯视着一群麋鹿。泰国的经济看起来与其说是一头亚洲的小老虎，不如说更像一只受伤的猎物，我们选择病弱的（进行猎杀），是为了保持鹿群整体上更健康。

——《时代》1997 年

来自香港某投资公司的扈林 2009 年 6 月在北京的星河湾购买了一套 280 平方米的住宅，虽然花了他将近 1000 万元，但他感觉还是很值得。

促使扈林做出这一决定的，是他对市场的判断。"我担心金融危机后通货膨胀难以避免，目前投资房产，除了居住外，应该也是最具增值保值功能的一种途径。同时，人民币的持续升值值得期待。"扈林说。

根据扈林的分析，北京的高端住宅以及物业等项目价格相比于纽约、伦敦等城市的高端项目来说，价格还是偏低，有明显的投资空间。这是他青睐北京，主动投资的原因。

在几年前，像扈林这样试图通过购买资产抵消通胀因素，通过买房博取人民币升值的套利空间的国际投资客不在少数。据了解，早在 2005 年，港、澳、台及外籍人士在京购买高端物业占比为20% – 30%。

外资购房主要集中在一些境外人士相对集中、城市规模相对大的城市，比如杭州、南京、成都、青岛等。从置业类型来看，除了一些高端的住宅物业外，一些花园洋房等更受此类群体的青睐。从区域分布来看，主要集中在一些外籍人士聚集区、商务区周边，或者是一些文化特征比较明显的区域。

下面这个例子，能充分说明外国人为何如此热衷在中国购房：美国人大卫2006年1月在领海天使湾花了58万元（约7万美元）买了一套100平方米的房子，均价5800元每平方米。2006年，美元兑换人民币是100：806.45，2010年，美元兑人民币是100：682.76。而领海天使湾的房价飙升到22500元每平方米，这时的大卫以220万元（约32万美元）的价格转售了这套房子，这一套房，让他赚了162万元！随着人民币日益升值，他的中国投资赚了约25万美元！

在享受人民币升值、房价上涨和租金的三重收益下，外资对中国楼市虎视眈眈，"他们就像狼群站在高高的山脊之上，俯视着一群麋鹿。"一有合适的机会，他们就会万马奔腾而来，卷起千重浪花，目的是狩猎中国楼市，进而猎杀中国经济。

"限外令"立而废、废而立

1. 外资"抢滩"中国楼市，"限外令"出台

外资进入中国房地产市场起步于上世纪90年代，但真正流行却始于2002年中国政府对外资收购不良资产的鼓励。据了解，当时中国四大资产管理公司信达、东方、华融、长城等尚未处置完的不良资产还有上万亿元。为谋求双赢和有效快捷地处置不良资产，四大资产管理公司开始向境外投资者整体出售打包后的不良资产，而境外投资者也看到了不良资产背后巨大的房地产价值空间。

2004 年以后，海外基金开始对中国房地产产生兴趣，整幢收购成熟物业的案例越来越多，同时，随着楼市繁荣，境外个人购房热情提高。

2005 年的宏观调控，使得银行对房地产开发的信贷收紧，从而侧面推动了外资进入中国房地产市场。尤其是 2005 年汇改之后，人民币持续升值，于是，从 2005 年开始，海外基金"滥情"于中国房地产。

在这一时期，一些大城市中，外资房地产企业占有一定的数量，以上海市为例，有关资料显示，2006 年一季度，上海市共有外资房地产企业（包括外商独资企业、中外合资企业和中外合作企业）365家，占全部房地产企业的 7.2%，外资房地产企业注册资金共有 749亿元，占房地产企业全部注册资金的 26.8%，占上海市全部外资注册资金的 13%。

在外资购房中，海外基金批量购买高档楼盘情况较为突出。例如，2006 年 4 月上海市，来自美国的基金收购了新天地的翠湖天地一幢楼，价格在 6 亿元左右；摩根士丹利继 2005 年收购锦麟天地之后，又收购了位于世纪公园的四幢服务式公寓和一幢靠近华山路的服务式公寓，两个项目总计 400 套公寓左右，成交金额达到 15 亿元人民币。

正是在这一年，国家外管局《2006 年上半年中国国际收支报告》显示，2006 年上半年，新设外资房地产企业 1180 家，同比增25.04%；合同外资金额 128.52 亿美元，同比增 55.04%；实际使用外资金额 32.2 亿美元，同比增 27.89%；外资房地产行业新增外债17.35 亿美元，同比增 203.32%。截至 2006 年 6 月末，外资房地产外债占全部房地产外债比例为 92.13%。

为此，2006 年 7 月，建设部、人民银行等六部委联合下发了《关于规范房地产市场外资准入和管理的意见》（171 号文件），对外资进入中国房地产市场进行了规范，提高了外资进入中国房地产市场的门槛。

《意见》明确了规范外商投资房地产市场准入、外商投资企业房地产开发经营管理、严格境外机构和个人购房管理等方面的具体措施，政策的意图很明确，首先就是要限制外资在国内炒房的行为，并且规范外商以及个人在国内房地产方面的投资。如严格审批过程，可以把很多不符合要求的外资给剔除掉。如对结汇有相应的要求，买了以后卖房子要汇出的有一定的限制。

此后的 2007 年 11 月，国家发改委和商务部联合颁布了《外商投资产业指导目录（2007 年修订)》，对外商投资房地产业限制范围有所扩大。这项政策是对 2006 年限外政策的补充及延伸，将原本外资政策相对宽松的二手房市场纳入了政府限制与监管之列。总之，一系列措施的出台，就是为了规范外资的市场行为，管制外资在我国的直接购房行为，以及监管外资的大规模外撤。

分析外资大规模地进入我国房地产市场，主要原因来自于三个方面：一是中国房地产市场的快速发展和房地产行业的高额利润，吸引了包括外资在内的各路资金的持续大规模进入；二是外资对于人民币升值的预期所产生的套利行为造成更多的"热钱"注入；三是美联储长期实行低利率和大量印发美元钞票，造成全球性的流动性过剩，有相当一部分的热钱，正在大规模流向新兴国家市场。

在西方各国，房地产价格上涨几乎横贯了上世纪整个 90 年代，以至于斯蒂格里茨将 90 年代称作"喧嚣的 90 年代"。但随着西方国家这一轮房地产大牛市的结束，从西方国家房地产泡沫中受益的群体都存在转移资金的客观需要。在这种背景下，房地产市场成为来华外资、特别是投机性国际游资（hot money，又称"热钱"）偏好的选择。

从这一意义上来说，通过不择手段的投入就可以同时博取汇率升值和产业利润两大好处的中国房地产市场，成为国际金融大鳄最兴奋、最热衷、最追逐的事情。

2. 解禁——立而又废

然而，在两年之后，"限外令"发生了变化。

2009年1月23日，北京市建委等部门联合下发了《关于贯彻国办发〔2008〕131号文件精神促进本市房地产市场健康发展的实施意见》，提出暂停执行《关于规范境外机构和境外个人购买商品房的通知》中，对境外个人在京购房的居住年限和所购房屋的有关规定。暂停执行的期限为"2009年1月1日至12月31日"。

天津市也出台了相关措施鼓励境外资金参与土地交易。据介绍，境外投资者可通过用地预申请方式，参与天津国有建设用地使用权招标、拍卖、挂牌，境外投资者可以将外币汇入天津土地交易中心的外币保证金账户作为预申请保证金。

"限外令"政策出现松动绝非偶然。2008年1至10月，上海外资收购案例明显减少，总成交金额为152.17亿元，同比下降约40%；北京外资收购下降幅度更大，总成交金额仅为92.35亿元，同比约下降60%。

这一情况并非北京、上海独有，其他一线城市、广州、深圳等也都出现了外资在房地产市场交投量同比大幅下挫的现象。可以说，从2009年到2010年二季度，外资在内地房地产投资一直表现平平。尤其是在2009年，摩根士丹利、花旗、摩根大通、凯雷、高盛等相继将手中物业抛售。

其中的原因也很明显：2007年热钱进入中国的势头很猛，2008年金融危机爆发，热钱纷纷回美国救急，而我国为了刺激经济和出口，于2008年下半年开始停止人民币升值，所以造成了2008年下半年至2009年上半年，出现热钱流出楼市的现象。

正是因为金融危机的冲击和房地产市场的低迷,在 2009 年,全国一些城市放宽了对外资在京购房的限制,不再对境外人士买房设限。"限外令"在一定程度上被"解禁"。

3. 又"限"——"废"而又"立"

"执行两年,暂停一年;暂停一年,重新执行。"在一位业内人士眼中,走走停停的"限外令"政策像是一个"开关",灵活调控。

走走停停的"限外令"政策刚让人松了一口气的时候,2010 年下半年,人民币再度升值。2010 年三季度,外资开始变得再次活跃。摩根大通旗下基金在 2010 年 7 月以 12 亿元从摩根士丹利手中购得上海浦东莎玛世纪公园服务式公寓项目;新加坡基金腾飞在 9 月份以 13 亿元购入上海的高腾大厦。

面对外资的再次"归来",2010 年 11 月 15 日,住房和城乡建设部、国家外汇管理局就进一步规范境外机构和个人购房管理联合下发通知。通知要求,境外个人在境内只能购买一套用于自住的住房,境外机构只能在注册城市购买办公所需的非住宅房屋。监管再度严格。

而此次最新政策规定,境外机构只能购买自用的非住宅类的商业地产。尤其值得注意的是,住建部和外管局明确规定,新版限外政策限制的对象是"境外个人"和"境外机构",境外人士的家庭购房情况并未给予明确限制。

2011 年以来,外资大举集中进入迹象越发明显。新加坡嘉德置地、丰树集团均表示未来三至五年内,将分别启动约人民币 100 亿元、70 亿元左右的投资基金,用于内地上海、北京等一线城市的商办项目投资……

房地产对外资吸金的猛烈程度已经引起了商务部的重视。2011 年 2 月 17 日,商务部公布的数据显示,2011 年 1 月实际外商直接投资（FDI）为 100.3 亿美元，同比增长 23.4%，而 2010 年全年实际 FDI 高达 1057.4 亿美元，同比增长 17.4%，首次突破 1000 亿美元，创历史最高水平。这其中，房地产吸金最猛，达到 23%，其投资以现汇为主，并结合人民币使用。2010 年年末，商务部发言人姚坚表示，将加强对房地产领域的 FDI 的监管。

为配合国内的房地产调控政策，国家外汇管理局再次出拳重点封堵房地产领域的热钱。2011 年 7 月 27 日，外汇局下发《关于核定境内银行 2011 年度融资性对外担保余额指标有关问题的通知》（简称《通知》）。该《通知》称，为促进我国国际收支基本平衡，外汇局决定在 2010 年度境内银行融资性对外担保指标规模基础上，适当调减 2011 年度境内银行融资性对外担保指标规模。《通知》特别指出，暂不受理境内房地产企业为其境外子公司在境外发行债券提供对外担保的申请。

无疑，上述政策的出台，使得房地产市场对外资的限制进一步收紧。

4. 取消"限外"

在 2015 年 3 月，国务院总理李克强在会见中外记者时明确表示，欢迎外国人来中国买房。这个表述当时就被各大媒体所关注，认为是中央限外令取消的一个暗示。通过这样一个言论，在外媒的传播下，基本上可以认为中国正鼓励外来资本积极进入中国市场，参与住房的交易和分配。而实际上，在此前的 3 月 13 日，国家发改委和商务部公布了最新《外商投资产业指导目录（2015 年修订）》。在"限制外商投资产业目录"中，把过去针对外商投资房地产的限制类条款全都删去。这些都被理解为外籍人士购房的春天已经到来。

到了 2015 年 8 月底，经国务院同意，住建部、商务部、发改委、人民银行、工商总局、外汇局等六部门联合发文表示，对住建部 2006 年发布的《关于规范房地产市场外资准入和管理的意见》中的部分政策进行调整。具体包括：外商投资房地产企业注册资本与投资总额比例，按合资企业相关规定执行；取消外商投资房地产企业办理境内贷款、境外贷款、外汇借款结汇必须全部缴付注册资本金的要求；境外机构和在境内工作、学习的境外个人，可以购买符合实际需要的自用、自住商品房。

　　这意味着，此前，外国人购房需"在境内工作、学习时间超过一年"的限制条件被取消，"只能购买一套"的购房套数限制也取消，外资机构和外国人可在华按需购房。至此，楼市"限外"政策画上了一个句号。

　　业内人士普遍认为，国家开放力度加大、外资管制放松是大趋势，当前外资已呈流出态势，政府希望能留住外资、吸引外资。中国房地产市场已经降温，人民币开始贬值，热钱也在退潮，限购、限价、限贷等行政干预政策陆续退出。在这种形势下，不用再担心外资涌入兴风作浪，所以，"限外"也该放松，让更多外资进入有利于提振经济、促进房地产市场复苏。

"限外令"不灵

　　尽管"限外令"不断被修正、补充，以期达到最好的规范境外机构和个人购房的目的，但不可否认的是，"限外令"在最初发布之后，在很多时候并没有被严格执行，更多的情况下被变形操作，从而导致"效果不灵"。

　　且看"限外令"是如何被海外资金"见招拆招"，如何被境外机构施展"障眼法"，削弱了本该很有威力的"杀伤力"的：

1. 个人：通过变形操作，使得"限外令"不灵

刘老板 2002 年来到上海，限制外资购房的政策出台后，在高房价问题已经成为社会问题的时候，刘老板及他的朋友们，却仍然觉得房价便宜到遍地是机会。

在限制外资政策出台前，刘老板名下有 9 处物业，现在全部出租，相比月供，租金回报率是住宅 5%、写字楼 8%，同时房价还在上涨（他根本就不在乎短期的价格波动），这令他非常满意。几年来，他经手买卖的房子大约有 40 套。

刘老板做的是长线投资——虽然在热度最高的时候也做短线交易——长期的投资价值是他投资楼市的根本因素，经历过东南亚高速发展期的他，很清楚中国大陆经济飞速增长阶段会发生什么。"曾经在东南亚各国上演过的楼市造富的机会又来了。"刘老板经常这样说。

像刘老板一样的投资客人正是个体的代表，"限外令"被他们变形操作。

（1）让亲戚朋友代购

不少境外买家购房并不以自己名义，而是以亲戚或朋友的名义购房，而代买房者户籍都是中国国籍，不会受政策限制，最多手续复杂一点。

并不需要在深圳居住的骆先生并没有像一般在香港那样到多个小区购买房产，而是一次性在福田某小区购买了十余套小型公寓。"一套 40 平方米的单身公寓，我买的时候每套总价不到 40 万元，就算十套 400 万元，价格也只够在香港港岛买一套房子的钱。"骆先生能在深圳购多套房并不以自己名义，而是以亲戚的名义购买，这样他就避开了"限外令"。

（2）分期汇入，集中购房

除了境外机构大手笔投资国内地产外，境外居民，尤其是华裔，也对内地大城市的房产情有独钟。

张先生就是这样的华裔投资客。他 2006 年初在上海已经买了三套办公房，总价 900 万元左右。与国内炒房客大多借助银行资金不同，张先生通常用自有资金炒卖国内房产。

在张先生看来，一则中国政府希望楼市稳定成长，不会令房价重挫；二则认为人民币及内地楼市升值可能性大，于是购买房地产，既可套取汇价差，又可套取房价差。

张先生的操作手法是，先通过人民币贷款，再逐步把境外的钱带进来，提前还贷。这样他的美元就变成人民币了——他在上海需要还贷，需要把美国的钱调进来，购汇、还贷，这是正当理由，不受限制。

"1 个月之间汇入 10 万美元以下的，不必申报外管局。"张先生说。就这样，他就分几个月汇，每个月汇 9.9 万美元，过几个月就全部汇进来了。这也是一种逃汇的办法。

2. 境外投资机构：施展"障眼法"隐蔽进入楼市

实际上，国外个人投资进入中国楼市还只是很小的一部分，大量外资进入中国楼市更多的是通过兵团式作战，即海外投资机构，财团或基金组织组团式进入，其中不乏逃避监管的"障眼法"。

（1）参与项目开发成主要投资方式

限外令后外资投资房地产的方式更加隐蔽，参与项目开发成主要投资方式。如摩根士丹利，以前投资中国房地产的主要方式是收购成熟持有型物业项目或者进行股权融资，后来已经通过成立合资公司的方式参与房地产项目的开发。

2007 年 2 月底，摩根士丹利伙同永业集团成立"上海永威置业"，共同投资 13 亿元人民币开发上海商业用地，上海永威置业的法人代表是摩根士丹利亚洲区执行董事。花旗集团 2006 年 8 月出资 2000 万美元与本土开发商一起参与位于上海徐汇区的建业里改造。荷兰 ING 房地产设立并管理的 ING 基金与金地集团合作投资金地天津格林世界项目开发，ING 基金将拥有金地天津 48% 的利润分配权等。

（2）注册港资、澳资公司或参股

随后，外资投资物业类型进一步多样化，投资的地域也由北京和上海这样的一线城市逐渐向二线城市转移。那些经济发展较快、投资环境好的二线城市，如成都、西安、天津、沈阳、宁波、苏州等，已经吸引了大量海外投资机构的关注。

如天津市吸引了许多外资进入房地产领域。据统计，2000 年，外地、境外开发企业投资仅占天津市房地产总投资量的 5%，到 2006 年，上升至 38%，2007 年达到 39% – 40%。和记黄埔、嘉里集团、新世界、恒隆地产、信德集团、新加坡仁恒集团等知名地产集团都已在天津投资。

原先直接购买物业的形式比较多，"限外令"出台后，注册港资、澳资公司及参股的形式多了起来。如花旗集团、ING 集团等分别参股上海徐房集团与深圳金地，其注资额都接近 2 亿元人民币。

（3）离岸交易规避"限外"政策

离岸交易已成为海外资金规避"限外"政策的一条重要路径。2008 年 6 月 5 日，全球资产管理巨头黑石集团以 11 亿元收购卓越金融持有的长寿商业广场；海外基金永菱通 21 亿元收购瑞安房地产旗下项目 25% 股权；海外基金亚太置地 44 亿元收购和记黄埔世纪商贸广场。离岸交易的惯用操作路线是，先由一家外资机构控股国内某一资产，而该外资机构则由一家离岸公司所控股，最终以买卖海外公司股权来达到买卖资产的目的。

　　而且由于离岸交易选择对象局限于外资控股的项目范围内，这就避开了"境外机构和个人买房只能自用或自住，且实行实名制"这一项政策。此外，离岸交易还可以合理避税。

　　一家总部位于爱尔兰都柏林的公司 Shanghai Vision，在上海拥有多处"购房出租"地产项目。其客户有三分之二是企业家和金融城人士，包括 JP 摩根伦敦办事处负责全球股票自营交易的副总裁罗德·罗德里格斯，他们中的许多人主要目标是希望通过持有人民币资产，以便在人民币升值中大获其利。

　　为了绕开中国的严格规则，Shanghai Vision 在中国注册了在岸公司，以便以境内企业的身份方便地持有这些地产项目，那些境外的项目投资者因此能够轻而易举地避开繁琐的行政审批手续，从容地获得五年内 6% 至 7% 的年租金收益率。从本质上来说，此等机构并不拥有现金，而更像是一个项目中介，他们在项目与投资客户之间牵线搭桥，投资者可以通过汇丰与中国银行等多家银行申请按揭贷款。如此一来，六部委 171 号文中费尽心力制订的有关境外机构和个人购买自住、自用商品房必须在华居住或者学习满一年且采用实名制等政策几乎起不到作用。

　　（4）走 FDI 途径、实行基金化运作

　　走 FDI 途径、实行基金化运作，是外资进入国内地产项目的主要特点。

　　具体操作方式是：通过将资金分解到国内各省市外商直投项目的额度内，或者通过境外红筹公司的票据融资，包括主权基金在内的海外资金可以大规模潜入国内房地产业。这类外资多数以有限合伙人的身份出现，并投资于一二线城市的商业地产项目。

　　为分享中国城市化和人民币升值的双重收益，这类外资沉淀的期限很长，而国内很多开发商也都在试图打通这一融资的渠道。

　　而且，为了更直接地参与境内房地产市场，很多外资机构都已把在境内设立人民币私募基金提上了日程。通过设立人民币私募基金，外资可以先把钱倒进来，然后再去寻找项目。

（5）入股保险资金或信托

入股保险资金或信托资金也是一种有效手段。资金总是带有趋利性的，境外来的资金可以通过入股保险资金、信托资金，再通过这些资金转向国内商业地产，这种手法也算是天衣无缝，监管层很难去管控这一块。

（6）设空壳公司逃避外汇监管

一家注册于开曼群岛的房地产公司在香港上市，随后在内地一个中小城市投资成立4家公司，注册资本均为2980万美元（共计11920万美元）。资本金到位后，4家公司迅速办理资本金结汇，共计8.6亿元人民币，其中7.2亿元汇往其在北京的集团总部，仅1.4亿元滞留于4家公司当地账户。

"不管这些资金流入玩了多少花样，绕了多少环节，跨过多少地区，但它们都有一条显而易见的线索，都有一个欲盖弥彰的目的，那就是千方百计想将境外资金违规流入境内，而且其最终目的地几乎千篇一律的都是北京、上海、广州、深圳等股市和楼市异常火爆的地方。"有业内人士指出。

一些境外投资者就是利用一些中小城市吸引外商投资的优惠政策，在当地设立多家空壳的关联企业。境外资金汇入这些空壳的关联企业后，迅速办理结汇，然后划转至其在北京、上海等热点城市的总公司。那些在中小城市设立的空壳公司，在完成其资金划转后，也迅速办理注销手续。

外资为何能绕过监管进入中国楼市？

让人疑惑的是，在楼市"限外"政策之外，海外资金为何能绕过重重障碍进入中国楼市？有人戏称："难道是用潜水艇运进来的？"

当然不是潜水艇的"功劳"。笔者认为，如何有效监管国际游资与政策的博弈，不仅体现了大国之间的博弈，也考验着中国政府的智慧。正是由于国内房地产市场不规范、潜规则盛行，才给了外资机会。如果市场监管到位、有力，外资也不可能如此猖狂。

那么，其中有怎么样的"潜规则"呢？笔者试分析如下。

1. 国际投行耍"阳谋"，作"掮客"，推波助澜

"阳谋"，是针对阴谋而言的。相对于阴谋的有迹可寻，可以看出破绽，"阳谋"则是随势而动，随势而发，无迹可寻。它是借势而动，推动一切必然的发展而达到自己的目的。

2011年6月15日，标准普尔发布的预测，未来12个月内房价将下调10%，就因为这样的原因，标准普尔将中国房地产业的整体评级由之前的"稳定"下调至"负面"；而此前，另一家知名国际评级机构穆迪也将中国房地产业的整体评级由"稳定"调整为"负面"，其原因为"中国房地产开发商未来将面临艰难的营运环境"。

然而，高调"唱空"的背景下，却是低调"做多"；一方面是大肆唱空国内楼市的论调，另一方面却是乘虚而入加速涌入中国楼市。

明眼人都可以看出来，唱空是外资使用的"障眼法"，那是中国古老计谋"明修栈道，暗度陈仓"的重新演绎。此前在2008年及2004年两次楼市调控期，均出现过同样的情况，在调控落实不到位

的情况下，外资机构也都获得了"良好的收益"。

以摩根士丹利"旗下"的经济学家为例。多年来他们一路"唱衰"中国房地产，先有"中国地产市场是10年前东南亚的翻版"的言论，后有"离'最后算账'的日子越来越近了，仅仅是几个月，而不是一年"的危言耸听，总之是言之凿凿，危险重重。

但其所属房地产投资基金却从投机性的合资业务转向独资操盘，收购行动更加是"热火朝天"：2004年底，摩根士丹利斥资5亿元人民币，将原来合作项目"锦麟天地雅苑"全部拿下。2005年2月，摩根士丹利耗资两亿美元，拿下了人民广场附近的写字楼——上海世界贸易大厦。2005年6月，又以8.46亿港元的价格拿下了上海世界广场。

这是一个典型的"阳谋"。摩根士丹利的"阳奉阴违"凸现出一个国际资本大鳄的中国攻略。"唱空做多"的国际投行，更是代表着国际热钱的狡黠与疯狂。

从另一方面来看，国内的金融理念、金融产品、金融机制和国际上相比多有不同，而国际投行的"经济学家"们熟悉国内金融规则，对于国内金融管制方面的措施，他们总能想出有针对性的"创新"办法，从关注市场利润、回报、价值等方面出发，制造出复杂的金融衍生品，最终销售给中国企业。

总之，国际投行是"金融鸦片"的制造者，对于国内金融监管者要"管制"的，他们就"创新"，对于国内金融监管者要"堵"的，他们就"挖"。可以说，在国外资金进入中国房地产市场的过程中，国际投行起到了推波助澜的"掮客"作用。

2. 国内房企出于资金饥渴，甘做"引路人"

纵观这些年，一旦抑制房地产投资过热，总会调控收紧，出现银根、地根紧缩，房地产开发商资金链紧张的情况。

　　尤其是一些房地产开发商，由于盲目追求高速扩张业务，资金原本极度紧张，一旦遇到宏观调控，当管理层一再收紧银根，民间融资成本飙升，同时房企上市、再融资也处于停摆时，不寻求引进外资，就只有死路一条。

　　这样，当一扇门紧闭时，"另一扇窗"就被敲开——深受人民币升值预期和中国境内房地产投资高回报率双重吸引的境外资本就会趁机而入，成为一些开发商的"救命稻草"。

　　正是因为这样的原因，任志强形象地将限制外资的政策比喻为"城管撵摊贩"。"就像在城市的街头，这管制甚至严格到了有的城市不允许西瓜进来摆摊，于是城里人吃不到西瓜；也有的把各种各样的摊贩轰到房子里去。这些外资不在你这买房一定要到别的地方买房，我们这样只会给别人增加福利。"

　　相当多的房企凭借境外上市的优势进行海外融资。而这份名单中，囊括了碧桂园、恒大、恒盛、瑞安房地产、中骏置业、佳兆业、合生创展等诸多著名房企。

　　境外融资这一方式同样也为 A 股上市的房企所注意，有房地产公司采取买壳的方式成立境外公司，并进行海外融资。

　　据"我爱我家"市场研究中心统计，2011 年以来，大型房企转向海外融资的趋势日渐明显。恒大地产、雅居乐、合生创展、中骏置业、复地、华南城、碧桂园、首创置业、路劲、宝龙、瑞安建业等多家房企纷纷通过海外发债、优先票据、向外资银行借贷等方式及早发力海外资本市场来储备资金过冬。据统计，2011 年国内房企的离岸债务融资总额已达 280 亿元人民币，其中，单笔融资金额最高的恒大发债金额高达 92.5 亿元人民币。

　　通过海外融资——还贷——再融资的方式，国内房地产企业积极调整财务结构，延长短期债务为中长期债务，利用财务杠杆尽可能地获取可用资金。但从另一方面来看，房地产企业海外融资的代价十分高昂，以发行 5－7 年期的海外债券为例，利率达 10% 以上。发行高息债券筹得了资金，但高额利息支付比率却吞噬了企业的部分利润，潜藏的债务风险不容忽视。

尽管如"刀口舔血"，但国内房地产企业对海外资金仍然"乐此不疲"。基于对海外资金的强烈依赖，基于资金解困的强烈动机，国内房企在一定程度上做了外资进入中国房地产市场的"引路人"，客观上加大了外资进入的步伐，构建了外资"曲线"入境的新路径。

3. 部分官员的无知和无为，甚至于腐败

对于外资进入中国楼市，中国社会科学院金融研究所研究员易宪容的观点更为直白：外资进入国内房地产导致房价上涨、结构恶化、吹大国内房地产市场泡沫。而房地产作为一个高利润行业，政府完全有理由进行限制。

"为什么现在出现问题？就是因为我国外币管理局没有监管好，可以说是严重失职。"易宪容说。①

在现行的融资监管方面，相比于中资地产企业，现行政策对外资地产企业举借外债的管理较为宽松：外资企业可以在获批的投资额与注册额之间的差额之内自由举借外债，而且只需要备案就可以以境内资产对外担保，用以筹借境外资金。这无疑在监管方面就为外资进入提供了方便。

以郭京毅案为例，郭京毅曾兼任商务部反垄断办公室副主任，近年来出台和修订的一系列重要投资法律———如《关于外国投资者并购境内企业的规定》、《关于外商投资的公司审批登记管理法律适用若干问题的执行意见》等皆与之有关。

---

① 新华网，高改芳，2006 年 06 月 23 日，http：//house. focus. cn/news/2006 – 06 – 23/216747. html。

有业内人士评论这两部法规出台，规定不够明确，操作性也不强，并没有改进政府对外资恶意并购的监管，令外资尤其是国外热钱轻松进入，或者变相进入敏感部门，威胁到中国的国家经济安全。原来是"在制订相关法规时，故意留'后门'让外资钻空子"。①

"我们惊讶于，一个精心设计的以维护国家经济安全为己任的外资审批制度，二十多年来竟然'垄断'在少数几个人手里，在他们这个并不大的熟人圈里成了漏洞百出的玩物。在贪婪面前，外资并购的审批制度成为一个虚幻的、不可靠的空中楼阁，虽然外表极为华丽，却毫无根基，少数几个人的合谋寻租就足以把她彻底摧毁。"②

在地方层面，长期以来，为了大力利用外资发展国内经济，地方政府出台各种各样的优惠措施吸引外资，从税收、信贷、土地、产业准入等各方面给予外资地产企业以"超国民待遇"。

一些地方政府为了发展，"引资冲动"极为强烈，将招商引资作为工作的头号重点，将招商引资指标作为政府部门考核的主要指标，视外资为"救世主"，在吸引外资的竞赛中甚至不惜突破国家的优惠底线，竞相降低外资准入门槛，房地产行业尤其如此，给出许多优惠条件吸引外资，以"启动"房地产市场，推动房价上涨。

可以说，一些地方官员的无知使得国家对房地产领域外商直接投资的限制几乎全部沦为空文，严重损害了公众的利益。

4. 国内银行招募外资"曲线"入楼市

据媒体报道，2011 年上半年有七家商业银行有融资和上市的方案，其中除了深发展没有明确表示采用何种方式融资，北京银行采

---

① 　2009 - 04 - 01，《新民周刊》。

② 　马光远博客 http://blog.jrj.com.cn/6665670394，735800a.html。

用非公开发行方式融资，其余五家银行融资都不同程度选择了在 H 股方面操作。

尤其近年来，建行、工行、农行、招行、交通银行、中信、民生、光大等都陆续到香港上市，并多次融资，而其募集的资金在国内很大一部分投向了房地产行业，这一部分资金并没有统计到相关部门公布的房地产引进外资的数据中。

类似如此，一些城市商业银行、保险公司几乎无一例外地引进了海外战略投资者作为股东，于是很多游离于统计和监管体制外的资金进入了房地产。

防范和利用并重

上世纪 80 年代，日本政府为了保持出口产品的持续竞争力，对国内要素市场的价格进一步扭曲，压制出口产品的价格，提升内销产品的价格，此举造成日本房地产市场的畸形增长。

日本的低汇率政策引发国际炒家的大举进入，外汇储备短期内急剧增加，给经济带来巨大的通货膨胀压力，造成日本国内房地产价格居高不下的恶性循环。上世纪 90 年代日本地产泡沫破灭，国际游资大举撤离，剩下买单的只能是国内的老百姓，日本经济由此陷入长期低迷的十年。

这是一个非常值得汲取的经验教训。

"中国的房地产市场就是在赌博，而且赌得很大。"这是"股神"巴菲特对中国房地产的坦率点评。[1] 不管巴菲特的"赌博论"是否正确，一个简单的事实是：出于追逐利益的需要，海外热钱对

---

① http://bj.house.163.com/10/0504/09/65R29VA500073SD3.html。

中国楼市或是格外"热衷",下"注"很大;或是看形势不对,无利可图,又立刻会返身而走,不带走一片云彩。当中国房地产等资产泡沫达到难以持续水平时,海外资金的突然撤出,又极有可能突然刺破中国房地产等资产价格泡沫,进而诱发中国的金融危机。

这是我们面对外资的时候,必须认清的问题。

当前的房地产业发展政策已不再是单一行业的政策问题,而是危及国家宏观经济和金融稳定、关乎产业发展和国际产业新格局的大问题。从长远看,中国要避免成为海外游资逐利的市场,关键在于各地要避免以牺牲土地、环境、资源、甚至人民健康为代价的恶性竞争;而从短期看,在中外利差加大带来的资金流入压力形成利率汇率政策擎制下,对海内外游资采取必要的防范措施,已经不能拖延。

第七章

住房保障的"短板"

安得广厦千万间，大庇天下寒士俱欢颜！风雨不动安如山。

——杜甫《茅屋为秋风所破歌》

为了得到一套经济适用住房，作为一名高校教师的王力在售楼处前住了近两个月，留起了大胡子，支起临时买来的帐篷，一根接一根地抽着烟，捱过"漫长"的等待。

实际上，王力2004年12月份就登记了购买意愿，当时北京一家名为三环新城的小区售楼小姐告诉他，3月份放号，但是具体哪天"另行通知"。这个词让许多购房者提心吊胆，因为这意味着任何意想不到的时刻，甚至通知之时就是放完号之时。

王力不希望悲剧发生在自己身上，因此从2005年3月27号早上五点钟开始，他就不回家了，一直等到5月中旬。王力的帐篷很快引来其他十多个效仿者。一群渴望得到房子的人以这种方式聚到了一起。他们甚至在"五一"的时候，还一起过了节。

6月13日凌晨4时许，北京天通苑开发商突然向待购天通苑经济适用房的市民放号。一名小区物业管理人员介绍说，原本定于15日放号，不料有人走漏风声，11日就来了千余人等号。开发商措手不及，于是更改放号地，人们仍长队相迎，最终开发商选择了人相对较少的凌晨开始放号。

有意味的是，这名物业管理人员所说的"不小心走漏风声"，言外之意就是本不应该那么早就告诉购房者。这一来就苦坏了等待放号的人们。北京夏天暑热难熬，加之那两日中间还曾大雨倾盆，大部分排队的人还是苦熬了整整两昼夜，有人形容说："亲戚朋友齐上阵，轮流接替等号忙。"令人遗憾的是，在队伍的前面，人们仍发现了一些"形迹可疑"的排号者。

跟王力相比，天通苑的人们是幸运的，他们只等了两天就看到结果。而王力却在近两个月后得知，原本的排号制已经改为摇号制，也就是说，王力排在前面已经没有意义，毕竟摇号凭借的是运气，锲而不舍也没用。

经过了这番历练，35 岁的王力变得有点"宠辱不惊"了。他不再愤愤不平，继续平静地和妻子住在一间 12 平方米的地下室里。当被问到是否还会购买经济适用房的时候，他说："可能还会吧，要不怎么办？"①

……

这是《中国新闻周刊》对北京一个工薪阶层为购买经济适用住房而"极端"努力的描述。之所以不厌其烦地引用这么一大段的文字，只是想提出一个疑问：在民众为了争取到保障房而奔波、苦熬，甚至无可奈何的时候，保障房对他们的生活起到了什么样的作用？保障房到底保障了谁？

"去年就交了排号定金，但目前我还没拿到号，真不知要等到什么时候？""具有购房资格的人本不该这么多，但他们是怎么拿到审核手续的呢？""为什么我们急需住房的人买不到房，而买到的人却既住大面积又开轿车呢？"

这类问题如果只是个别人发牢骚也就罢了，但是，如果成为大多数购房者挂在嘴边的话题，成为他们夜不能寐的原因，恐怕问题

---

① 《中国新闻周刊》，王晨波，2005 – 06 – 27。

就严重了。

下面，我们对国家力推的公共租赁住房（包括公租房和廉租房），有争议的经济适用住房，以及具有保障性质的限价房等进行一一分析，探究其中的问题所在。

经济适用房的"不适"之症

时代变更，新词迭出，这两年一个新词浮出水面——"经济适用男"。

"经济适用男"是什么样的男人？一位网友的总结很精辟：收入稳定、工作敬业、长相一般、感情专一。网上对经济适用男最经典的描述莫过于："比我老公顾家的没我老公有钱，比我老公有钱的没我老公顾家。"这也道出了"经济适用男"风靡的直接原因。

很显然，"经济适用男"是由"经济适用房"衍生而来的一个网络新名词。嫁人，经济适用男收入尚可，又顾家重情，是婚姻上的最优选择。房子，经济适用房实惠又舒适，是经济上的最优选择。总之，"经济适用男"与经济适用住房相比，最大的相同点是能满足基本的生活需求，并稳定可靠。

像"经济适用男"受到众多都市女性的追捧一样，在高房价的压力下，拥有一套经济适用住房，成为众多中低收入的城市工薪阶层的梦想。

然而，现实之中，经济适用住房的种种"不适"之症让众多的中低收入者难以圆梦。

1. "存废"之争

2005 年"两会"期间，全国政协委员傅继德首先提交了《关于停止开发建设经济适用房》的提案。傅继德认为，经济适用房的建设一是因不招标容易滋生腐败；二是因对房屋售价控制不严而使开发商取得不合理利润；三是因对购房人条件失控而给国家造成不必要的经济负担；四是现在二手房增多，困难户本可买价格低廉的二手房，没必要都买经济适用房。①

傅继德委员建议，停止开发建设经济适用房，形成统一的房地产开发市场。

傅继德委员的提案只是一个引子，在随后的几年里，爆发了在全国掀起轩然大波的"取消派"和"保留派"的辩论。

2005年7月，徐滇庆《捅掉经济适用房马蜂窝》《经济适用房的八大弊端》等文章，指出经济适用房的继续存在不可避免地带来腐败和不公平的分配，应该立即叫停经济适用房。徐滇庆认为经济学上最基本的理论就是，在任何时候，政府都不能用财政手段补贴"中产阶级"，否则就会引起恶性的通货膨胀，这个群体过于庞大。

经济学家茅于轼也是坚定的"取消派"。茅于轼炮轰经济适用房的理由：一是经济适用房效率低、不能创造财富。二是政府低价拿地，拿来盖经济适用房，不合理。三是经济适用房还创造了贪污腐化的机会。总之，经济适用房要赶紧停下来，一点好处都没有。

另一方面，主张经济适用房应该保留的意见也不少。如经济适用房制度的起草者之一、中国房地产研究会原副会长顾云昌认为，经济适用房不应取消，出现的一连串问题主要还是管理没有跟上。

如果经济适用房不再"适用"，那么是否有其他替代方式？于是又出现了第三种观点。2006年"两会"期间，全国政协委员彭磷基提交的"加大廉租房建设力度，用廉租房取代经济适用房"的提案

---

① 曹海东：《经济适用房："大手术"还是"安乐死"》，《南方周末》2008年6月3日。

再次引发讨论。彭磷基认为，廉租房的产权属于政府，只租不卖，可以长期不断地解决城市困难人群的住房问题；相对租房补贴来说，廉租房适用于所有城市；相对经济适用房来说，廉租房更适宜贫困人群。

然而，廉租房真的能取代经济适用房吗？

"什么是廉租房？什么是经济适用房？怎么能代替呢?!"原中国房地产及住宅研究会副会长包宗华对"两会"出现的这些"声音"感到十分困惑，他说，"如果政府现在大力建设廉租房，走实物配租的路子，势必又走回老路去了。"[1]

在包宗华看来，取消经济适用房，改为重点建设廉租房这种公房，是一种不明智的行为，"这样不仅政府会背上更大的经济负担，而且，一旦遇到刮大风下暴雨，政府房管部门不是忙着抢修，就是提心吊胆，睡不好安心觉——因为万一公房塌了把人压死了，房子是政府的，责任是政府难以推卸的。"

"利用经济适用房'变相福利分房'的现象不能容忍。住建部会同各省正在抓这项工作。开着奔驰来领经济适用房，这是绝对不能允许的。"2010 年 3 月 8 日，全国"两会"期间，住房和城乡建设部部长姜伟新在回答记者有关经济适用住房存在的问题时做了如此表述。但他同时也强调：不会因为目前存在的一些管理问题而停止建设经济适用房。

2. 骗购

在社会各界对经济适用房争论不休的同时，经济适用房正在成为一些人谋取利益的工具。梳理经济适用住房的骗购事件，可以归纳出以下几种骗购手段：

---

[1] 周雪松：《中国经济时报》，2006 年 03 月 22 日。

（1）虚报假报：挣多少钱都敢填"零资产"

2010年3月31日《人民日报》报道，3月27日，深圳市第二次保障性住房初审合格家庭（单身居民）正式开始公告。在公告名单中，深圳市宝安区新安街道的周某一家三口，儿子在深圳国家气候观象台工作。2008年人均收入20100元、全家收入60300元；2009年人均收入24866元、全家收入74598元，家庭两年一共收入134898元，但是家庭总资产一栏填了"0"。同样，园岭街道的王某父子，家住福田区金地海景路翠堤湾，儿子在一家计算机公司上班，2008年人均收入为0元，2009年人均收入为4623元。

一网友在公示名单中找到自己的同事，"同事的名字赫然在列，太震撼了。她月收入稳定在7000元左右，单这一条就不够资格啊。"

一边是申报家庭财产为0，一边显示现住在知名小区！种种让人费解的现象，让深圳2010年保障性住房的初审结果惹了"众怒"。

无独有偶。同样是深圳，新华社报道，2007年，深圳面向社会低收入住房困难家庭出售位于南山区的桃源村三期经济适用房。时隔三年之后，该小区可容纳500辆以上的地下车库竟停有数十辆包括雷克萨斯、奔驰等品牌、价值数十万元乃至上百万元的豪华轿车。按照相关规定，深圳申请经济适用房的家庭总资产不能超过28万元。①

这些不符合申报条件的家庭之所以能通过审查，是因为负责保障房申请的工作人员不作为或故意乱作为。如负责审核的工作人员不愿意在无人举报的情况下主动得罪人，从而让一些明显的造假行为一路蒙混过关。

---

① 新华网，2010年04月03日，http://news.sina.com.cn/c/2010-04-03/181320003021.shtml。

（2）内外勾结："朝内有人好买房"

更有甚者，一些负责保障房申请的工作人员不是不作为，而是采取变通或出示虚假证明规避政策，来达到帮助当事人的目的，甚至与申请人串通作案、沆瀣一气。

2009 年 6 月 2 日至 6 月 6 日，武昌余家头小区三期 B 座 124 套经济适用房接受低收入家庭预售登记。全市超过 5000 人冒雨排队参与了摇号登记。6 月 12 日，上述 124 套经济适用房公开摇号，但结果却令人生疑：摇中的 6 个号码的购房资格证明编号竟是相连的号码，且均为 2009 年在硚口区登记。这就是著名的武汉经适房"六连号"事件。

一位数学专业人士计算后表示，出现此种情况的概率约为千万亿分之一。[①]

经查，6 人申购材料均系造假。后查明，这是一起由社会中介人员与有关部门工作人员相互勾结，利用经济适用房摇号进行舞弊、涉嫌经济犯罪的案件，5 名涉案人员已抓获归案。

（3）权力自肥，政府工作人员扎堆申购

所谓"权力自肥"，是指权力掌握者利用自己手中的权力，制定出对自己有利的规则，通过"合法"的手续，把公共财政转变为自己的私人财产或福利的行为。

2009 年 4 月 12 日《广州日报》报道，深圳市第二次保障性住房申请受理初审合格家庭公示期正式结束，在为期 15 天的公示过程中，出现了不少奇怪的现象：例如政府部门工作人员扎堆出现，至少有 299 户初审通过者在政府部门工作，齐齐哈尔市驻深办主任也通过了申请，不少申请者甚至还拥有每平方米售价超过 5 万元的豪

[①] 《京华时报》，2009 年 06 月 20 日，http：//news.qq.com/a/20090620/000026.htm。

宅。据悉，在接到群众举报和舆论监督后，部分申请人已经自动退出申请。

2009 年 4 月 20 日《经济参考报》报道，在山西省忻州市，位于市区最繁华的七一北路的首例限价房项目不仅专供市直机关，而且被公务员大肆高价倒卖，从中牟利至少 5000 多万元。

3. 僧多粥少，肥了中间人

经济适用房供不应求是不争的事实，甚至出现消费者为领号购买经济适用房排队几天几夜的现象。这种排队分号的销售方法本身就存在着严重的漏洞，很多人可能没有时间排队但又想买房，这种需要就催生了"倒号"现象。

于是出现一些排队专业户。如果雇个人排队 50 元或者 100 元一天，就算排上个把月也不过几千元，和节省下的房款相比当真是小菜一碟。排队还排出了一群"号虫"，一个房号要价几万元甚至十几万元。

"倒号"其实还只是经济适用房这只"羊"身上的一只小"虱子"而已，更有"路子野"的人，串通开发商，既没有领略日夜排队之苦又没有经受患得患失的煎熬，轻轻松松就买到了好户型好朝向的房子，或坐收房租或坐待升值。

在媒体工作的董女士 2005 年想买房，在网上搜寻长时间后，她找到了一位"毛女士"，毛在北京东南的经济适用房"乐城二期"有一个房号，90 平方米，房价是 4350 元每平方米——而周围的商品房价格，大多在 6000－7000 元之间。

毛转让这个房号的开价是 5 万元。这是一笔"双赢"的交易，对于董来说，5 万元均摊到房价中之后，她拿到手的房子也不足每平方米 5000 元。"比商品房便宜得多"。

4. 转租，空置

一边是很多人住不进保障房，而在一些地方的保障房还存在怪异空置的现象。造成这种怪异现象原因：一是郊区化空置；二是高成本空置；三是过剩性空置。那些地段不好，或者质量不好，或者房型、楼层、朝向不好，或者配套设施不好，或者小区环境，或者周边环境不好的保障性住房往往使得获得了购买或者承租资格的住房保障对象不愿意购买或者购买之后租赁或空置。

2010 年 7 月，广西南宁市对市内 23 个经适房小区进行了"洗楼"式的清查，但是清查人员却屡吃"闭门羹"，七成房门敲不开。清查表明，这些经适房小区不同程度地存在经适房私自转售、出租、出借、闲置等违规现象。①

南宁市有关部门敲门敲出的一个"公开秘密"，那就是经济适用住房的转租、空置等问题。

经适房出租的原因多样，一是原来符合购买经适房的家庭，购买经适房后又买了二套房，将原购经适房出租；二是原来符合购买经适房的单身人员，购买经适房后才结婚，配偶已经有住房，于是将经适房出租；三是有的单身人员购买经适房后与父母同住，将经适房出租；四是有些人购买的经适房离工作单位较远，其选择在工作单位附近租房，采取"以租养租"方式将经适房出租等。

采访中有房东直言，申请经济适用房原本就没打算自己住，对"禁租令"他们多半抱着法不责众的念头："出租多划算啊，用不了多少年买房的钱就回本了，反正那么多人在租，凭什么只抓我一个！"

---

① 新华网，2010 – 07 – 16，http：//www. chinadaily. com. cn/hqcj/fcdt/2010 – 07 – 16/content_ 585863_ 2. html。

5. 变相经济适用房盛行

1998 年国发 23 号文规定"在符合城市总体规划和坚持节约用地的前提下，可以继续发展集资建房和合作建房，多渠道加快经济适用住房建设"。这实际是为单位自建房打开一道缺口。

但是在实际执行中，却出现了一些问题。如一些地方打着集资建房的旗号，进行住房实物分配；一些地方扩大了集资建房的范围，有房职工也两次或多次享受政府的优惠政策；一些企业利用新征土地进行集资建房。

2006 年 8 月，建设部联合监察部、国土资源部发布了《制止违规集资合作建房的通知》，严词叫停党政机关集资建房。但"叫停"未能阻挡地方单位自建房的步伐。如北京一些手中有地的企业都已经陆续建设居住小区，定向销售给本单位职工，而价格远远低于市场上的价格。

一面是大批有条件的单位以自建房名义"锦上添花"，一面是大批中低收入群体对真正的经济适用房求之无门，这无疑助长了特权，加大了社会不公。

更可怕的是，经适房违规建别墅时有发生。2009 年 6 月 17 日，中央人民广播电台报道了郑州市中原区某村原本划为建设经济适用房的土地，竟被开发商建起联排别墅和楼中楼，立即引起社会广泛关注。尤其是当地官员在记者采访时质问记者"你是替党说话，还是替老百姓说话"，引起网民的激烈评论。①

---

① 任磊萍，中国广播网，http：//news. sohu. com/20090617/n264575980. shtml。

限价房：在尴尬和吵闹中行进

2009 年 4 月 8 日上午，广州白云区法院开庭审理了一起简单而又特殊的案子：多户业主起诉全国首个限价房项目——广州保利西子湾，并拒绝收楼。

2006 年 11 月，保利地产以 6500 元/平方米的最高销售限价和 2557 元/平方米的楼面地价竞得了广州白云区金沙洲一地块，这块地建成后就是全国第一个限价房保利西子湾，第一期只推出 843 套限价房，却有 8426 人申请购买。

2008 年 12 月 15 日是保利西子湾交楼的日子，然而却有很多户业主拒绝收楼。据悉，在 2006 年建设限价房的时候，广州房价处于上涨态势。然而，2008 年年底收楼的时候，广州限价房周边的部分商品房价格也跌至每平方米 6000 多元，限价房失去了价格优势。

面对失去价格优势且 5 年内不得出租转让、5 年后转让还要向政府补交土地收益价款的限价房，那些经济能力比较差的"夹心层"心态难免失衡，而质量问题成为纠纷的导火索。

限价房政策的制定者或许没有想到，在楼市低迷的情况下，限价房中存在的制度缺陷等一系列隐藏的礁石，开始浮出水面，限价房一出现，就遇到了"尴尬"——弃购。

1. 政策向左市场向右？

限价房，又称限地价、限房价的"双限房"，最早在 2006 年的宏观调控中，由国务院办公厅转发的建设部等九部门《关于调整住房供应结构稳定住房价格的意见》提出。但这个概念自被提出之日起，就备受争议。有关限价商品房能否抑制高房价、应该如何执行的争论不断在业界进行。

2007 年 4 月北京市公布了第一个"两限房"项目——西三旗地块的竞标结果，标志着"两限房"的建设正式拉开序幕。限价房政策出台之后，好话不多，抱怨不少，感谢不多，批评不少。

反对的声音列举的理由是：一，限价房的监管成本相当高，管理不善将只能给寻租创造空间。任何有效的价格管制形式都需要一个巨大的管理机构，限价之后如何监督商品房的质量？由谁来监管？二，限价房的根本出发点在于通过指导价格制止房价暴涨，只不过满足了一时之需，却可能对长期市场秩序产生负面影响，限房价在短期内未必能够起到作用。

限价房也不乏支持的声音。"限价房一定要做，因为现在的房价太高了。"首都经贸大学房地产研究所教授张跃庆表示，北京有近两千万人口，老百姓购房所瞄准的大多都是中低价位房，因此实际市场需求量非常大。而限地价、限户型、限房价的"三限"商品房，是国家为平抑房地产价格所采取的一系列调控政策之一。张跃庆认为，"吸取过去经济适用房操作过程中出现的经验教训，限价房应当能够做好，关键是看政府有没有这个决心。"①

2007 年 12 月，时任建设部副部长的姜伟新在全国建设工作会议上代表官方的观点是，"一些地方通过'政府扶持、市场运作'的方法发展限价商品房来帮助中等收入家庭解决住房问题，符合国务院文件规定的精神"。2010 年 3 月 8 日，全国"两会"期间，已经是住房和城乡建设部部长的姜伟新提出，要增加供给，增加普通商品住房的供应，扩大经济适用住房的供应范围，进一步扩大限价房的供应范围，公共租赁住房从 2010 年开始也要加快建设。

但在此之后，限价房并没有成为大众关注的重点，一些地方开

---

① 王小霞，《中国经济时报》，2006 年 08 月 24 日。

始淡化限价房的建设，甚至一些地方不再建设限价房。例如，2016年1月，北京市住建委宣布，"十二五"时期，北京计划建设筹集各类保障性住房100万套，目前已基本完成任务，兑现了市政府2015年底基本解决保障房有效备案家庭住房困难的承诺。"十三五"期间，在解决完已有轮候家庭后，北京原则上不再新建经适房、限价房，未来建设将围绕公租房、棚户区安置房以及自住房展开。

2. 想说爱你不容易——从"宠儿"变"弃儿"的尴尬

前文提到的广州的例子并不是孤例。2007年3月份，成都推出了首批限价房，价格比普通商品房价格低，但让人大跌眼镜的是：在受理首批申购完毕后，申购家庭数竟不足房源数的1/3。此后，成都接连又推出了第二、三、四批限价房，申购条件也是一再地放宽。直到2008年9月15日，成都市首批限价房才勉强收工告罄。

是什么原因造成了限价房从"宠儿"变"弃儿"，由"香饽饽"变"鸡肋"的尴尬境地？

（1）选址较为偏僻

"我不会选择限价房了。原因很简单，太偏僻了，位置不好，而且价格不能算便宜，申购手续肯定比较烦琐，可能增加不必要的成本。"在一家会计师事务所从事审计工作、收入不菲的"白领"钟女士对笔者说。

而户口在西城的刘女士也是弃购者。2006年，她和老公在中关村卖电脑，家庭收入较低，10月初接到通知参加排号。按照他们家庭的收入，只能购买一居室，在一居室选择中排在前50名。当时刘女士了解到有四个地方可供选择：西三旗两限房、常营的两个项目和通州项目。"看了一圈后我发现，西三旗项目一居室很少；通州、常营离中关村太远，交通也不太方便，不太适合我们，"刘女士说，最适合他们的西三旗两限房，目前已没有他们经济能够承受的一居，所以就选择了放弃这次购买机会。

（2）"限价"还是"抬价"

具有讽刺意味的是，限价房周边的某些新楼盘，将"比限价房更便宜的房子"做成了"流行广告语"。

"你三个月前买还和限价房子一个价格，6000多！现在已经7900到8000了。"2007年，北京上奥世纪中心的一位售楼人员对笔者说。"你想政府把我们这里的限价房都定在6000多，可想我们这里的升值空间有多大，要买还是赶紧买吧！"他不忘提醒笔者。这样的例子实在是不缺乏。2006年8月4日，广州市国土房管局发布公告，对位于市郊的广州开发区两块住宅地挂牌拍卖，要求建成90平方米以下中小户型、房价不得超过6000元/平方米，这是"国六条"实施后广州公开拍卖的首宗"限价地"。但业内人士指出，该地块周边商品住宅均价不到5000元/平方米，地方政府这种6000元/平方米以下的限价，与其说是"限价"，不如说是"抬价"。

这样的"限价"实际是要给市场一种暗示，诱导开发商大胆向高房价靠拢。

有意思的是，面对一些人"限价房是限房价还是抬房价"的质疑，有关部门曾特意发文声明未来建限价房的某地的楼价将会上升到多少，证明限价房的价格有理有据。也确实如此，在此之后，由于楼价一路飙升，有关部门的"先见之明"很快被市场所认证。

3. 警惕步经济适用房后尘

限价房同样可能会导致灰色区域。

"你想想看，在周围价格那么高的楼盘里面，突然出现这么一个低价房，大家不会去抢吗？中国经历过那么多年的短缺时代，从买自行车到安电话，最后不都是靠关系，条子满天飞？从某种程度上说，限价房就是经济适用房的姐妹花。在这种背离市场规律的交易中，宏观调控的真正意图能够实现吗?"一位网友做了这样的表述。

易宪容坚持认为，政府不能运用行政去干预市场，市场的事情只能通过市场手段进行调控，不然不但达不到效果，反而会滋生出其他的问题。他举例说如果同样一个住房产品，在同样的区域，限价房比一般商品房低 1000 - 2000 元，就会出现灰色因素和灰色交易。要想不出现这样的结果，除非限价房和别的房子价格一样，但产品质量比较差。①

公共租赁住房："中国式公屋"的短板

刚刚从北京某大学毕业的大学生吴静开始为租房犯愁。

"最近房屋租金上涨了 200 到 400 元不等，这对我们刚毕业的大学生来说是一个不小的负担。"吴静说。据吴静介绍，以前在她们学校附近 2800 元可以租一个一居室，而现在则需要每月 3200 元左右。而国家推出公共租赁住房的消息，让吴静感到了兴奋。"国家推出公租房，对我们这些买不起商品房、在市场上租房又负担太重的中等收入者是个好消息。"吴静说。

2010 年 6 月 12 日，住房和城乡建设部等七部委联合发布文件，力促各地政府加快发展公租房。这份文件名为《关于加快发展公共租赁住房的指导意见》（下称《指导意见》），提出用公租房解决城市中等偏下收入家庭住房困难。有条件的地区，还可将新就业职工和符合条件的外来务工人员纳入供应范围。

"如果公租房的租金在 700 元左右，我完全可以承受，现在房价这么高，如果有合适的公租房，我愿意选择长期租房。"吴静希望，

①　人民网，2006 年 10 月 23 日。

中国的公共租赁住房能够像新加坡、香港地区的"组屋""公屋"一样，成为解决低收入打工者居住问题的好方法之一。

但是，尽管公共租赁住房被舆论寄予厚望，甚至被称为"中国式公屋"，但准入标准不严格界定，土地财政等问题得不到妥善解决，则公共租赁住房仍然无法弥补中国住房保障的"短板"。

1. 准入需更清晰

在住房保障的准入方面，国家规定非常明确，无论是廉租住房还是经济适用住房或是公共租赁住房，都要求其政策享受者必须是真正的"低收入住房困难家庭"。各地在具体审核中，除了对户籍有所规定外，基本上都是通过对申请家庭进行"收入"和"住房"双控来进行的，但是在具体实施中间，各地普遍感到在收入核实方面非常困难。

究其原因，一是我国目前在收入来源及组成方面本身就比较复杂，具体界定具有一定的模糊性，在核定的标准和口径掌握方面比较难统一。二是绝大部分地方还没有建立起有效的收入核对机制，收入证明一般仅由工作单位或者社区单独出具，存在一定的主观随意性，公信力不够。三是在财产收入的具体核实中，还存在着一定的法律障碍。国家民政部出台的城市低收入家庭收入标准认定办法明确：城市低收入家庭收入标准主要包括家庭可支配收入和家庭财产两项指标。家庭财产包括：全部存款、汽车、房产、有价证券。但是在存款及有价证券持有方面的核实取证时，涉及家庭及居民个人隐私保护等法律问题，操作难度非常大。

因此，面对"僧多粥少"的情况，公租房坚决不能沦为某些有关系人的"特权房"，必须严格控制准入。

中国社科院经济研究所研究员汪利娜表示，"公租房的保障对象如何界定，是公租房面临的考验。"天津财经大学房地产经济研究所教授谷俊青也表示，确定住房保障对象，是住房保障的基础，也是正确界定政府保障职责和市场调节范围的关键所在。谷俊青建议，不能简单套用统计部门的收入五等分（高收入、中高收入、中等收入、中低收入、低收入）办法。

"一是在房价高的地区，就是中等以上收入也是买不起房的，二是收入的透明度不高，'五等分'界线好分，落实较难。"谷俊青说。

"公租房是有期限租赁，因此其牟利空间要比经适房等小得多，但还是不得不防。"上海市住房保障和房屋管理局原局长刘海生表示，为此将建立全市联网的公共租赁住房服务管理信息平台，并与房屋租赁登记、人口管理系统相衔接，"防堵可能出现的漏洞"。

2. 举报查证难

住房保障的对象都是低收入住房困难家庭，由于对象的特殊性，所以国家在有关住房保障申请对象弄虚作假等违规方面的处罚规定就非常人情化，处罚手段既无严厉的法律手段也无罚款等经济制裁，而只要求记入在人民银行的个人诚信档案、取消享受住房保障的资格等行政手段。这样就造成了申请家庭违规的"成本"比较低。

为了保证住房保障工作的阳光操作，真正体现公开、公平、公正，在实际操作中，住房保障部门都会将申请家庭的基本情况在其所在社区及媒体进行公示，以接受社会各方面的监督，以防止申请对象因弄虚作假而造成保障效率的"缩水"。但是，面对老百姓的举报，住房保障部门查证起来非常困难。一是因为老百姓在举报时提供的情况大都不具体，有些甚至只是猜测。如我们在工作中间经常会接到这样的举报：某某家庭不符合申请条件，他们家有很多钱的。面对这样笼统的举报，住房保障部门无法知道需要查证的重点和要点，只能调出该户家庭的申请材料，再进行走访核实，实际上所能做的就是把已经结束的审核程序再重新走一遍。往往花了大量的时间精力而效果却不尽如人意。二是由于举报人一般都是申请家庭的邻里或者单位同事，所以在举报时都要求为其保密，对于他们所举报的具体事项，他们不愿意接受当面核实。这样，使得查证工作难度很大。三是有少部分的举报是由于邻里矛盾或同事矛盾，因为申请家庭和自己有矛盾，就捏造事实恶意举报。这样的举报往往是举报人情绪比较激烈，举报的事项虚假而夸张，所以会引起住房保障部门的高度重视，但是花了许多时间和精力去调查核实，最后得出的结论是：举报不实。针对这样的结论，有些恶意的举报人往往不肯就此罢休，而层层上访，浪费了业务部门和信访部门等大量的时间和精力。

3. 运营难

"建设公共租赁住房的原动力来自何方？大面积的公租房建设依靠什么来支撑？"有业内人士提出了这样的疑问。

公租房靠租金来支撑的想法并不现实。公租房为新建，设施和装修良好，建造成本里还包括土地出让金和拆迁成本，因此要做到账目平衡租金就不可能定得过低。

据了解，上海市配租的公租房每平方米投资成本高达9500元，不考虑运营的物业成本，按市场租金在100%的出租率下年收益率不过4.5%，需要22年才能收回投资成本。这样的回报率，甚至连偿还贷款利息都不够，市场化的企业很难从经营租赁房的业务中获利。因此，公租房参考市场租金进行定价进行运营要收回投资成本已经相当勉强，如果定价过低，只会陷入建造越多亏损越多的境况。

而一些城市的家庭也反映，如果不买经适房，而去申请公租房的话，也将是一笔不小的开销。2010年7月29日，北京市住建委首次公布公租房项目成本租金，因其部分项目高出周边房租而一时哗然：丰台区黄土岗项目成本租金达到了每个月每平方米30元，而附近的天伦锦城小区一套 95 平方米的精装修两居室只需每月 2500 元，相当于每平方米 26.3 元，比公租房的价格还要低。对此，新华社发表时评《看不懂、想不通的公租房价》，对北京此前公布的公租房价提出质疑。

4. 退出难

从操作方面看，由于廉租住房和公共租赁住房产权归国家所有，所以各地都会对已经享受政策的家庭每年组织年审，确保科学有效的动态管理，但是对于那些经年审发现不再符合保障条件的家庭，在具体的清退方面缺少切实有效的手段。

给保障房更多"保障"

我国保障性住房制度发展大致经历了四个阶段：福利分房制度阶段（1949 – 1978 年）；住宅私有化与福利分房制度并存阶段（1978 – 1998 年）；取消福利分房，新时期住房保障起步探索阶段（1998 – 2007 年）；以及住房保障加快推进与不断完善阶段（2007 年至今）。

纵观这几个阶段，可以看出，中国住房改革过早地强调了房屋的商品属性，对住房的保障性投入严重不足（虽然中国保障房支出占 GDP 的比重近年来大幅提升，但平均仍不足 0.6%，而英美等国家在发展同期用于保障房支出的比例普遍稳定在 1.5% – 2%）。尤其是在取消福利分房之后，住房的完全市场化和商品化也同时导致了市场供需的结构性失衡，低收入家庭的住房保障问题日益突出。

例如，地方政府热衷通过出让土地增收、以房地产拉动经济增长、维持高房价，在提供保障性住房方面是被动的；例如，保障房在申领过程中，出现了申请对象谎报瞒报收入和住房面积以骗取保障资格、相关管理部门和形形色色的中间人设租寻租等种种乱象，甚至出现开着宝马车住经济适用房、保障性住房成了特权部门家属小区的闹剧；例如，部分保障性住房位置偏僻，周边就业机会少，居住者远离工作地和服务区且交通不便，部分保障性住房小区功能配套不完备，缺少教育、医疗、体育、商业、文化活动等配套设施，生活不方便等。

在中国当下的经济环境下，住房应该是一种"准公共品"。住房的特殊性既要求政府如提供公共品一样进行财政投入，惠及真正需要改善住所条件的民众；同时又要保证财政支出的有效性，避免无谓浪费。这就需要我们进一步切实落实政府在住房保障中的基本责任，既要解决动力问题，也要解决压力问题，建立健全财税、投融资、土地供应等配套政策，建立和完善问责制度。必须坚持执政为民的理念，真正转变政府职能，充分尊重人民群众的意愿，问需于民，问计于民，问政于民，确保公开、公正、透明，将好事办好、办实。只有这样，保障房建设才能脱离尴尬处境。

"天下事有难易乎？为之，则难者亦易矣；不为，则易者亦难矣。"住房保障工作的推进也有类于此。总结我们走过的历程，尽管有很多争议，有许多问题还需要在实践中去摸索，但我们相信，在住房保障的工作上，我们的政府还能做得更多、更好。

第八章

房地产统计：科学还是玄学？

君子之言，信而有征，故怨远于其身。

——《左传》

不明于计数，而欲举大事，犹无舟楫而经于水，险也。

——管仲

有关房地产统计数据的争论一直没有停息过。曾有消息说，国家电网公司在全国 660 个城市的调查显示，高达 6540 万套住宅电表连续 6 个月读数为零，这些空置房足以供 2 亿人居住。

然而随后国家电网公司又否认了这一消息，但数据引发的空置房数量的"口水战"并没有停止。关于空置房的具体数量有多少，何谓空置率，如何统计才算科学，空置率究竟有多高等问题莫衷一是。

值得关注的是，对于这样重要的一个数据，国家统计局等相关部门并未就此发表观点，人们不禁要问，权威部门为何不能给出一个权威的答复？为何反而表现出少有的沉默，摆出一副高深莫测的样子？

这绝不是唯一的例子。在我国房地产领域，出现了多种统计体系和多种统计方法和多个统计主体，除了各级政府的统计局可以获得和发布房地产市场数据之外，还有住建部、国土资源部、银监会、央行等部门也从不同方面收集和发布相关数据。

令人遗憾的是，在"九龙治水"的情况下，由于缺乏对统计数据的相互佐证和分析，这些由各部门掌握和公布的数据却并不能给公众提供一个房地产市场的真相，由此，房地产数据也就缺乏真实、及时、权威的发布。

统计数据打架不断

房地产数据"打架"的例子还可以举出很多。

2006年3月21日，国家发改委、国家统计局发布了70个大中城市房屋销售价格指数，指出1－2月，北京新建商品住房同质楼盘销售价格分别比去年同期上涨了8.4%和7.3%。而3月22日，北京市建委和市统计局等部门联合向社会发布北京市2006年1－2月房地产市场运行情况，却指出1－2月，全市商品住宅预售交易价同比上涨17.3%。7.3%和17.3%这两个相差甚远的数据同时出现在业内引起了轩然大波。至于哪个数据更可靠，两家单位各有各的理由。

2007年，国家统计局称深圳5月份的房价环比仅上涨1%，但深圳市土地和房产交易中心的同一个数据却是22.86%。

2010年年初，中国社科院的蓝皮书显示，2009年商品房价格上涨幅度在5%－10%之间，全国工商联房地产商会和国务院发展研究中心算出的数据都超过了20%，但最后公众却等来了国家统计局的数据——1.5%。

国家统计局2010年2月25日公布的《2009年国民经济和社会发展统计公报》显示，2009年中国70个大中城市房屋销售价格同比上涨1.5%。该数据一经公布，立刻引发了热议，不少人觉得此数据比自己感觉到的涨幅要低很多。有媒体质疑国家统计局在公布数据时是不是不小心把小数点点错位置了。

针对公众的质疑，2 月 26 日，国家统计局中国经济景气监测中心副主任潘建成迅速做出回应，称之所以和大家的感受有差距主要是时间造成的。"1.5%"是全年的平均涨幅，2009 年我国房地产价格呈现前低后高的走势，年初惨淡，年尾红火，综合全年涨幅并不是很高。

3 月 31 日，国土资源部下属的中国土地勘测规划院全国城市地价检测组发布了《2009 年全国主要城市地价状况分析报告》。报告显示，2009 年全国住宅平均价格为 4474 元/平方米，涨幅达 25.1%，为 2001 年以来最高水平。

同为政府部门的调查结果，"1.5%"和"25.1%"相差了近 17 倍。

这个"1.5%"，被长期关注宏观经济数据的中国社科院经济所研究员袁钢明视为"2010 年最严重失真的数据"，"完全是个笑话"。① 袁钢明表示，"1.5%"既掩饰了房价上涨的现象，同时也给宏观决策提供了错误的信息。"这个数据看起来好像是要平息公众的愤怒，但随着之后更严重的房价上涨，造成了公众和社会更大的不满。"

这让人想起曾听过这样一个笑话：

甲："明明你口袋里只有 50 元，却搞一大堆数据证明你实际有 100 元的是什么人？"

乙："骗子。"

甲："错，是统计局。"

这是个笑话，但在某种程度上也是"真话"。

当前有关部门公布的统计数据和公众的切身感受形成巨大反差，

---

① 王红茹：《中国经济周刊》，2010 年 07 月 19 日。

由统计数据造成的"被增长"、"被就业"屡见不鲜,本来具有指导意义的统计数据的公信力饱受质疑。而在房地产数据统计上,这样的数字游戏也在一次次上演。

为何雾里看花?

就房地产数据而言,不是数据太少,而是各个部门各个机构的数据太多,而且各个数据之间又往往自相矛盾,没有一个权威数据。房地产市场这么多年来争吵不断,很大程度上就是因为大家用并不权威的数据各取所需,混淆视听。各说各自的道理,往往是鸡一嘴,鸭一嘴,混乱可想而知。

由于没有一个权威的房地产统计数据,不仅使得争论各方缺少了讨论问题的基础,而且,靠这种统计数据制订政策,也在很大程度上影响了国家的政策制定,结果制订出来的政策往往只能是缘木求鱼。这也可以理解成是近六年来房价每调必涨的背景之一,也是多年来房地产调控总在松和紧之间来回拉抽屉的一个很重要的原因。

细而言之,房价统计数据"打架"的原因,其中固然有统计方法不同的问题,有技术原因,更有人为因素。

从编制方法来看,中国现有的房地产价格指数的编制大多采用加权平均法,使用均价指数法,即计算出某一时期的房地产销售平均价格,以它的变动来代表房地产价格的变动。当期全部成交总额除以当期成交总面积,就是当期的销售价格。

从编制主体来看,一般分为两大类:由房地产中介机构发布的指数着重于该地区房地产细分市场的走势,并为房地产开发商及消费者决策提供参考;由政府部门发布的指数着重于反映该地区房地产市场整体走势,并为相关部门的决策提供参考。

当前，我国主要房地产价格指数并不能真实准确地度量房地产价格波动，反映整个房地产市场的供需态势和走向。造成房地产价格指数失真的症结在于，一方面是房地产作为商品的非同质性特征，另一方面则是当前我国普遍应用的房地产价格指数编制方法存在一定的缺陷。

1. 房地产价格指数编制方法的缺陷

第一，价格指数编制首先要求编制对象是"同质化商品"，但房地产商品是一个完全差异化的产品，很难有完全相同的两个房地产商品。其品质不但受建筑物本身的品质，如建筑结构、房型、朝向、建筑材料、建筑面积、楼层、车库等方面因素影响，且与建筑物周围的环境，如交通、商业、娱乐、治安、绿化、医院以及区域环境发展前景等密切相关。

第二，当范围扩大到房地产商品组合时（相当于一个房地产市场），引起前后期价格变化的因素还应包括商品组合结构的变化。如住宅内部高中低各档次房产的比例等的变化，由此单从房地产市场均价或项目的售价判断城市或地区房价的整体走势就可能产生较大的偏差。

假设上期市场交易的都是普通住宅，而本期交易的都是高级住宅，则这两个时期均价的变动，并不能真实反映房地产市场的供求关系变化。比如，某月郊区项目供应量多了，或是经济适用房等低价位住房集中上市，市场均价可能就下来了，但普通消费者简单地看发布的房地产均价的变化，就会形成信息的错觉和误差。

第三，成交量的变化也会对均价产生很大的影响。2007 年 11 月份在网络与电视媒体上频繁见到类似"楼市寒意渐浓"，"楼市拐点已经出现"的言论，这些热议根源于北京市建委发布的新楼盘预售信息，2007 年 11 月份新开楼盘 45 个，均价 14966 元/平方米，比 10

月份开盘均价 15324 元/平方米下降了 358 元。但在一片"唱衰"声中，购房人却认为并没有真正享受到"降价"带来的实惠。事实上在这一统计周期市场的成交量显著下降，几个较少的降价楼盘的成交就将均价拉下一大段，但整体上大部分楼盘成交量很少，甚至有价无市，而到真实的成交量放大时，价格又涨上去了。

此外，当前政府发布的统计数据往往是与上一年度同月份相比较，而在实际生活中普通居民容易与本年度上月相比或与近一段时间比较，这样就容易产生一些错觉，从而影响消费者的心理和预期。

2. 各个部门统计方法的原因

我国现有统计制度中，有关房地产的统计主要涉及三个部门：国家统计局、住房和城乡建设部以及国土资源部。其中国家统计局为国家统计调查，住房和城乡建设部、国土资源部以及中国人民银行则分别从部门统计调查的角度，进行统计数据的整理和收集。

应当说，房地产统计涉及的部门中，中国人民银行有关房地产贷款方面的统计自成体系，主要包括土地储备贷款、房地产开发贷款和住房消费贷款，内容相对独立，而国家统计局、住房和城乡建设部、国土资源部的有关房地产方面的统计内容则比较复杂。

国家统计局有关房地产方面的统计来自固定资产投资司和城市司。其中，固定资产投资司对房地产投资开发情况进行统计，有两个系统：一套系统为房地产开发统计月报和 40 个重点城市房地产开发统计月报，内容包括房地产开发企业的投资、资金、土地、施工、销售和空置。另一套系统为 5000 家房地产企业联网直报，统计内容包括企业法人的基本情况和商品房销售和空置情况。城市司与房地产有关的统计数据也包括两方面：一方面为与国家发改委联合发布的 70 个大中城市房地产价格指数，包括房屋销售价格指数、房屋租赁价格指数、土地交易价格指数和物业管理价格指数；另一方面为住房调查中有关住房的统计。

住房和城乡建设部有关房地产的统计包括两个系统：一套系统为房地产统计报表制度，报表内容涉及 10 个方面，分别为物业管理、住房置业担保、经济适用住房建设、房地产中介服务、房屋概况、房屋权属登记、房地产交易、住房公积金、房改及住房保障、城市房屋拆迁。另外一套系统为 40 个重点城市房地产市场月报制度，内容包括商品房开发统计数据、批准预售情况、报告期结转可售情况、增量房交易情况、存量房交易情况、房屋租赁情况等。

国土资源部房地产统计数据一般包括已批准的房地产开发项目的位置、名称、用途、用地面积、规划建筑面积、土地开放利用情况等。

三个部门各自从自己的角度进行房地产统计，在有些方面还出现了交叉重复，而且有些指标在名称上也不一致，从而造成统计数据缺乏统一性和权威性，容易使得决策者的理解出现分歧，导致决策失误。

可以说，房价数据"打架"，其根本原因是各个部门之间没有一套标准的统计制度，没有站在同一个标准平台上来研究和统计，包括统计的计算方法都缺乏一种标准化的共识。而消费者对于这些信息的发布和指标的选取上同样没有清晰了解。[①]

3. 人为的技术层面的原因

房地产统计数据的混乱，还有一些技术层面的原因，即人为通过相应的手段制造一个看似"公正客观"的数据。据房地产评论人沈晓杰分析，统计部门在房价统计上，可能的"调控"手段主要有

---

① 中国证券报，2006 年 12 月 2 日，http：//www.jianshe99.com/html/2006/12/pa631355637122160024730.html。

以下这么几点:①

一是"郊县房屋城市化",用不可比的"平均算法"大大拉低城市房价涨幅。

据介绍,国外在统计一个城市或地方的房价时,很多都是用市中心的半径地段或传统城市区域来做统计比较的。据介绍,日本东京都就分别以15公里、20公里和30的公里范围,区别公布不同区域的房价。而在我国,一些城市虽然也根据离市中心的远近划分为多级地段,但在公布房价的时候,从来都是以一个城市为单位进行统计。而随着市区(主城区)可供开发住房的土地越来越少,大部分新建的商品住房都是建在新城区(也就是过去的郊区县)。有的大城市主城区内一年新建的商品住房,甚至连该市全年供应的新建商品住房的10%都不到。由于主城区内的新建的商品住房呈现年年递减之势,所以不仅一个城市的房价越来越像该市的"新城区"房价,而且"全市的房价涨幅"也因为"平均算法"被拉下了许多。

二是用"新建住宅销售价格变化",取代"居民住房实际价格涨幅"。

统计局所统计的居民住房房价的涨跌,主要是指"新建住宅销售",以及本年度买卖出去的其他房屋,但这并不包括没有参加交易的海量的居民现在居住的存量房屋的实际涨幅。其实,随着时间的推移,越来越多的"新建住宅"被建造在越来越远的城郊接合部。如果只把这些市场销售出去的"新建住宅"列入房价统计体系,而对占了整个城市95%左右的原有存量住房"忽略不计",并以此"稀释"成全市的"房价统计",这样的房价统计不失真才是怪事。比如说,上海的内环内哪怕房屋暴涨了50%,但由于该地段的房屋

---

① 新民网,2010 - 02 - 26,http://www.soufun.com/news/2010 - 02 - 26/3115934.htm。

买卖很少，或者其占全市房屋买卖总成交量的比例很小，那么这样的"升值"就基本上很难反映在统计局的"房屋销售价格"的涨幅上。

三是把"非市场"的"特权房"和"特殊房"掺和到市场的房价之中，以达到降低正常市场房价涨幅的作用。

从国家统计局的"2009年全国房地产市场运行情况"中可以看到，2009年，全国房地产开发企业"住宅竣工面积5.77亿平方米，增长6.2%"。但是，如果你从国家统计局网站上的中国统计年鉴上，找一下"各地区城镇施工、竣工房屋建筑面积和价值"，你就会发现，早在2007年，我国城镇住宅的竣工面积，就已经高达了6.882亿平方米。有人或许会奇怪，为什么这两年房地产大发展，我国城镇的住宅竣工面积反而下降了呢？其实，中国的统计部门在这个中间，故意隐瞒了一个基本的事实，这就是虽然我国早在1998年就取消了福利分房，但在中国的城市社会中，依然还存在大量的"非房地产市场供应的"居民住房。也就是说，中国城市的住房供应模式，到现在还存在着"不能见人"的"双轨制"。这些"让领导满意和高兴"的"特殊房"和其他"特殊房"，长年变化不大的房价，竟然也扮演了"拉低"房价涨幅的"重要角色"。

从以上沈晓杰的分析可以看出，统计数据给的是平均数，只要多放些远郊的成交量进入统计范围，均价就拉低了。对于买房人而言，房屋均价已经蜕变成一个缺乏实际针对性的指标，非但无益，反而可能误导消费者。然而，平均数并不能代表大多数。如实衡量一个城市的房价，应该分区、分圈层来统计，政府部门需及时公开不同区域、不同板块的新房、旧房的成交信息，而不是"饺子汤圆一锅煮"，只给出一个整体也许真实、但局部失真的概念——均价。

统计中的"潜规则"

从来没有一个行业像房地产业这样涌现出无数的专家学者、分析机构，得出的结论也各不相同，甚至相左：一些房产中介机构发布数据说市场回暖，量升价跌；社科院等研究机构发布数据说市场继续低迷，未来降价可期。

在感叹"数据打架、雾里看花、盲人摸象"的同时，我们可以看到，谁都能在这个行业中"指手划脚"可能是房产数据乱象丛生的"表面原因"，而更深层的，则是大家"只能意会不能言传"的利益博弈。简言之，房地产统计数字的背后暗藏了利益的驱使，房地产统计数据的混乱更多掺杂了人为的利益原因。

1. 为利益混淆数据

据介绍，由于开发商和中介商处于市场供应链上端，同时专业化水平较高，对市场信息的获取、整理与发布具有一定垄断优势，而普通购房者则处于信息较为闭塞的地位，信息分布本就不平衡。

部分开发商或中介商利用这一优势，一方面不按有关规定将已售商品房及时登记备案，还通过不真实的"销控表"，人为制造"热销"场面，发布虚假销售信息，向购房者传递不实交易信息；另一方面，在广告、模型上擅自更改规划、配套设施，或者承诺无法兑现的优惠措施等，发布失真、夸大乃至虚假广告，误导购房者，扰乱市场。这往往就会增加购房者的交易成本。

"开发商申报数据的时候一般都有两个数据，一个是给老板看的，一个是报上去的，甚至某些地方政府也有两套数据的，一个是自己内部的数据，一个是往国家上报的数据。"一位不愿具名的开发商坦言数据水分很大。

他分析，目前楼市数据分三类：一类是官方的；一类是经济学家就宏观经济的研究角度出发做的研究报告；还有一类是地产商或是相关机构发布的报告。"实际上对于购房者而言，每一种报告都有它的缺陷，每一种数据都有被操纵的可能。"

而一些地产研究机构的数据也并不客观。一位不愿具名的分析师说，这些房产机构都依附着商业运营，在发布数据时往往各自心里盘算着"小九九"，很难保证其数据公正、真实、全面。

"譬如有的房产商业机构有意力推某些板块或某些楼盘，会特别突出相应乐观数据，而对于整体市场的状况则未必全面照实托出；相关调研的基础数据往往来自该机构各板块商业部门的上报，这里面往往会有水分，"该分析师表示，最重要的是，无论是官方的还是来自商业机构的统计，不少数据在发布时都没有全面如实说明数据采集、统计的方法，这是"数据打架乱象"的根源。

至于社科院、高校、行业协会等各类非政府性研究机构，其原始数据来源渠道比较复杂。"八仙过海、各显神通"，通过各种关系、甚至是花钱的方式，从政府各相关部门、国外研究机构、公开网站、企业内部等诸多渠道获得资料。就这些数据的准确性和全面性而言，当然比不上统计部门和其他政府相关部门，毕竟是二手资料。但经过各类专业人员的分类、修正之后，部分具有较高研究水平的机构从中综合而成的数据，其参考价值也并不差，甚至还优于前者。问题的关键在于，这些研究机构良莠不齐，甚至还有部分机构受商业利益驱动，故意误导民众。

数据差距背后充满玄机。事实上，各数据发布机构所代表的利益不一样，难免带有一定的倾向性。比如，政府机构希望稳定市场，中介机构希望楼市保持交易活跃，开发商则希望政府出台有利于自己的政策，比如救市。这就会造成各方为了自己利益，使统计数据偏向对自己有利的方向。

2. 以统计数据谋利

《21世纪经济报道》2008年10月10日揭露了一个惊人的现象，北京市房地产数据的"地下交易"每年交易额在6亿元以上。[①] 北京市房地产交易数据每天都会在北京市房地产交易管理网上公布，而且每天更新，为什么房地产公司不从官方公开信息去获得数据，而要花重金从地下"黑市"购买数据呢？

据业内人士说，北京房地产交易管理网"外网"上的数据有限，不具备"研究性"。而且外网数据有一些查询障碍，例如不能查过期楼盘项目情况，更不能得到一段时间内的综合数据，房地产交易管理网上的数据是由各个楼盘自己上报，而各个楼盘上报数据的时间和统计范围都不统一，另外房地产交易管理网往往仅发布套数、成交均价等基础数据，也不能全面反映市场情况。也正因为地方房地产数据被分别垄断，这些地方原始数据提供方虽然掌握着垄断资源，但却对各自区域外的市场一无所知。房地产开发企业普遍更喜欢更详细、真实的数据，而不是用一个抽样等统计办法算出来的平均值。

事实上，如果没有一个公开、透明的房地产数据披露体制，则人们对市场的判断根本不具有可取性，而仅仅依靠政府部门采取的宏观调控政策，没有购买者的预期判断相配合，房地产调控政策很难取得实效。

2011年6月初，多家媒体披露因经济数据泄露，国家统计局和中国人民银行两名副处级工作人员被调查。国家统计局新闻发言人盛来运证实，国家统计局办公室一名工作人员正在接受司法调查。

---

① 《21世纪经济报道》，陈晓，2008年10月11日 http://house.focus.cn/news/2008 - 10 - 11/544786. html.

接受调查的是国家统计局一名副局长的秘书。

据分析，国家统计局只是宏观经济数据泄密的一个出口，此番深陷数据泄密而被查的，还有央行研究局宏观经济研究处的人士，北京市检察院的通报称，卷入宏观经济数据泄密案的五人来自不同部门，因此立案为五件。可见在经济数据生产链中已经有多个环节出现了权钱交易。

为此，国家统计局决定自 2011 年 7 月份起调整统计数据发布方式，提前数据发布时间。在回答记者提问时，国家统计局有关负责人指出，之所以这么做是为了尽可能地减少统计数据发布前被泄露的风险。一般来讲，数据从生产到发布的时间越长，中间环节越多，发布前被泄露的风险越大。因此，缩短统计数据生产到发布的时间，有利于降低数据被提前泄露的风险。

3. 地方政府也玩数字游戏

2011 年 1 月 26 日出台的新"国八条"的第一条就提出，2011年各城市人民政府要根据当地经济发展目标、人均可支配收入增长速度和居民住房支付能力，合理确定本地区年度新建住房价格控制目标，并于一季度向社会公布。

然而在超过 50 个城市公布的 2011 年度新建住房价格控制目标中，所限定的均是房价的上涨幅度，却只字未提降低房价。如有的城市提出新建住房价格控制目标"低于市 GDP 涨幅，与城镇居民可支配收入涨幅相适应"；有的城市将新建住房价格控制目标直接设定为"同比增幅不超过 5%"。可查资料显示，该市 2010 年商品住宅平均价格同比增幅为 6.9%。有很多城市将新建住房价格目标控制在涨幅不超过 2011 年人均可支配收入的增长水平。而这些城市人均纯收入增长目标都在 10% 左右。

可以看出，房价控制目标被演变成一场数字游戏，"降价"目标反倒变成了"涨价"目标。之所以能这样做，在于地方政府对房价统计数字的操作空间很大。

如地方政府可以直接将新建住房价格控制目标与去年或今年预测的 GDP 涨幅、人均收入涨幅、房价涨幅等指标挂钩，因为这些指标都将上涨，房价的调控目标自然也就成了涨价目标。

地方政府还可以不让中心城区新盘上市，只上郊区楼盘；可以大量上动迁房、保障房，甚至直接冻结新盘价格，只要避过检查的风头就行。这就类似于一些城市为了完成节能减排指标，直接拉闸限电。

无独有偶，2011 年 7 月 21 日，就在住建部可能要求二三线城市限购的消息传出后，河北省廊坊市部分开发商收到房管局发出的房价控制目标参考性建议——新建住房价格限高 9000 元/平方米，市区中心区均价限高 8200 元/平方米，周边地区限高 7100 元/平方米。

此消息一出，立即受到网民的质疑。据调查，当时廊坊市中心楼盘均价为 6000－7000 元/平方米，一个三四线城市，本来房价是 5000 多 1 平方米，政府出一限价令，封顶 9000 元/平方米，于是乎，房产商纷纷涨到 8000 元/平方米，最后皆大欢喜。网民"静悄悄"一针见血地指出，表面上是"限价令"，实质上就是"涨价令"、"限降令"。

在全国舆论的申讨声中，廊坊市委被迫在 7 月 25 日辟谣，有关领导表示：廊坊市住房局并未出台关于"限价令"的"红头文件"，媒体流传的"限价令"其实是"前段时间，住房局个别科室的工作人员与开发商洽谈业务时提出的建议，并不是政府公布的执行标准"，廊坊方面暂时不会出台这样的政策。

又一场闹剧就这么不了了之，然而，政府的文是不发了，开发商是不是也就可以肆无忌惮地这么干了？

到底谁说了算？

我国最早的统计法律始见于周朝。据《周礼·天官冢宰》和《周礼注疏》等记载，下级向上级报告称为"入其书"，其后发展为"上计"制度，也就是一种统计制度。凡人口、土地、财富、收入等均包括在"上计"这种报告制度之中。

汉代规定，官吏误了"上计"期限，要受免职处分。隋朝《户律》规定："诸脱户（即漏报户口）者，家长徒（即强制犯人带钳或枷劳动）三年"。清代《脱漏户口律》规定：上报人口"若诈冒脱免，避重就轻者，杖八十，仍改正"。也由此可知，我国自古以来官方都强调了统计的严肃性、真实性，细致性。

国外的一则谚语讲：一只失修的马钉会导致一匹战马失蹄，一匹战马失蹄会导致一个士兵的失败，一个士兵的失败会导致一个队伍的失败，一个队伍的失败会导致一场战争的失败，一场战争的失败足以葬送一个民族。

不科学、不准确的统计数据就似失修的马钉。统计数据相当于号脉，是为了发现问题，进而寻求解决问题的途径。而差之毫厘的统计数据，有可能带来谬以千里的政策结果。如此，能不慎乎？

国家统计局原局长马建堂曾坦言，现行房价统计方式存在缺陷，掩盖了房价的差异性、波动性。现行房价统计存在问题。一是数据采集方式，现在主要是依靠房地产企业填报，应当增加调查人员的现场访问记录。二是数据统计方式，例如房价 2009 年年初比上年下降了 16%，但是同比的价格逐步上涨，到年底，比上年又上涨了18%。我们现在全年 12 个月平均的价格计算方式，比去年仅上涨1%。把差异性波动性掩盖了。

　　从各国来看，房地产市场都或多或少存在着信息的不对称和垄断问题，基于此，各国都致力于建立一个强制性的房地产信息披露系统，包括房地产市场价格与风险预警系统。因此，应该以立法的形式规定信息披露的透明性、准确性、公开性，规范开发企业和中介机构的经营行为，依法惩戒隐匿信息以图牟利的活动，可以从根本上促进我国房地产业健康、有序、协调发展。

　　总之，建立完善适合我国国情的科学、统一、规范的统计体系，建立强制性房地产信息披露制度已刻不容缓。

第九章

调控之殇

以肉去蚁，蚁愈多；以鱼驱蝇，蝇愈至。

——（先秦）韩非

如果政府有很大的配置资源的权力、干预企业的权力，就会产生寻租空间，导致腐败和贫富悬殊的趋势愈演愈烈。如果政府主导经济资源配量，那就不叫市场经济，而叫权贵资本主义了。

——吴敬琏（摘自南方周末《中国还处在艰难转型中
——吴敬琏访谈录》）

别迷恋调控，调控只是一个传说。

——网友

从 2015 年底到 2016 年的春天，为了去库存，一系列出台的房地产政策让人眼花缭乱：满 2 年的普宅房源转让可以免征营业税，二套房首付比例降至 40%，等等。

但是，原本是为了去库存、降房价的政策，在推动二手房交易量明显上升的同时，也引发了后市房价一定程度的上涨，甚至出现了一套 192 万元的房产，房东一夜间居然可跳价 10 万元的情况：

在仙霞路上的一家房产中介，负责人陈经理告诉记者，昨天一天的来电咨询数量是往常的两倍。其中部分来电是按捺不住的房东，上调了挂牌价格。

　　陈经理给记者举了一个例子，一套小户型房源之前标价 192 万元，免征营业税后房源昨天一下子涨到了 202 万元。"新政出来后，一套 200 万左右满 2 年的房子，营业税至少省掉了 10 万元，房东当然不愿意把利益都让给下家。"陈经理解释称，从昨天开始，跳价的房东还真不少，一套 200 万元的房子涨价 5 万元至 10 万元属于正常。①

　　这样的情况并不陌生。2006 年的"国六条"，出台了诸如提高房贷利率、严查土地违法案件以及二手房交易营业税的征收等宏观调控政策，但结果是"房子供不应求，价格自然上涨"。到 2009 年，经历 2008 年低谷后，楼市上涨幅度更是如坐上火箭——北京城四环之内再也找不到每平方米 2 万元的房子。

　　从最近 6 年北京市五环内商品房均价可以看到，整体市场一路走高，从 2010 年均价的 3 万元/平方米，到 2015 年，北京商品房住宅五环内签约为 4315 套，签约均价达到了 52499 元/平方米，不到 6 年时间涨幅达 73%，未来北京五环内市场已经进入高端化。

　　总结历史经验，这些年调控政策也出了不少，但哪次真正把房价给刹住了？调控的结果就是房价"越调越涨"。政策调控短期内可能会有一定影响，但长远来看，下挫以后会有一个反弹，反弹起点逐渐抬高。

　　"越涨越调，越调越涨。在涨价中调控，在调控中涨价。你调你的控，我涨我的价。"这些让很多人看不懂的事情，似乎已经成了一个规律。

---

　　①　http：//sh. house. qq. com/a/20150401/044690. htm。

泡沫之争

房地产的调控最早可以说始于 2001 年开始的泡沫之争。

在 2001 年的 12 月 25 日，清华大学教授魏杰在中央电视台的一次访谈给当时还比较平静的楼市扔下一颗重磅炸弹，从而引发其后旷日持久的房地产泡沫论争。

就在这一天，中央电视台《中国房产报道》报道了魏杰教授题为《2002 年，房地产的冬天》的访谈讲话。在访谈中，魏杰指出，2001 年的房地产市场，是房地产泡沫的第二次高潮。第一次在 1993 年、1994 年。2002 年就要充分显示出房地产的冬天，比 1993 年、1994 年更难受，因为大量房子已经盖了，撤都无法撤。

魏杰何许人也？魏杰在 20 世纪八九十年代就已经是国内中青年经济学家代表之一，位列当时名震一时的"京城四少"之一（其他三位为经济学家樊纲，北京大学经济学院院长刘伟以及知名经济学家钟朋荣）。

可以说，作为当初经济学界的风云人物，魏杰教授的风头远远超过后来在地产圈活跃的徐滇庆、易宪容等人。

鉴于魏杰的影响，其有关房地产"冬天"的言论一出，立刻引起业内的巨大反响。原建设部住宅与房地产业司司长谢家瑾曾在书中透露，魏杰的讲话"一石激起千重浪，不光引起了业内外人士的大讨论，还引起朱镕基总理的关注，亲自打电话给俞（正声）部长要求加强市场分析，将分析结果向国务院汇报。"①

时任中国房地产及住宅研究会常务副会长包宗华打响了质疑和

---

① 谢家瑾：《房地产这十年》，中国市场出版社，2009 年版，第 107 页。

反对的第一枪。2002 年 1 月 16 日《中国建设报》在头版"权威预测"栏目发表了包宗华的题为《2002 年不是房地产的冬天——对魏杰教授房地产走势预测的辨析》的论文，旗帜鲜明地对魏杰的观点进行逐段辨析。

包宗华是我国著名的房地产专家，1952 年到新成立的建筑工程部（建设部前身）工作。1992 年起任中国房地产及住宅研究会常务副会长，其观点无疑带有官方主流的特点。

包宗华认为魏杰的观点是"在使用了一些远离我国房地产实际的数据基础上"得出的。

包宗华说，魏杰教授可能不大了解中国的房地产，因为我国出现"房地产过热"是 1992 年下半年和 1993 年上半年，而不是 1993 年、1994 年。专家们对 1992 年、1993 年的定性词汇是"房地产过热"，而不是"泡沫高潮"。

包宗华指出，由于 2001 年没有出现"泡沫高潮"，2002 年也就不会出现房地产的冬天。2002 年我国房地产仍将持续发展，但涨幅将低于 2001 年，以保持从今年至 2010 年连年持续发展的"后劲"。

如果说 2001 年年终岁末的房地产泡沫论争以包宗华为代表的官方胜出暂告一段落，魏杰"冬天论"也反映了对中国房地产业未来发展的关心和忧虑，无疑为行业的发展敲了警钟，起到了警示的作用。

接下来，有关泡沫的争论不断升温，进而引发了一场全国性的旷日持久的关于"房地产泡沫"的大论战。2003 年 4 月一场突而其来的"非典"疫情使这一论争暂告一段落。但不久之后，随着各地房价的上涨，这一论争又重新更加激烈。

这一时期坚持"泡沫论"的，可谓北有易宪容，南有谢国忠。

首先是中国社科院研究员易宪容 2003 年 7 月份在一篇广为转载的文章中说，房地产业正挟持着中国整个经济、挟持着各地方经济。

如果让国内房地产的泡沫任意地吹大，泡沫的破灭将不可避免。

2003 年 10 月初，摩根士丹利亚太区首席经济学家谢国忠更发出了最刺耳的预言：世界经济正处于有史以来最大的房地产泡沫之上，这个泡沫将在数月内破裂，中国也在其中。

他的预言被中国媒体全面放大，在中国各界掀起了滔天巨澜。地产商和众多经济学者群起质疑谢国忠所谓的"泡沫论"，更有甚者认为这是"阴谋论"。时任华远集团董事长任志强甚至用"胡说八道"来回应。

随后，以建设部政策研究中心主任陈淮博士牵头的课题组于2004 年 10 月 26 日公布了一份颇具权威的报告，就房地产市场是否出现泡沫作出了判断：在有真实需求支撑的前提下，即使局部地区可能出现房地产过热或结构性过剩现象，也不能就此判断房地产已经是"泡沫经济"。课题组认为，目前的住宅需求仍是真实需求。总之，报告的结论是：局部过热不等于泡沫经济。陈淮就此宣称："我从来没有说中国房地产一点泡沫都没有，但也没有说中国房地产整个都出现了泡沫。"

值得关注的是，建设部首次以一个官方机构的身份，郑重其事地专门为此组织一批专家做出课题报告，来驳斥民间研究组织所宣扬的房地产泡沫论，这是非常少见的。

其后有关房地产泡沫的论争不时泛起，尤其是 2007 年以来，中国房价的快速上涨引发了社会各方的强烈关注。在中国房地产市场的高速发展过程中，热钱的涌入，投资、投机性购房的不断增加，"地王"的频频出现，房价的高速上涨……在业内人士看来，种种问题已经开始影响到市场的健康发展，并开始逐渐吹大房地产市场的泡沫。

2010 年 4 月，一份"房地产崩盘时间表"开始在网上流传。它回顾日本 1985 年至 1991 年房地产市场走势，发现日本房产泡沫前的若干阶段和特征与中国 2005 年至 2008 年房地产市场走势颇为相似，最后更预言中国房地产会在 2011 年崩盘。

就在网上"房地产崩盘时间表"引发行业大争论同时，国土资源部公布的《中国城市地价状况 2009》中，首次提到了与"租售比"相似的"租价比"概念，并明确表示从这一概念角度分析，国内热点城市的住宅市场已经出现了比较严重的泡沫。国土部公布的数据显示，2009 年我国住宅均价上涨了 25.1%，为 2001 年以来最高水平。国土部坦陈，地价成为助推房价上涨的关键因素，一线城市地产泡沫严重。

而 2011 年最严厉的房地产调控政策的出台，并不能宣告房地产泡沫争论的终结，在普遍认同中国一线大城市的房地产存在泡沫后，争论的焦点转向二、三线城市和商业房地产领域，要不要"限购"？如何"限购"？……

总的来说，过去多年来，房地产市场总体供不应求，其价格虽有上涨过快的时段，但有一定合理性。2014 年之后，供需关系逆转，行业内生动力不足，房地产价格的过快上涨，带有一定的"泡沫"成分。根据国家统计局的数据，2016 年上半年，全国商品房销售面积 64302 万平方米，同比增长 27.9%；商品房销售额 48682 亿元，增长 42.1%。按照住建部住房政策专家委员会副主任顾云昌的观点，2016 年全年，房地产销售面积和增速都将超过 2013 年，创历史新高。

2016 年 6 月，北京、上海、广州、深圳的新建商品住宅（不含保障房）价格，分别同比上涨 22.3%、33.7%、19.4% 和 47.4%。二线城市中的南京、厦门，涨幅也均超过 30%，合肥的涨幅达到 29.1%。这是中国房地产发展史上最迅猛的行情之一。尽管供需两端的指标增速从 5 月就开始出现下滑，但房价和地价都已达到历史高位。

或许正是基于此,2016 年 7 月 26 日中央政治局召开会议称,要全面落实去产能、去库存、去杠杆、降成本、补短板的五大任务,其中重点提及要抑制资产泡沫和降低宏观税负。

18 号文推到 121 号文

房地产泡沫之争,使得房地产行业备受非议。伴随着房地产泡沫的论证,房地产调控政策紧随而进。

2002 年 8 月 27 日,经国务院原则同意,建设部、国家计委等六部委发布《关于加强房地产市场宏观调控促进房地产市场健康发展的若干意见》,内部称为 217 号文,针对局部地区出现的房地产投资增幅过大、土地供应过量、价格增长过快等问题,六部委从土地供应、金融信贷、住房结构等九个方面强调要对房地产市场进行宏观调控。

人民银行于 2002 年 11 月开始对各商业银行房地产信贷业务进行大检查,检查的范围是商业银行在 2001 年 6 月到 2002 年 9 月的房地产信贷业务办理情况。大检查于 2002 年 12 月中旬结束,其结果在 2003 年 2 月 20 日发布的《2002 年货币政策执行报告》中首次披露:共抽查房地产贷款 20901 笔,金额 1468 亿元,发现违规贷款和违规金额分别占总检查笔数和金额的 9.8% 和 24.9%。

在基于房地产投资过热、应积极防范房地产信贷风险的判断下,中国人民银行在 2003 年 6 月 13 日印发了《中国人民银行关于进一步加强房地产信贷业务管理的通知》(简称 121 号文),意在抑制房地产市场泡沫。

央行 121 号文出台了一连串精准措施:不得向房地产企业发放贷款用于交土地出让金;建筑施工企业不得将流动资金贷款用于向

房地产开发企业垫资；只能对购买主体结构已封顶的楼盘发放个人住房贷款；提高购买第二套以上者的首付款比例。

此文一出，立刻引起市场的强烈反应。有关人士评论认为，历时数月制定的 121 号文，针对房地产贷款中存在的问题，可以说是既准又狠，招招到位，具有极强的可操作性，几乎堵住了房地产贷款的所有漏洞。因此，有房地产商称之为"中国近 10 年来对房地产业最为严厉的一个文件"。任志强曾经用悲愤而又肯定的语气预测：房地产的冬天来了！而潘石屹的第一反应则是立即自查公司账目。

但是，接下来的发展是，房地产没有进入冬天，而是艳阳高照，进入了一个火星四溅的酷暑。那个看上去杀气十足的"121"号文件，不过是一场茶杯里的风暴。

在 121 号文件颁布仅仅 2 个月后，2003 年 8 月 12 日，建设部牵头起草，以国务院名义发出了《关于促进房地产市场持续健康发展的通知》（国发［2003］18 号，简称 18 号文）。房地产业界为之欢欣鼓舞。

在 18 号文中，房地产业被定性为"促进消费，扩大内需，拉动投资增长，保持国民经济持续快速健康发展"的"国民经济的支柱产业"。建设部负责人对 18 号文的解读是："指导当前和今后一段时期我国房地产市场发展的纲领性文件"、"是对 1998 年 23 号文的发展，也是中国房地产市场发展的下一个'五年计划'"。

据说这个 18 号文的初稿，对于房地产业其实比 121 文件更严厉，这在征求开发商的意见时，自然遭到了激烈的反对。在 2003 年 11 月深圳第五届住交会上，某地产大佬透露说：最后的结果有 50% 是按照我们的意见修改了；如果没有这样的修改，我们也不会有今天的盛会，也许在座的今天可能不是笑着，可能是哭着脸。

戴维·弗里德曼曾经说过：如果你或你的公司能从一些提交审议的法律方案中获得几乎所有的好处，那么，你也许会愿意投入大笔的资金和全部精力确保这样的法律得到通过。这就是为什么特殊利益在使自己受益的同时，虽要以他人的损失为代价仍能大行其道的原因之一。

18 号文被视为房地产商利益群体的一次公开胜利，显示了中国房地产界已经崛起，并第一次公开了与政府进行政策博弈的能量。

曲折而诡异的调控历程

接下来，从 2004 年开始，针对宏观经济运行中的问题，中央实施了以"管严土地，看紧信贷"为主的宏观调控措施。宏观政策的两条主线：一是严把土地关，二是严把信贷关。其根本宗旨和政策目标是：抑制投资过快增长，促进经济增长模式的转变。一方面，土地管理部门持续开展土地市场的清理整顿，强化对土地供应的管理，严格对耕地占用的审批，执行经营性土地的"招、拍、挂"制度；另一方面，银行严格控制对房地产的信贷投放，提高商业银行存款准备金比率、提高贷款利率、实行差别贷款政策等。

但是，也就是从这一年开始，房价有恃无恐地上涨，这一年成为"转折期"，房价由此一发不可收拾。一线城市房价增长率猛然提高到 25%；二线城市的房价也从那时起稳步上扬。

2004 年调控的失效，导致而后几年的中央楼市调控政策似乎更陷入一个"越调越涨"的怪圈。

2005 年，房地产调控的政策进一步深化，调控力度加大，重点更加突出。2005 年 3 月 26 日，一份名为《关于切实稳定住房价格的通知》的文件发出，业界称之"老国八条"。要求各地政府重视房价上涨过快这一现象，如控制措施不力则要追究责任。2005 年 4 月 27 日，国务院常务会议提出 8 项措施引导和调控房地产市场，业界称之为"新国八条"，着重提出"保证中低价位、中小户型住房的有效供应"，"强化规划调控，改善商品房结构"，"完善城镇廉租住房制度"。——这一年，中国住宅平均售价继续上涨 12.6%。

进入 2006 年，房地产宏观调控的措施继续密集出台，调控继续细化。2006 年 5 月 17 日，国务院总理温家宝主持国务院常务会议，提出了促进房地产业健康发展的 6 项措施（简称"国六条"），对供给结构、税收信贷手段、拆迁规模、房地产秩序、廉租房建设、信息披露制度等又作了进一步强调。5 月 29 日，国务院办公厅转发九部委《关于调整住房供应结构稳定住房价格的意见》（简称"九部委 37 号文"），对"国六条"进一步细化，在套型面积、小户型所占比率、新房首付款等方面做出了量化规定，首次提出"90/70"政策。7 月 24 日，建设部联合其他 5 部委下发《关于规范房地产市场外资准入和管理的意见》〔171 号文〕，加强了对外商投资企业房地产开发经营和境外机构和个人购房的管理。

2007 年，房地产宏观调控力度仍在进一步加大。1 月，国税总局发布《关于房地产开发企业土地增值税清算管理有关问题的通知》，明确房地产企业土地增值税由原来的以预征为主的缴纳方式改为清算式缴纳。该通知的出台意味着拖延 14 年而未贯彻到位的土地增值税征缴将开始严格执行。6 月，商务部发布《关于进一步加强、规范外商直接投资房地产业审批和监管的通知》，深化了对外资投资房地产的管理，8 月 13 日，中央出台了《关于解决城市低收入家庭住房困难的若干意见》。"保障性住房"被提到了前所未有的高度。

在信贷方面，2007 年央行数次加息，多次提高存款准备金，2007 年 12 月 11 日，央行和银监会联合下发《加强商业性房地产信贷管理的补充通知》，明确以借款人家庭为单位认定房贷次数，对二次购房实行差别的利率政策，提高了首付比例，并对房地产企业贷款和个人抵押按揭实行了更严格的管理，史称"第二套房贷"。

而这一年的市场经过一段观望后，再度出现房价大幅上涨的高峰——全国住宅平均售价增长率为16.86%。

2008年是戏剧性的一年。年初货币政策从"适度从紧"改为"从紧"，而财政政策继续保持稳健。下半年随着国际金融危机的影响扩大，央行宣布"双率"齐降，货币政策再度从"从紧"向"适度宽松"转变。本来在前期调控政策和金融危机的影响下，房地产投资迅速减少，国际热钱纷纷撤出，房地产市场进入观望状态，成交量日减，房价也有所下降。然而，在调控效果刚刚显现时，政策再次松动。

2009年，中国房地产市场从年初的"试探性抄底"，到年中的"放量大涨"，再到年底的"恐慌性抢购"，短短一年间，中国楼市迅速由低迷转变为亢奋，2010年第一季度，房市神话继续上演，房价持续攀高。

2010年，以稳定房价为主的房地产调控到了关键时刻。4月27日，国务院发布了《国务院关于坚决遏制部分城市房价过快上涨的通知》（简称"国十条"），被称为"史上最严厉的调控政策"。

到2010年9月29日，有关部委又分别出台措施，巩固房地产市场调控成果，促进房地产市场健康发展。这些措施包括：各商业银行暂停发放居民家庭购买第三套及以上住房贷款等，对贷款购买商品住房，首付款比例调整到30%及以上。北京、上海等一线城市还实行了"限购"政策，并要求"认房又认贷"，同时，房产税改革试点加快推进，此举被媒体称为"二次调控"。

而进入2011年，央行开始连续提高存款准备金率，并进入加息周期，购房贷款空前收紧；建设部进一步将"限购"政策扩大到省会城市等全国大多数二线城市；国务院还要求各地政府切实承担起控制房价的责任，限期公布房价控制目标并纳入政绩考核；中央预算也大规模扩大了保障性住房建设支出，并要求各地落实保障性住房建设的规划、用地和资金；国土资源部派出多支队伍奔赴地价上涨过快城市，并要求对招拍挂中"地王"的价格进行申报；国家发改委要求实行商品房销售"明码标价"和"一房一价"。

2012年至2013年，继承2011年中央调控基调，是中央政府围绕房价与地价为调控目标的房地产调控最严厉、最密集、中央政府与地方政府博弈最激烈的时期。据不完全统计，2012年中央政府各部门与领导共70余次表态房地产调控不动摇、不放松，30次强调加强保障房建设、16次强调房价合理回归，10次强调决不让房价反弹，5次强调决不让调控反复，5次提到约谈问责……

2014年以来，房地产政策明显松绑，政策也不断加码。第一轮在2014年上半年，主要表现在多个城市不断松绑限购政策并发布购房补贴政策。第二轮主要发生在2014年下半年。2014年9月30日，央行出台"9·30"新政，一是降低首套房认定标准，从此前的"认房又认贷"改为"只认贷"，即只要贷款还清就视为首套房。二是鼓励银行业金融机构通过发行住房抵押贷款支持证券等方式以加强对个人住房贷款的投放能力，继续支持房地产开发企业的合理融资需求；第三轮主要发生在2014年底和2015年初，11月22日，央行采取非对称降息的方式下调存贷款基准利率。

2015年以来，多项松绑房地产调控的政策相继出台。这些政策既有着眼于减少新增土地供应和促进库存消化的供给政策，也有加强改善性住房信贷支持的金融政策，还有二手房营业税免征时间由五年下调为两年的财税政策。这些新政的出台，意味着2010年以来，以"从紧和去杠杆"为主基调的调控政策已转变为鼓励居民再次"加杠杆"，无疑这将对房地产市场产生重要影响。……

总之，房地产调控这些年，中央政府综合运用行政、法律、市场等各种方式，出台了几十项调控政策，从供给和需求两个方面，覆盖了土地、投资、规划、建设、交易、物业管理等所有环节，可谓用尽了"十八般武艺"。

中国式房地产调控困局

市场好像已经对一次次的调控开始麻木，开发商则开始由愁容满面转为对调控的揶揄，政府的一些举措甚至成为他们调侃和暗讽的对象。在 2007 年的博鳌房地产论坛上任志强说出了开发商的心里话："宏观调控本来是想控制开发商的现金流，从而抑制投资增长，让房价降下来，结果却相反，开发商的资金链没有断，反而发了财。"[①]

任志强甚至进一步指出，楼价上涨的幅度比银行的利息还要高，宏观调控似乎很好地满足了开发商追逐利润最大化的心理。

总之，在中国房地产界，有一个几乎已经形成共识的定律，那就是中央政府每次调控房地产，房价就会飞涨，所谓"调控调控，越调越恐"。如同"狼来了"的故事，讲多了，最终就没人信了。其中的原因何在？

无可讳言，因为房地产市场的一些深层次的问题没有得到根本的解决，一次次的调控反而越陷越深。

1. "拉抽屉"式调控

笔者认为，从 2003 年 18 号文对 121 号文的倒戈，可以看出中国式房地产调控的内在矛盾。它是中国式房地产调控的典型案例。

从 18 号文和 121 号文的对比，可以看出两个部门之间对形势判断的"相扭"。与 121 号文件强调的"对房地产市场进行宏观调

---

① 《21 世纪经济报道》，杨丽萍，2007 年 7 月 17 日。

控"，旨在整肃房贷市场不同，18 号文件强调的是发展，而不是调控。也可以说，由金融监管部门出台的 121 号文关注的是金融风险，而由建设部门出台的 18 号文强调的是行业的改革和发展。两部门出发点不同，导致调控政策的前后矛盾，甚至是后者推翻前者。

据一位国有银行资深人士称，央行之所以被批评声围攻，是因为央行此举有"捞过界"之嫌。央行作为宏观经济调控部门，应将其他部门纳入视野，并与其他部门进行沟通和协调，而不应单方面出台政策。央行的职能更多是窗口指导，指出方向，明晰表达一种意思，而不应"管得太细，管到具体操作"。更何况，央行在 121 号文件中通篇都是"限制、严禁"字眼，而未表达出对房地产行业"支持"的意思，这与当时促进房地产发展，拉动经济的大政策相左。①

而且，据知情人士透露，央行在制定 121 号文件的过程中也未与建设部商量过，该部在认同央行 121 文件的目的时，对其某些具体条款也有自己的看法，其中主要是对央行文件一刀切和限制住房消费信贷的做法有不同看法。这些意见反映到国务院 18 号文件里，就是这样一些词句："发展住房信贷业务"，"对符合条件的房地产开发企业和开发项目也要继续加大支持力度"。

善于从文件中发掘微言大义的开发商们看到文件中的这几款时，忍不住要开怀大笑了。他们认为 18 号文件无异于"四两拨千斤"，只用几行字就把央行 121 号文件严苛的 28 条给击溃了。

这无疑是一个"拉抽屉"式的调控：121 号文刚把整肃房贷市场，加强宏观调控的抽屉拉开，而 18 号文则祭出房地产业作为"国民经济的支柱产业"的大旗，把刚打开的抽屉又紧紧关闭。

中国房地产市场是一个"政策市"，政策的一举一动都会影响市

---

① 《南方都市报》，谢艳霞，2003 年 9 月 17 日。

场变化。而中国房地产调控政策中的"拉抽屉"式调控，贯穿房地产调控的整个过程。

2004 年，房地产价格进一步冲高，房地产泡沫逐渐显性化，调控节奏加快，如实行了土地出让的"招拍挂"。从 2005 年开始，中央重磅出击，实施了一系列比较严厉的紧缩政策，即"新老国八条"和 2006 年出台的"国六条"及"九部委十五条"等。——这一段时间调控政策又趋于紧缩。

到 2008 年上半年，宏观调控依然沿袭 2007 年紧缩式调整，而从下半年开始，宏观调控渐渐转向，政策慢慢放松，"自下而上"式的，一些地方城市纷纷救市，出台稳定和促进房地产市场发展的政策。

梳理这样的调控历程，可以清晰地发现一条"紧缩－扩张－再紧缩－再扩张"的路子。

"我们希望政府不断地宏观调控，因为调控一次，房价就涨一次，开发商就乐得合不上嘴了。"开发商如此的揶揄和调侃，使我们不由得思考和疑惑。每次调控中由于各利益主体之间的博弈都强于执行，越调越涨的怪圈也就难以打破，加上房地产业之于经济发展、民生改善的重要性，土地财政之于地方政府的重要性，甚至一度出现"终止房地产调控"的论调。例如 2010 年 8 月 12 日，有媒体报道称，中房协副会长朱中一在海南博鳌的一个会议上表示，中房协多次"上书"国务院，建议暂缓出台新的紧缩性房地产调控政策。

尽管言论被市场误读让朱中一深感无奈，尽管真实的朱中一与媒体报道中的朱中一可能相差甚远。但此次"中房协上书"传言风波的背后，仍可以看到楼市调控中的深度博弈。

2. 牵头部门的无奈

"越调越涨"显示了政府的尴尬。在 2007 年某刊物做的一期房价专题中，开头提到了这么一个令人啼笑皆非的消息：建设部官员应邀参加房地产论坛的前提条件是"只要不谈房价"！

作为房地产调控各部门的"牵头人"，建设部官员"不谈房价"的声明，恰当地反映了房价调控的困局：不管肯定不行，可越管越是迷茫。

根据《住房和城乡建设部主要职责内设机构和人员编制规定》，住房和城乡建设部在房地产方面的主要职责包括：

（一）承担保障城镇低收入家庭住房的责任。拟订住房保障相关政策并指导实施。拟订廉租住房规划及政策，会同有关部门做好中央有关廉租住房资金安排，监督地方组织实施。编制住房保障发展规划和年度计划并监督实施。

（二）承担推进住房制度改革的责任。拟订适合国情的住房政策，指导住房建设和住房制度改革，拟订全国住房建设规划并指导实施，研究提出住房和城乡建设重大问题的政策建议。

（三）承担规范房地产市场秩序、监督管理房地产市场的责任。会同或配合有关部门组织拟订房地产市场监管政策并监督执行，指导城镇土地使用权有偿转让和开发利用工作，提出房地产业的行业发展规划和产业政策，制定房地产开发、房屋权属管理、房屋租赁、房屋面积管理、房地产估价与经纪管理、物业管理、房屋征收拆迁的规章制度并监督执行等几个方面。

然而，在每次的房地产调控过程中，作为各个部委的"牵头人"，住房和城乡建设部确实有自己的苦衷：最有效的调控手段是严把土地和信贷的闸门，以及相关的税收调节，但建设部既不管资金（属银行、财政部门），又不管土地（属国土部门），更谈不上税收的调节了。

即使被建设部领导认为是具有明显调控作用、"只要充分运用起来，还是很有力量的"的资质管理、"三证"管理，以及规划的否决权等，在市长一把手决定的情况下，各地的建设规划部门又从哪里得到施展呢？——各地的建设部门都属于当地的市政府，建委主任、建设局长、规划局长们都是要听市长的，没有独立，怎么可能有坚硬的执行能力呢？

笔者曾听建设部一位内部人士用调侃的语气来概括住房和城乡建设部的职能："没有枪没有炮，只有一把冲锋号。"言下之意，住房和城乡建设部没有过硬的调控"手段"，只能单纯发行业指导性的文件，对于那些未完成任务的地区也仅仅只能"通报批评"，管用不管用还在两可之间。

任志强更是一针见血地指出，建设部管不了土地，管不了税收，管不了金融。住建部除了维持市场秩序，和房地产有关的其他内容他都管不了。①

在任志强看来，房地产调控是九龙治水，比如说发改委要管立项，发改委要决定投资的高和低，土地部门要决定土地的供应数量，税收部门要决定对房地产的税收政策，包括对个人购买的一些税收政策，二次交易的一些税收政策。在金融体系方面，央行又管着利率，贷款的不同方式，银监会又在限制信贷的政策变化。建设部好像没有任何权力去管其中的任何一个部分。因此，建设部在没有任何工具可以运用的情况下对房价进行干预几乎是零。

这种认识在 2010 年的全国"两会"上得到了有关领导的承认。在"两会"的小组会上，在回答委员"为何房价越调越高"这个问题时，住房和城乡建设部原副部长郭允冲叫苦说，房价调控需要多个部门协同努力，而住建部在调控房价方面几乎没有什么手段。住建部将与有关部委一起研究，出台调控房价的措施。

郭允冲说，房价调控需要多个部门协同配合，需要增加土地供

---

① 2010 年 03 月 09 日，国际在线，http://news.qq.com/a/20100309/003834.htm。

给，还要金融、税收等部门和行业的支持才行。"住建部调控房地产市场的手段很少，几乎没有什么手段。因为土地在国土部门，税收在税务部门，金融在银行部门。"郭允冲说，当然，住建部要理所当然研究，向有关部门提出合理化的建议，大家一起来做工作，尽可能实现房地产市场价格下降。

郭允冲透露，房价高，说明住房供不应求。因此将适当增加住房供应。作为政府一方面要发挥市场的作用，另一方面就是要建好保障性住房。①

然而，就以保障性住房的建设来说。建设保障性住房是地方政府的硬性任务，建设部一直督促、检查、通报，可谓不遗余力，但一些地方政府往往是大喊"没钱"，该完成的建设任务无法完成，建设部也只能以"通报批评"的方式处理。

平心而论，保障性住房从来"不差钱"，差的是地方政府的态度。2008年年底，国家推出三年9000亿元的保障性住房建设计划，以解决1000万户困难群众住房。后来，国家又从4万亿投资计划中再拿出4000亿投入这块，一共可以兴建1600万套廉租房、经济适用房等。事实中，即使撇开这"9000亿"和"4000亿"，廉租房建设的资金来源也是有充分保障的。国务院2007年就发出《关于解决城市低收入家庭住房困难的若干意见》，对建设廉租房的资金来源做了4个方面保证，其中两条是"住房公积金增值收益在提取贷款风险准备金和管理费用之后全部用于廉租住房建设"；"土地出让净收益用于廉租住房保障资金的比例不得低于10%"。

孟子曰："挟泰山以超北海，语人曰'我不能'，是诚不能也。为长者折枝，语人曰'我不能'，是不为也，非不能也。"一些地方

---

① 华龙网 – 重庆晚报，2010 – 03 – 08，http：//news. 163. com/10/0308/04/617NT392000146BD. html。

政府在保障性住房的建设上拖拖拉拉，不够积极，缺乏动力，这与开发商品住房风风火火形成了鲜明对比。所以，所谓建保障房"缺钱"，是"折枝之类也"，而不是"挟泰山以超北海之类也"。对此，作为"牵头"部门的建设部也只能"通报批评"而缺乏制裁手段。"牵头"部门的无奈可见一斑。

3. 上有政策，下有对策

可以说，一味指责住建部实在冤枉了他们。要求住建部祭出惩戒措施和手段，去追究省级政府责任，这也委实是勉为其难。在有些时候，国家很多的规定遭遇地方政府的消极执行，住建部又能拿手握重权的地方"诸侯"奈何？

在中国的文化传统中，"上有政策，下有对策"可谓古来有之。为了对付投机取巧，政府制定了许多规则，可执行过程中，因为执行者对规则所可能隐含的漏洞有超强的辨别能力，从而，政策被"智巧以对"，——化解。

2009 年 12 月 28 日，国务院总理温家宝在接受新华社独家专访时表示，要运用好税收、差别利率以及土地政策等经济杠杆加以调控，稳定房地产的价格。要维护房地产市场秩序，打击捂盘惜售、占地不用、哄抬房价等违法违规的行为。这是温总理在一个月内第三次对房价问题表态。

温总理在全国"两会"政府工作报告上明确提出"要遏制房价的过快上涨"的话音未落，3 月 15 日，在全国"两会"结束后的第一天，北京土地市场一天造就了三个地王：某公司以 40.8 亿元的总价拍得朝阳区大望京村地块，折合楼面地价高达每平方米 27500 元，随后某公司以 52.4 亿元将大兴亦庄地块拿下，成为总价地王。但仅仅 6 个小时后，单价地王就被东升乡蓟门桥地块夺走，某公司拿下这个地块的实际楼面价格超过每平方米 3 万元。

难怪，著名主持人白岩松感叹：房价，总理说了不算，总经理说了才算。①

"上有政策、下有对策"从本质来说，是把上级政策肢解、曲解为我所用，是一种消极的政策变通，从而背离政策的原义。这也可以细分为多种表现：

（1）"替换性"执行

即表面上出台了贯彻上级政策的措施，实际上却实施相违背的方案，使上级政策落空。例如一些地方政府选择性发布数据，对社会发布一些无关紧要的调控数据，至于城市存量土地、开发商手里究竟囤积了多少土地、究竟有多少逾期未开发等对房地产走势至关重要的数据，则秘而不宣。

（2）"选择性"执行

即选择政策中对本地方、本部门甚至执行者本人有利的部分来执行，断章取义，各取所需。例如，根据国家发改委的有关规定，从 2011 年 5 月 1 日开始，一二手房销售单位必须在醒目位置为每套房明码标价，以打击价格欺诈现象。各地对这项政策的执行情况究竟如何呢？据媒体报道，在全国许多城市，要么没有执行明码标价制度，要么弄虚作假、偷梁换柱。在郑州，一家售楼中心以房源不多、可以给购房者单独报价为名拒绝了明码标价；在广州，有开发商将朝向较差、价格相对不高的房子进行了明码标价，其他的则没有公示，且将毛坯房与装修房混为一谈，掩人耳目。

（3）"象征性"执行

即执行政策"不求神似、只求形似"，表面上是对政策不折不扣地执行，实际上却对上级政策搞"变通"，"先上车、后买票"，甚至置若罔闻，上了车也不买票，造成既成事实。

----

① http：//www.cnr.cn/gundong/201003/t20100317_506168261.html。

例如，限购令推出后，不少购房者开始打起规避新政的主意，如"假离婚"、"房产证除名"等招数便在很多城市滋生起来。一些地方的楼盘被默许分期付款规避限购令，开发商采取分期付款、延迟备案的形式规避限购令，外地人购房不受限购令约束；在一些地方，有不少被限购的市民通过把住宅房产赠予父母或子女的办法来获得购房机会，以此规避限购令；还有一些地方，非本市户籍人士花 1500－3000 元手续费，"补缴"一年所在城市的个税，就可以买一套房等规避"限购令"的方式可谓花样繁多。

（4）"变形性"操作

一些政策制定之后，一些执行者往往不惜"明修栈道，暗度陈仓"，打政策的擦边球，"你说你的，我做我的"，"遇到红灯绕道行"，从而把政策架空。

例一："90/70"政策被变形操作

2006 年，国务院发文明确新建住房结构比例。自 2006 年 6 月 1 日起，凡新审批、新开工的商品住房建设，套型建筑面积 90 平方米以下住房面积所占比重，必须达到开发建设总面积的 70% 以上。当时的背景是中小户型供不应求，难以满足基本型的刚性需求。

"90/70"政策实施之后，原以为"鲍鱼会更珍贵，盒饭会更实惠"，即大户型会更稀有，中等户型会更有适用价值，但市场的反应很是冷淡，主要是因为市场上出现了许多"上有政策下有对策"的做法。

如大多开发商选择了简单的两套打通形式。有些在户型图纸中会详细列明，有些则干脆就以一套大单位来卖，只是在销售时向买家说明这是两套单位，且必须一起买，将来会办两个房产证。

比较典型的是开发商按"90 平方米、双 70%"报批，建完售完再按购房人意愿修改。即开发商在委托建筑设计公司做方案时，会特别强调，房子还是要按大户型设计，但要用可以打开的分隔墙隔开，达到 70/90 政策的报批、报建要求。这样，不仅方案可以通过规划部门的审批，而且房子可按大户型销售。

最极端例子发生在温州，一个别墅楼盘要求按 70/90 政策开发，这意味着一套几百平方米面积的独立别墅要被拆成几套，单套面积都要控制在 70－89 平方米。为保证方案审批通过，别墅间用连廊、花架、车库等联接起来，一套 600 多平方米的别墅分隔成 8 套，每套面积控制在 90 平方米以下，而且每套都有卫生间、厨房。

这种变相篡改的 70/90 项目，在规划设计、建筑施工等前期阶段，都符合政府要求的各项规划指标，不存在违法违规行为，且获得规划部门的审批。

到 2014 年 10 月 17 日，天津市国土房管局等多部门联合发文，在全国第一个明确表示取消多年的"70/90"政策。2015 年 3 月 27 日，国土部和住建部联合签发楼市新政，优化住房供应套型，促进用地结构调整，对在建商品住房项目，在不改变用地性质和容积率等必要规划条件的前提下，允许对不适应市场需求的住房户型做出调整，支持居民自住和改善性住房需求。这条内容也许意味着颇具调控色彩的"70/90"政策寿终正寝。

例二："二套房"的执行打擦边球

来自河北的张先生在 2004 年选择到北京创业，在此之前他已经在石家庄有了一套两室一厅的房子。

然而 2010 年初，他最终通过房产中介的操作在北京西四环附近买了一套一居室的房子，让他感到高兴的是，他居然享受到了"第一套房"的贷款与利率优惠。

"可能是房屋登记系统尚未全国联网，我在河北的房子在北京查询不到，在北京没有购房的记录，所以我不会被认定为第二套房。"张先生说。"不过，这也多少有点'钻政策空子'的意味，是不值得提倡的。"

笔者了解到，2007 年国家首次提出"购买第二套（含）以上住房的贷款首付比例不得低于 40%"，二套房认定标准经历了一个"以个人贷款记录为标准→以家庭贷款记录为标准→标准'松绑'→以家庭为单位、既以贷款记录为标准，又以房屋数量为标准"逐渐严厉的认定过程。

2010 年 6 月 4 日，住建部、央行、银监会三部门联合下发了《关于规范商业性个人住房贷款中第二套住房认定的通知》（下称《通知》），对贷款申请人的第二套住房认定标准做出明确规定：二套房的认定在以家庭为单位的基础上，执行"认房又认贷"的严厉政策。由此确定的新的二套房认定标准为史上最为严厉的认定标准。

但是，二套房贷认定标准虽然可以在一定程度上堵漏"擦边球"，但可能"误伤"一些改善型的购房者，同时，在实际操作过程中二套房贷认定标准仍有漏洞可钻。

一名商业银行业内人士坦陈，此前各家商业银行的标准都很混乱，有的认房不认贷，有的认家庭不认个人，并且不乏暗中宽松的案例，打擦边球的情况多有存在。例如，房屋登记系统尚未全国联网，无法查询购房人在外地的购房记录，因此有可能不会被认定为第二套房。"这就为以后的操作留下空间。"

还有"假离婚"的例子：目前购房者在银行贷款时都被要求提供未婚证明，如果是夫妻双方购买已婚的要提供结婚证明，但如果夫妻双方有一方户口不在本地，那么他完全可以回原籍开出单身证明，从而骗过银行获取贷款。

因此，二套房新认定标准的实际执行效果取决于全国房屋登记信息系统的完善速度与程度。新认定标准在执行过程中仍将面对部分城市难以查清跨区房产、全国范围难以查清异地房产的情况。此外，民政婚姻登记系统、常居地与户口所在地登记系统等尚未与房屋登记系统、银行资信系统等实现交互查询功能。这无疑加大了认定第二套住房的难度和操作的难度。

另外，各地商业银行也有"变形"操作二套房贷的动力。个人房贷一直被银行业视为"优质蛋糕"。在经营诱惑下，不排除有部分银行甘冒政策风险，暗中为二套房贷"放水"。

实际上也的确如此，自从购房首付以及利率不同程度提高之后，各商业银行大力开展房贷业务，因为这样既可以拓展规模，又可以提高收益，何乐而不为。

政令不稳和利益博弈

纵观房地产调控政策，从发布之初，到细则制定，到执行中的变相操作，以致最后的松动，我们看到，很多时候，政策缺乏刚性，"朝令夕改"，以致到最后，在执行者的抵制中，不了了之。——这或许是中国特色的政策制定"规则"。

1. 朝令夕改，缺乏刚性

西汉时期的晁错在《论贵粟疏》中说："赋敛不时，朝令而暮改。"《汉书·食货志》也说："急政暴虐，赋敛不时，朝令而暮改。"

在以政策导向为主的房地产领域，有关政策"朝令夕改"的例子不在少数。据任志强介绍，某年某月央行发出了关于个人购买第二套住房贷款的新政，但各银行解释不一。虽已公告却被撤回，重新由央行统一标准后执行。

当国务院重新宣布降低购房信贷利率为 0.7 倍时，部分银行网上刊登了执行细则，都同样遭遇了不得不撤回的命运，不知道是谁说了算，也不知道为什么会政令不一。

2008 年 12 月 18 日，重庆市政府推出《关于进一步采取适应性政策措施促进经济平稳较快发展的意见》，该意见第七条规定，从当年 12 月 1 日起，市内购买住房的个人按揭贷款本息，可抵扣产权人个人所得税的地方提留部分。

但随后的 2009 年 2 月 2 日，有公开报道称，重庆有关部门收到国务院下发的紧急通知，要求该市暂停正在拟订执行细则的"购房退个税"政策。

对一个管理部门来说，早晨下命令，晚上就改变是可以归入"恶政"之列的。因此，作为权力部门，出台各项政策应当仔细琢磨、细加研究、统筹考虑、慎之又慎，一旦出台就应保持相对稳定，不能频繁地改来改去。因为政令多变，会让人无所适从，最终影响政府的公信力，影响人民群众对政策的信赖。从这一层面上来说，"朝令夕改"的负面效应甚至远远大于一个坏政策本身。

公共政策必须保持一定的稳定性。打个简单的比方，医生治病，也要"望闻问切"之后才能开出药方，遇到疑难杂症还得来个多方会诊，没有经过缜密的诊断和分析就胡乱下药，是会害死人的。政府决策也是这样，不经过科学的酝酿和谨慎的论证，草率出台政策，实质是拿市场和老百姓的利益进行博弈，这种粗暴简单的决策方式不加以改正，"朝令夕改"的尴尬必然重演。

2. 部门博弈，自相矛盾

部门利益的存在，往往使得房地产调控自相矛盾，最终导致执行的"流产"。

不仅中央各部委间出现了认识不统一，政令相互矛盾，甚至出现了 PK 事件，而即便是同一部委，有时也会在发布文件的时候闹出自相矛盾。

在取消期房销售的呼声中，笔者发现，政府相关部门的态度和关系似乎更值得玩味。期房销售制度能否最终取消，除市场因素之外，政府部门间互相博弈的结果，更起着很大作用。

从 2005 年 8 月开始，到 2006 年的 5 月，在不到一年的时间里，中国人民银行就三次提出取消期房预售的建议。

2005 年 8 月 15 日，央行发布的《2004 年度金融地产报告》中，明确指出，当前房地产市场上很多市场风险和交易问题都源于商品房新房的预售制度，鉴于经营良好的房地产商已经积累了一定的实力，因此可以考虑取消现行的房屋预售制度，改期房销售为现房销售；2006 年 3 月的"两会"上，中国人民银行南宁中心支行行长白鹤祥等 33 位全国人大代表提交取消期房销售制度议案；5 月，中国人民银行金融市场司房地产金融处处长程建胜撰文指出，完善我国商品房预售制度，就是要取消预售的融资功能。

对于取消期房销售的呼声，一些房地产商很是惊慌，以至于高呼"'8·31'（土地大限）又来了！"。

然而，主管期房销售的建设部门的反映，却使得银行的建议"消于无形"：先是北京市建委回应"因市场尚不成熟，暂不取消预售制度"，之后的 2005 年 8 月 24 日，建设部新闻发言人明确指出，10 多年的实践证实预售制度适合中国国情，目前还不能取消，未来将继续实行这一制度，但将从法律角度完善这一制度。

而在 2006 年的"两会"上，原建设部部长汪光焘表示，"商品房交易实行预售制是现行法律规定，取消需慎重、认真研究。"

建设部"力挺期房"的理由，看不到任何直接证据，只有模糊的"这一制度与我国国情是适应的，目前还不能取消"一语，以至于被媒体评为"屁股坐在开发商那边"。

这样在房地产调控当中出现部门之间的"左右互搏"，利益博弈的情况并不在少数。一个明显的例子是，在"国十五条"中，建设部提倡"积极发展住房二级市场和房屋租赁市场。"而国家税务总局的政策则是"从2006年6月1日起，对购买住房不足5年转手交易的，销售时按其取得的售房收入全额征收营业税"，颇有搬石砸脚的意味。可以说，部门出台的政策相互掣肘，使调控力大打折扣。

避免"调控"变"空调"

原住房和城乡建设部副部长仇保兴曾经说过："现在中国房地产价格波动前所未有，房地产调控压力前所未有，也遇到了房地产调控难度前所未有的挑战。"①

谈到中国房地产调控难点时，他坦言：一、现在中国城镇化率还不到50%，每年大约有1500万的农民进城，住房刚性需求旺盛，所以调控难度非常大；二、民间资本投资领域过窄；三、全球化的热钱涌动与人民币升值预期相结合；四、房产持有环节税收制度缺失；五、地方政府对土地财政的依赖，使得房价越高，土地价格越高；六、中国各地区之间经济发展差距十分巨大，一些沿海城市房价暴涨，与发达国家一些地区的房价并驾齐驱。而内地一些城市房地产业刚刚起步，在这种情况下，用"一刀切"的办法调控房地产市场，对全国来说很难有非常好的效果。

仇保兴指出，我们国家房地产调控十八般武艺都试了，成绩也来之不易，问题也是财富，都值得总结，这样才可以避免在同一个坑里面两次跌倒。

作为原住房和城乡建设部的高层领导，仇保兴的分析可谓中肯。从2001年开始，就有人睁圆了眼睛直呼：房价太高了，要降！房地产有泡沫了，要挤！房地产太热了，要调控！但时至今日，顶风杀

① 中国新闻网 http：//www. chinanews. com. cn/estate/2010/11－29/2686824. shtml。

入者成了今天的楼市英雄，胆小鬼则一次次重复着悔不当初，原来大喊有泡沫的，也开始承认这简直就是"猪坚强"……

人们一直持观望态度在看楼市，都希望楼市调控能够遏制房价过快上涨，可是几年过去了，结果怎样了呢？"本以为调控楼市房价会下调，可现在我们开始感到了失望甚至绝望！"可以说是城市中低收入家庭普遍的心声。广大购房者"但见泪痕湿，不知心恨谁"。

应该"恨"政府吗？这几年国家没少出台政策调控房地产行业，可是，一个政策从发布之初，到细则制定，到执行中的变相操作，以致最后的松动，都出现过我们不愿看到的情况。甚至有时候，一个政策的制定，先是隐瞒不公布，引发外界无端猜测；政策发布后，又不明确解释，为之后的执行留下软化空间。以致到最后，在执行者的抵制中，不了了之。——这或许是中国特色的政策制定的"潜规则"。

同时，一个政策的制订过程也是一个利益博弈的过程，期间包括行业主管部门的利益博弈，行业主管部门和企业之间的利益博弈，甚至包括行业主管部门内部之间的博弈，最终博弈的结果，是达到各方利益的平衡，——而经过利益平衡的房地产调控政策，其对高房价的杀伤力已经是大打折扣了。例如，地方政府对中央政策的阳奉阴违，中央政府的严厉政策被地方政府的化骨绵掌轻松化解。

老子《道德经》第六十章中云："治大国，若烹小鲜"。"小鲜"即小鱼。烹饪小鱼不能随意折腾翻动，否则就要破碎销形。治理大国和烹小鱼一样，要尽量减少政令的颁布，而一旦颁布，就要严格执行，不可朝令夕改。

中医讲"通则不痛，痛则不通"，讲的是经脉不通就会引起疼痛致病。一个人如此，一个国家又何尝不是？只有政令畅通、令行禁止，才能确保中央政策得以贯彻落实，才能切实维护中央政府的权威。

　　衡量一个政策好坏的标准是它是从公众的角度出发还是从某一个行业利益的角度出发。房地产问题已经成为一个重要的民生问题，这就决定了房地产政策的制订必须是突破部门和行业的利益，成为一个独立的为民众谋福利的政策。只有跨越了自身利益的局限，房地产政策才能真正成为一个经得起考验并能取得实际效果的好政策。

结　语

房地产如何持续健康发展？

要化解房地产库存，促进房地产业持续发展。

——习近平

要推进城镇保障性安居工程建设和房地产市场平稳健康发展。今年棚户区住房改造 600 万套，提高棚改货币化安置比例。完善支持居民住房合理消费的税收、信贷政策，适应住房刚性需求和改善性需求，因城施策化解房地产库存。建立租购并举的住房制度，把符合条件的外来人口逐步纳入公租房供应范围。

——李克强

中共中央总书记习近平在 2015 年 11 月 10 日主持召开的中央财经领导小组第十一次工作会议上明确提出："要化解房地产库存，促进房地产业持续发展"。可以说，习总书记审时度势，明确提出房地产业要去库存，是非常英明之举。

2016 年 3 月 5 日，国务院总理李克强十二届全国人民代表大会第四次会议作政府工作报告时表示，要推进城镇保障性安居工程建设和房地产市场平稳健康发展。今年棚户区住房改造 600 万套，提高棚改货币化安置比例。完善支持居民住房合理消费的税收、信贷政策，适应住房刚性需求和改善性需求，因城施策化解房地产库存。建立租购并举的住房制度，把符合条件的外来人口逐步纳入公租房

204

供应范围。

随后，住房和城乡建设部部长陈政高在2016年3月15日举行的十二届全国人大四次会议记者会上表示，对中国房地产市场平稳健康发展应该充满信心。

陈政高认为，判断中国的房地产形势要看基本条件。第一个基本条件，中国经济长期向好的基本面没有改变。去年中国经济实现了6.9%的增长，今年预计增长区间为6.5%—7%。我们在2020年要全面建成小康社会。有了这个经济基本面，房地产市场平稳健康发展就有了前提条件。

第二个基本条件，中国的城镇化进程没有变。现在已经有了7.7亿人口住在城镇，常住人口的城镇化率达到了56.1%。"十三五"末期要达到60%。这样一个大规模的城镇化进程，为房地产发展提供了巨大的空间。

第三个基本条件，居民的住房需求，特别是新市民的住房需求没有变。城镇居民有改善性需求、有刚性需求，特别是新市民住房有非常大的需求。城镇居民的住房需求和新市民的住房需求是未来房地产发展的巨大潜力。

第四个基本条件，我们有党中央、国务院的坚强领导，有各项宏观调控措施，有各个地方、各个城市承担起宏观调控的主体责任，所以对中国的房地产市场平稳健康发展应该充满信心。

房地产和民生、国民经济、社会等方面紧密相关，并对这些方面产生深远的影响。在民生方面，城镇的人均住房面积已经由1978年的6.7平方米增加到2012年的32.9平方米，而且居民的财富大部分都体现在住宅上，体现在房产上。在城镇化方面，现在我国城镇常住人口已经达到了7.7亿，改革开放初期的1978年是1.7亿，这么大数量的城镇化过程需要提供住宅，房地产起到了很大的作用。另外，房地产对经济的拉动作用也是非常明显的。2015年房地产增加值占整个 GDP 的比重达到了 6.1%，房地产开发投资一般情况下占城镇固定资产投资的 20%，去年占到了 17%。

可以说，房地产和民生密切相关，和城镇化密切相关，和国民经济、社会发展密切相关，我们一定党按照党中央国务院要求，认真做好房地产各项工作，保持房地产市场平稳健康发展。

去库存　促发展

据国家统计局数据，我国房地产待售面积自 2011 年来一直在不断增长，2011 年底全国待售面积为 2.72 亿平方米，2012 年、2013 年、2014 年、2015 年 10 月分别增长到 3.65 亿、4.93 亿、6.22 亿和 6.86 亿平方米，待售面积/年销售面积比例从 2011 年的 25% 持续上升到 2015 年 10 月的 53%。

值得一提的是，当前统计的还只是显性库存，即已领预售证但未售的部分，实际上还有更庞大的隐性库存，即尚未领预售证的那部分库存。近年来，各地出让了大量土地，正在开发（或准备开发）但未开盘的库存不容小觑，显性与隐性库存相加的真实库存应该远高于当前统计。

虽然 2015 年以来房地产销售较明显回暖，1－10 月全国商品房销售面积增长 7.2%，销售金额增长 14.9%，但我国房地产待售面积仍处于不断增长状态，投资额持续高于销售额，房地产供过于求的状况并没有因销售回升有所缓解。

在中国，房地产问题实际上既是 GDP 增长问题，也是民生问题，楼市去库存已成为行业乃至国民经济的一项重要任务。在中国城市化进程中，只有逐步化解房地产库存，才能让房地产业转到健康发展的道路上来。

但究竟如何"去库存"呢？其实不外乎需求侧和供给侧两个方面。

从需求来看，要扩大和鼓励需求。从金融政策看，当前货币政策相对宽松，利率不断下调，首付比例已有所下调，未来还有下调空间，限贷规定也可以考虑适当再松绑，要积极谋划公积金贷款证券化，增加资金来源，优化改善公积金提取与贷款流程，稳步推进住房银行的设立。

财税政策方面，房产税可以考虑适当推迟，契税尚有减免优惠的空间，保障房建设上可考虑直接购买部分商品房，棚户区改造须加大货币补偿比例，促进拆迁户直接购买商品房。行政措施方面，主要是户籍要进一步放开，另外限购可以考虑适当再放松一些。

供给是去库存的重点和难点所在。从历年来的调控效果来看，刺激需求易，抑制需求难；刺激供给易，抑制供给难。作为唯一土地供应方，地方政府对房地产行业的影响非常大。因此，去库存要地方政府发挥关键作用，即严格控制土地出让规模。若这点做不到，去库存就可能成为口号，甚至可能继续加重。

因此，中央要有土地供应总体控制指标和考核，对于个别地区要把去库存纳入领导干部考核内容；同时，地方债务要中央通过发债等办法来解决部分，积极开拓地方政府新的融资渠道。

总之，楼市去库存不仅需要在需求侧给予鼓励和支持，更需要在供给侧下大功夫，不能一方面在想方设法消化库存，另一方面土地还大量出让，这样去库存永远实现不了。必须在两个方面同向用力，心往一处想，劲往一处使，唯有如此，去库存的步伐才能加快，行业才能健康发展，房地产才能对国民经济和民生改善发挥更加积极的作用。

推保障　保民生

保民生，就是加快保障性住房的建设，尤其是加大棚户区的改造等。

早在 2004 年李克强主政辽宁时，他就痛下决心"就是砸锅卖铁，也要让群众搬出棚户区"。如今国务院常务会议重点研究部署棚户区改造，可以说这既体现政府的执政为民，也给广大棚户区居民送去了改革的红利。

加快棚户区改造，那些城市低收入群众无疑是政策的最大受益者。同时，受益面还不仅于此，对于我国经济平稳健康发展，这项政策举措有着积极推动作用。

当前中国经济正处经济转型升级的关键期，受国际经济形势不振、贸易保护壁垒高筑等影响，我国经济发展调结构、转方式的任务尤显艰巨。

在这特殊阶段，既要有效地应对好短期问题、保持经济合理增长速度，又需更加注重提高发展的质量和效益；既要有效地破解经济社会发展中的难题，还要逐渐化解经济运行中的深层次矛盾，为中国经济长远发展"垫底子"。

棚户区改造既是重大民生工程，也是重大发展工程。棚户区改造一方面可以增加社会投资，拉动相关产业的发展。资料显示，黑龙江省四年完成棚户区改造投资 2078 亿元，其中 2011 年完成投资 811 亿元，拉动几十个相关产业发展，有力地支撑了地方经济增长。另一方面还能为千百万打工者提供就业机会。资料显示，仅垦区危房改造项目的实施就累计提供就业岗位 270 多万人次。

对于这样既能惠民生，又能拉动经济增长、促进经济结构调整的好事，当然应该大力推进。

好事应该办好，各地在加快棚户区改造过程中，应切实贯彻执行会议精神，把这项重大民生工程、发展工程落到实处。棚户区改造不同于商品房开发，一些城市棚户区甚至位于偏远地带，商业开发价值低，政府基本是"纯投入"。但是各地区、各部门资金再紧、困难再大，也不能在棚户区改造上动歪脑筋、做"表面文章"，要把这项工作当成一项政治任务来抓，要通过多措并举解决建设中的资金等难题，切实保障房屋质量、搞好配套设施，让群众住得放心、住得舒心、住得安心。

淡化行政手段 回归市场化

多年来，楼市过度迷信和过当采用"有形之手"干预，非但未能如愿以偿，反而导致市场"无形之手"强烈反弹盲目作用，陷入"屡涨屡调屡调屡涨"、"愈涨愈调愈调愈涨"和进退维谷的纠结和尴尬。

可举出的例子是，2003 年以来，中国 10 年颁布 43 个政策调控楼市，结果房价却上涨 10 倍。10 年楼市调控，非但目标未能如愿，反而扭曲楼市作用方向。10 年调控尴尬，客气点说，是调控失利；不客气地说，则是错装"有形之手"的教训。

多年来，由于政府调控"有形之手"错装楼市，导致目下楼市"面包积压"与"买不起面包"并存的尴尬窘境。

经济学常识和市场规律告诉我们，一方面，当"面包"积压供大于求时，应顺应和遵循市场内在规律，降价促销，去化库存，平衡供求，而非相反；另一方面，必须寻求调结构转方式路径，建立房地产持续稳定健康发展的长效机制，以化解楼市泡沫破灭可能给地方经济带来的灾难后果。换言之，当前的中国楼市，正是转型发展千载难逢的天赐良机。

楼市转型发展，不缺预案缺态度。早已形成各方共识并摆上台面的"不动产登记条例"、"房产税扩围"两样利器，由于利益集团阻挠，一次复一次或胎死腹中或呼之不出或错失良机。

党的十八届三中全会《决定》强调："必须加快形成企业自主经营、公平竞争，消费者自由选择、自主消费，商品和要素自由流动、平等交换的现代市场体系，着力清除市场壁垒，提高资源配置效率和公平性"。从限购松绑到限贷破冰，新常态下的房地产市场正处于结构调整的增速换挡期，只有把该放的放开，该管的管好，放管结合，才能真正促进并完善未来房地产市场体系的建设和发展。

"构建以政府为主提供基本保障、以市场为主满足多层次需求的住房供应体系。"这是习近平总书记在中共中央政治局集体学习时的讲话，表明了本届政府对于房地产走市场化的态度。"要把错装在政府身上的手换成市场的手"，国务院总理李克强的这句话道出了市场的心声。

"政府的归政府，市场的归市场"，可以说，在当前经济新常态下，房地产调控现已步入从价格短期效应转向长效调控、从"一刀切"转向分类调控、从行政性指导转向市场化调控的历史性转折中。相信在不久的未来，"稳增长、调结构、促改革、惠民生"的房地产政策目标终将实现。

对于房地产业而言，逐步完善走向市场化是行业发展的重要内容，有赖于政府的科学调控和管理。未来政府将更多地集中在房地产民生保障领域发挥作用，而由市场来满足居民日趋多样化的住房需求和优化商业、产业、养老、文化等其他结构地产的资源配置。

总之，在楼市调控长效机制建立方面，逐步淡化行政手段，回归市场化是一个大方向。只有坚持市场化改革方向，才能充分激发市场活力，满足多层次住房需求。

稳定住房消费　抑制投机

在外部需求持续萎缩，出口下降幅度较大的情形下，扩大国内居民消费，对于拉动经济增长，意义重大。在各项消费中，又当以住房消费最为重要。

住房消费属于大宗消费，涉及的金额大，对经济的拉动较为明显。尤其在高房价年代，更是如此。中央提出"稳定住房消费"，其中，"稳定"一词表明政府希望房地产消费维持在一个合理适度的发展空间内，不出现大起大落，房地产市场既不能重回此前的盲目投资、爆炸式增长的状态，也要防止下滑过快导致失速，引发金融风险、大面积房地产企业倒闭等严重危害国民经济的情况。

但是，"稳定住房消费"并不表明政府会大规模"救市"。目前我国正处在转变经济发展方式和调整经济结构的关键时期，中央政府不希望各地一哄而上再去大搞房地产投资、大规模卖地等做法刺激经济，但要维持中国经济的基本增速需要房地产市场的稳定。目前政府主要还是要通过市场化和法治方式调节市场。

同时，稳定住房消费固然重要，但如何稳定却是一个问题。当前房地产市场阻碍住房消费的因素很多，比如，房价依旧较高，如何鼓励房地产以合理价格促销？哄抬房价、虚假销售等违规行为还不同程度存在，如不杜绝，住房消费又怎能有效启动？这就需要我们，一方面要鼓励开发商以合理价位销售，切莫急着帮开发商托市、喊冤；另一方面更应严厉打击各种哄抬房价、虚假销售扰乱市场秩序行为，认真处理消费者投诉信息，切实维护消费者权益。

总之，住房消费是居民消费的大头，如果没房子，大量与之相关的其他消费便无从谈起。目前全国存量房库存还比较大，需要长时间消化，因此要保持合理适度的住房消费。

尤其是在楼市调控"去行政化"和"趋市场化"的背景下，后续的楼市政策应该在巩固房地产市场理性、成熟发展的同时，更着重于维护楼市合理的消费需求，尤其加大对于自住型、改善型购房者的金融支持。只有这样，住房消费才会逐步扩大，房地产市场才会更加公开、透明，健康发展。

从根本上去除土地财政弊端

土地财政，是指一些地方政府依靠出让土地使用权的收入来维持地方财政支出，属于基金预算收入，属于地方财政收入的一种。中国的"土地财政"主要是依靠增量土地创造财政收入，也就是说通过卖地的土地出让金来满足财政需求。

我国土地财政的形成，从某种程度上说，是分税制和地方经济发展任务加重的结果。始于上世纪90年代的分税制，大大增加了中央财政的支配能力，促进了全国财政资金的有效使用和科学分配。

但弊端也已经显现：地方政府作为房地产市场的重要参与者，也拥有巨大经济利益。房价上涨与地方政府财政收入同向变化，符合财政收入最大化的原则。在这种情况下，以"运动员"身份行使房地产"裁判"权力，很难有公正、公平的裁决。

而且，土地财政与地方政府债务偿还资金高度绑定。据调查，我国81%的市级政府和50%的县级政府承诺以土地收入偿债。这样一来，土地出让收入下降势必危及地方政府债务如期偿还。正是土地财政与房价上涨、房地产开发企业经营效益以及地方政府债务偿还资金的高度绑定，使得地方政府有形之手干扰了楼市的正常波动。

因此，在土地财政的痼疾已是众所周知的情况下。关键在于，如何根据经济形势的要求减轻其负面性。

首先，从经济发展的历史脉络看，土地资源本就是经济增长的原始驱动力。特别是对于缺乏经济禀赋、难以形成特色产业、市场发育滞后的地方来说，依靠土地谋求发展一定程度上也是无奈之举。在经济发展多元化的现实面前，给土地财政去疾，关键不在于形成一刀切、大一统式的行政政策，而在于构建可以打通土地、金融、行政程序的制度环境，特别是法治环境，以提高对土地开发各个环节的刚性管理，让土地储备阳光化。

其次，落实现有农村集体土地使用权和房地产调控相关政策是当务之急。"在符合规划和用途管制前提下，允许农村集体经营性建设用地出让、租赁、入股，实行与国有土地同等入市、同权同价"是既定政策，对维护好农村集体和个人的利益、纠正厚此薄彼的土地利益分成格局意义重大。各方利益越平衡，土地开发的非制度性成本就越小，土地就越能发挥应有作用。此外，房地产调控也应从治标式的短线调控，转向治本式的长效调控，避免急功近利式的措施频繁改变市场预期，放大个别地方对土地的饥渴需求。

再次，优化央地关系、鼓励社会创新是重中之重。目前，中央政府财权较大、地方政府事权较多的格局依然存在。随着地方承担的支出义务持续上升，在不能迅速拓展稳定的财税来源的情况下，地方确实不得不依赖于土地收入。因此，一方面需要通过完善分税制等改革，让地方财权事权实现更高水平的统一，帮助地方获得稳定财源，降低土地收入在财政中的占比，另一方面需要进一步推动取消和下放行政审批、推进税收制度等改革，激发社会活力，以繁荣的民营经济弥补财政所需。

政策方向已经明确，土地财政去疾的条件已经成熟。只要按照十八届三中全会既定的改革方案，及时跟进、稳妥推进，土地财政依赖度的下降可期，地方财政结构的优化可期，而土地财政和地方债中包含的潜在风险，也可随着改革进程逐步消除。

因城施策　分类调控

2012 年国家对房地产调控的提法是"搞好房地产市场调控和保障性安居工程建设。进一步巩固调控成果，促进房价合理回归"。2013 年的提法则是"加强房地产市场调控和保障性安居工程建设。坚决抑制投机、投资性需求，抓紧完善稳定房价工作责任制和房地产市场调控政策体系，健全房地产市场稳定健康发展长效机制"。2014 年 3 月 5 日，李克强总理在《政府工作报告》中，提出了针对不同城市情况"分类调控"的新的调控理念：针对不同城市情况分类调控，增加中小套型商品房和共有产权住房供应，抑制投机投资性需求，促进房地产市场持续健康发展。

可以看出，中央政府对房地产市场的认识和判断以及调控理念都发生了重大转变。

房地产市场是一个区域性为主、扩散性为辅的市场，各地的社会经济发展及由此决定的房地产市场千差万别。由于市场分化已经比较明显，再出台全国"一刀切"的楼市调控政策已没有必要，全国"一帖药"的政策也无法适应各地的具体情况。因此，房地产分类调控思路更符合不同城市严重分化的现实。对房地产市场过热的地区，继续增加供应，抑制、遏制投资投机性需求，继续执行限购、限贷政策；对市场持续降温的地区，则要保持稳定，控制住宅用地供地规模，控制供应结构。

事实上，2014 年初，住建部在安排全年房地产调控的工作时，就明确要求北京、上海、广州、深圳四个住房市场供需矛盾较为集中的城市，要继续从严实施限购政策和差别化的信贷政策。同时要求房价下跌的城市重视消化存量，控制商品房新开发规模，控制预售许可审批进度。

可以预见，未来一些符合新型城镇化规划方向、刚需和改善型需求占主导的地方城市，在调控政策上有边际改善的可能和空间。另一方面，按照分类调控的原则，目前正在执行的限购政策、对二套及以上住房的限贷、禁贷政策，不会放松。其中北京、上海、广州、深圳执行政策或将更严格，房地产市场的"去投资化"、"去杠杆化"将是一线城市的调控主流。

建立和完善长效机制

2010 年的"国 11 条"、"国十条"，2011 年的"国八条"都可算是"重拳"，尤其是 2011 年 1 月出台的"新国八条"，曾祭出限购、差别化信贷和税收等"组合拳"，一度被称为"史上最严"。

但是，只有"重拳"是不够的。两年后，部分地区房价再现大幅上涨，房地产市场似乎陷入"越调越涨"的窠臼中，个中原因值得深究。

中国楼市不仅问题很多，而且成因复杂，投资投机盛行也不仅仅是因为缺少房产税，从楼市外部因素来说，货币发行多、投资渠道少，就会导致楼市投资投机盛行；从楼市内部因素来说，供需不平衡、结构不合理，也会导致投资投机出现。

看似严厉的调控政策，为什么"风声一过去，房价更高"？为什么本来极具杀伤力的调控措施，在执行过程中往往被消于无形？很大程度上是因为，调控政策的出台，因缺乏长效基础制度的支撑而无法发挥更大的作用。

　　所以，楼市的治本之策是制订长效机制，打出"组合拳"，这会涉及房产税、土地、住房保障、政府财税、投资渠道等方面的制度改革。从现有的情况看，中央对待房地产的态度已经从"强调调控"转为"建立长效机制"，对于现有的财税体制、土地政策、金融体制都会有所改革。从发展趋势来讲，限购会逐步宽松取消，经济手段、市场手段代替行政化调控手段和措施势在必然，限购等行政化措施会逐步退出，为楼市长效调控机制出台做铺垫。

　　这些长效基础制度包括：例如，土地供应与开发制度。加大土地供应的力度，保证土地实际供应量和供应结构的优化，对于面临土地供应缺口的一、二线城市来说，仍有较大的执行难度；例如，个人住房信息系统的建设与联网。可以全面地呈现出房屋所有权信息，有助于加强对未来市场的管理，调整房屋分配；例如，房屋持有环节的税收政策，房产税试点"扩军"阻力重重等。可以说，没有这些制度方面的根本突破，房地产调控就无法避免"越调越涨"的困境。

　　要实现楼市供需关系平衡运行，短期内仍将主要依赖于房地产调控政策，特别是限购令和差别化房贷政策的落实，长期来看，要通过长效机制的建立，对于过剩自住需求进行有效疏导。

　　所以，当前的房地产市场，既需要出"重拳"，加强调控，打击炒房投机等行为，更需要"长拳"，建立长效机制，保障制度的运行。先治标，后治本，才能既保障合理的住房需求，又保持房价的平稳运行。

附录一

人物专访

陈锡文：要冷静理智地分析当前城镇化水平[*]

"我觉得当前对中国实质性的城镇化进程的估计过高了。" 10 月 14 日，全国政协委员、中央农村工作领导小组副组长兼办公室主任陈锡文在接受本报记者采访时说。

在陈锡文看来，不能简单按照当前的统计数据来估计当前的城镇化进程。"按照统计局的统计，去年乡村人口是 6.7 亿，但是按公安部统计，农业户籍人口还有 9.6 亿"，陈锡文说。

在陈锡文看来，现在我们统计意义上的城镇化发展这么快，是把近 2.9 亿农业户籍人口算在城镇常住人口里的结果。"要真正完成这一部分流动人口的市民化进程，还有很多的工作要做。"陈锡文说。

陈锡文告诉记者，他在成都市调查的时候，成都市算了一笔账，如果一个农民真正变成市民，一个人大概需要 20 万元。而根据北京市昌平区的经验，则需要 30 万元。

---

[*] 收录在《附录》中的文章标题有改动，作者均为牛建宏；本文原载《人民政协报》2011 年 10 月 21 日。

"如果3亿人变成城里人，一个人20万至30万元，那就是60万亿元到90万亿元。"陈锡文说。正是这样的原因，在城镇化推进过程中，一方面大家欢欣鼓舞，另一方面又忧心忡忡。

关于城镇化速度的判断，对当前的农村政策带来了非常大的影响。"很多地方折腾农民的地、折腾农民的房。"陈锡文说。

陈锡文告诉记者，一些地方城镇化推进的方式，基本上还是要"地"不要"人"，把农村的地圈进来了，但是真正的户籍人口其实没有增加，把农民挡在城门之外。陈锡文将此称之为"土地的城镇化"。

陈锡文表示，新农村建设中，把村庄搞干净整洁是必要的，但如果将农民集中起来"上楼"，只是为了把土地指标置换到城里来，那么可能事与愿违，结果不见得好。

陈锡文建议，应该强调大中小城市、小城镇协调发展，产业结构要适当科学布局，让经济增长重心更多地往中西部地区、往县和县以下地区转移、下沉，以便于农民就地就近转到非农产业，转入到城镇，对农民、对整个工业化的成本都会更低一点。

陈锡文建议，要更多地关注中小城市、小城镇和县域经济的发展，推进低成本的城镇化，不要把矛盾都集中到大中城市去。同时，稳定党在农村的基本政策。

陈锡文认为，在农村基本政策上，当前争议最大的问题就是农业的经营主体问题。农业的经营主体到底是农户，还是大公司大企业？陈锡文认为，现在各地不少地方推崇大公司、大企业长时间大面积承包租赁土地，长期来看，对粮食生产稳定发展、农村社会结构的稳定和农村基层民主政治的发展带来的影响难以预料。

陈锡文认为，要顺应农业本身的发展规律，坚持农户的经营主体地位，农民能干的事要让他自己干。同时大力发展农民合作经济组织，加强社会化服务体系建设，把农民解决不了、解决起来不经济的问题解决好，不断优化农户经营的外部环境条件。

"如果农民土地进了城，但失去了土地，又没有变成市民，可能会积累越来越多的社会矛盾。总之，城镇化宁可慢一些，也要扎实一些。"陈锡文说。

刘志峰：房地产业发展模式将发生转变 *

"我们看待房地产调控，不能局限于房地产业本身，而要立足经济社会发展全局，'跳出房地产看房地产'；不能只顾眼前，而要着眼于房地产业的长期持续健康发展。"全国政协常委、中国房地产业协会会长、中国房地产研究会会长刘志峰对本报记者说。

在刘志峰看来，目前调控效果开始显现，但必须看到，房价回稳的基础并不牢固，制约投机投资性购房需求的制度机制还未建立，房地产业与国民经济良性互动、协调发展的格局还未形成。

刘志峰认为，随着调控的深入，房地产业发展模式将发生转变，总的趋势就是由重规模速度扩张转向重质量效益发展。刘志峰将其分为三个趋势：

第一个趋势就是由单一的土地开发模式转向高附加值的全产业链服务，企业会更加重视对产业链上资源优化整合，兼并重组、战略协作、优势互补成为常态；第二个趋势就是由单一的房地产开发转向多元化的跨产业经营，房地产业与金融、能源、商业、旅游、工业园区、文化、科技等其他产业加速融合，一业为主，多业并举；

第三个趋势就是由高消耗高排放的粗放式发展模式转向绿色低碳发展。在节能减排国家战略要求和日益严峻的资源环境约束下，

---

* 本文原载《人民政协报》2012 年 02 月 17 日。

房地产业走绿色发展之路是大趋势。

"宏观调控并不意味着行业发展的停滞，房价回归也不代表产业下行。恰恰相反，在未来 10 到 20 年时间里，房地产业还有很大的发展空间。"刘志峰强调，中国经济的持续发展需要房地产业，中国的城市化离不开房地产。

对于当前房地产企业面临的问题，刘志峰认为，没有垮掉的行业，只有垮掉的企业。

"对于房地产企业而言，调控既是挑战，也是机遇。企业发展面临困难，既有调控政策的影响，也有发展战略不对、经营管理不善的因素。"刘志峰说。

刘志峰建议，开发企业要从企业实际出发，根据国家产业政策和市场变化，明确企业发展战略，积极参与保障性住房建设，加快推进资源整合，加大推广低碳技术，提高产品质量，提升企业品牌，提高抗风险能力和竞争力。

"总之，要顺应形势发展要求，自己转，主动调，在转型创新发展上花大气力、下真功夫、求真实效。如此，企业就会获得更大的发展空间，就会度过寒冬，迎来春天。"刘志峰说。

仇保兴：中国有能力、有机会避免房地产泡沫*

"我们应该从现在开始对那些房价收入比不合理的城市采取微调的办法，逐步降低房价收入比，然后平稳过渡，使得城镇化末期不出现房地产泡沫。中国有能力又有机会拿时间换空间，避免房地产泡沫。"在 3 月 7 日的经济界小组联组讨论会上，全国政协委员、住

---

*　本文原载《人民政协报》2014 年 03 月 15 日。

房和城乡建设部副部长仇保兴对房地产问题"发声"，直指未来房地产调控方向。

在仇保兴看来，房地产演变有个过程，是伴随着城镇化的过程。规律显示，在城镇化末端的时候，进城人口突然减少，需求随着减少，这个过程是相当快的，如果没有应对、准备，房地产市场就会迅速萎缩，出现"越涨越慢，越跌越快"的趋势。当初拉美国家是如此，日本也是如此。

"我们还有 10 年的稳定期，到城镇化的末期至少还有 10 到 15 年，在这个期间，房地产市场整体上不会出现问题。"仇保兴说。

仇保兴指出，国务院总理李克强 3 月 5 日在政府工作报告中提出，针对不同城市情况分类调控，增加中小套型商品房和共有产权住房供应，抑制投机投资性需求，促进房地产市场持续健康发展。"加上标点符号一共用了 56 个字，为以后房地产的调控指明了方向。"仇保兴说。

关于"针对不同城市情况分类调控"，仇保兴表示，中国目前的房地产市场分化严重，房价收入比超过 10 的城市大概有七八个，房价收入比超过 8 的城市近 20 个，前述城市的房地产风险较大，需要进行降温。

"但是剩余 600 多个城市中的相当一部分房地产市场较为疲软，有些地方甚至出现空城，所以应该分类调控，不应该是一刀切的办法。"仇保兴说。

就此，仇保兴建议，就分类调控的手段而言，能局部调控就不要整体调控，调控手段对整体影响越小越好；能用经济手段调控就不用行政手段；能由城市调控就不要由中央政府调。

关于"增加中小套型商品房和共有产权住房供应"，仇保兴认为，这属于协同调控，官民协同调控。增加共有产权，有利于扩大公民的参与度，加强民众对房屋质量的监督，亦有利于向市场调节转化。

关于"抑制投机投资性需求",仇保兴认为,房价上涨过快,基本上是因为投资投机需求没有得到有效控制,"北京上海流行一句话,买对一套房,生活质量拉开1个档次;买对两套房,拉开两个档次。百姓这个经验是非常有害的。"因此,仇保兴建议,减少或停止对第二套以上住房的贷款,从而去杠杆化,进一步降低市场的风险。

仇保兴还建议,通过房地产税来增加投机者持有住房的成本。除了房产税之外,还可以借鉴国际经验,在消费税、空置税等税种上做文章。"必须让房地产回归居住的基本功能,减少投机。"仇保兴说。

赖明:推动建筑节能要出台系统的激励政策 *

"要通过财政补贴、税费减免、低息贷款、能源合同管理等激励手段,解决绿色建设经济外部性问题。"全国政协常委、九三学社中央副主席赖明对本报记者说。

赖明告诉记者,我国既有建筑达400多亿平方米,同时每年新建16–20亿平方米,然而,我国建筑95%以上是高耗能建筑,发展绿色建筑的节能减排潜力巨大。"十一五"期间,建筑节能承担了我国全部节能任务的20%,如果切实执行50%的节能标准,局部地方执行65%的节能标准,到2020年,能节约3.54亿吨标准煤。

在赖明看来,绿色建筑投入低、比较效益高。同时,绿色建筑技术相对成熟。"高能效比的设备、太阳能热水装置、节能型家用电

＊ 本文原载《人民政协报》2012 年 02 月 21 日。

器和能源管理体系等均是成熟的建筑节能技术。"赖明说。

赖明认为，建筑行业的"用能锁定"特性，决定了目前城乡建设高投入、高消耗、低产出的粗放发展模式，将导致建筑能耗快速增长，建筑将超越工业等其他行业成为未来 20 年用能的主要增长点。

因此，赖明建议，制定发展阶段性目标，明确到 2012 年绿色建筑在新建设建筑中应达到的刚性比例；同时将发展绿色建筑纳入政绩考核目标。

而在激励政策方面，赖明建议，建立民用建筑能耗定额、超定额加价等强制制度，实施"节能量购买"等激励政策；加大节能改造财政补贴力度，对建造绿色建筑的企业，减免部分营业税、所得税。

"建议对绿色建筑减免房改基金和减收水资源建设费、垃圾处理费、电增容费等配套费用以及交易税费，对达到节能能效标准的建筑返还固定资产投资方向调节税。"赖明说。

例如，可以细化建筑涉及收费标准，改变以建筑类型进行分类"一刀切"的收费标准，增加绿色建筑的收费专项，并对绿色建筑设计费用实施税收减免。

赖明还建议，各级政府应在每年住宅建设计划中安排一定比例的产业化住宅；同时，将房地产开发和室内装修业结合起来，强力推进新建住宅一次装修到位或菜单式装修模式，促进个性化装修和产业化集成相统一，以有效减少建筑垃圾和资源浪费。

赖明还建议，逐步在地级以上城市全面建立国家机关办公建筑和大型公共建筑能耗统计、能源审计、能效公示、能耗定额和超定额加价制度，加快节能改造，加强监督检查，强化监管体系建设，出台相应的惩罚细则。

谢家瑾：把握行业发展方向　营造和谐物业管理环境*

近日，中国物业管理协会第二次会员代表大会在北京召开，建设部总经济师、中国物业管理协会会长谢家瑾作了题为《抓住机遇迎接挑战共同推进物业管理行业的持续健康发展》的工作报告，介绍了当前物业管理行业的发展进步，深入分析了当前行业面对的主要问题和原因，并对新时期行业发展方向提出了自己的看法。

物业管理行业发展迅速

"随着住房制度改革的深入和住房商品化的推进，以及城市化进程的加快，近几年，我国物业管理呈现前所未有的发展速度，取得了一系列可喜的成绩，为全面建设小康社会和构建社会主义和谐社会作出了积极贡献。"谢家瑾说。

为谢家瑾这句话做佐证的，是近几十年来物业管理行业规模不断壮大，管理领域继续拓展，服务质量逐步提升，竞争机制逐渐形成，法治环境得到优化，行业作用日益显现，职业队伍正在形成，物业管理渐入人心。

据不完全统计，截至 2005 年底，全国实行物业管理的房屋面积超过 100 亿平方米，物业管理覆盖率已接近 50%，北京等较发达城市的覆盖率达 70%，深圳、上海已达 90% 以上。上述 3 座城市物业管理企业创造的产值已占当地国民生产总值的 2% 左右。全国物业管理企业已超过 3 万家，其中一级资质企业 300 多家，从业人员超过 300 万人。

＊ 本文原载《中国建设报》2006 年 09 月 04 日。

谢家瑾介绍，20多年来，物业管理服务领域由小到大，不断拓展。从外销商品房到内销商品房，从普通商品房到房改房和老旧小区，从住宅物业到办公、工业、医院、大学和商业物业，从小型配套到大型公建，从单一类型物业到综合性物业，从纯市场化的物业服务到机关、企事业单位后勤社会化的物业服务。如今，物业管理已经拓展到不动产管理的所有领域。物业管理行业正经历从粗放型向集约型服务模式的转变。

"在经济发达的大城市，越来越多的业主对物业管理从被动接受转化为主动参与，越来越多的建设单位认识到自身在前期物业管理中的特定身份和责任义务，积极设法为物业管理创造良好的外部条件。"谢家瑾说。

与此同时，《物业管理条例》实施以来，物业管理招投标项目的数量显著增加，并从居住物业为主，推广到其他各类物业；招标主体从建设单位扩大到业主大会、国家机关和企事业单位；许多中小城市也开始了物业管理招投标的尝试。随着"谁开发、谁管理"垄断模式的打破和分业经营的推行，公平、公开、公正的市场竞争机制在逐步形成。

问题和矛盾不可避免

物业管理行业在快速发展的过程中，也遇到诸多的困难和压力，暴露出一系列的问题和矛盾。谢家瑾把这些问题归结为六个方面：行业公信受到质疑；相关主体矛盾频发；有关制度尚待落实；市场机制有待完善；执法困境没有解决；行业风险日益加剧。

谢家瑾说，《物业管理条例》的颁发已经3年时间，但部分省、市物业管理政策法规的立、改、废工作仍显滞后，目前沿用的法规有不少与《条例》精神相左，给物业管理的和谐推进带来困难。一些企业没有认真学习和贯彻《条例》确立的各项制度，有的经理对

《条例》的有关精神吃得不透，理解有偏差，至今仍然固守多年的习惯做法，运作中越位和错位的问题比较普遍。

谢家瑾说，虽然目前全国的大中城市已普遍推行前期物业管理招投标制度，但绝大部分是邀请招标，部分项目还存在陪标现象，市场竞争尚不充分。此外，由于部分物业管理企业尚不具有独立的缔约和竞价地位，物业管理资源配置的市场程度相对较低，公平竞争流于形式的现象依然存在。一段时间以来，一些地方还存在部分企业一窝蜂挤进市场争夺项目，形成恶性竞争。

据谢家瑾介绍，在《物业管理条例》及其配套政策的执行过程中，遇到许多困扰和阻力。部分垄断行业的强势地位，以及有关的协调工作力度不够，使得一些地方供电、供水等部门至今没有按照《条例》规定向最终用户收取有关费用，转嫁收费风险给物业管理企业的状况在很多城市依旧无法得到彻底改变。另外，建设单位的前期开发遗留问题不仅使物业管理企业承担了许多开发的滞后成本，而且加大了管理和收费的难度，加之近几年物业服务收入增长的客观限制和物业服务成本的刚性增长，使物业管理行业的平均利润率不断下降，一些企业处于亏损局面。

把握行业发展方向的"六剂良药"

谢家瑾认为，现阶段物业管理行业之所以问题和矛盾频繁出现，客观上看，行业的快速发展，使得物业管理面对的群体越来越大，矛盾自然随之增多。主观上分析，行业服务品质的提高和行业自律的力度还亟须加强。此外，应该看到这些问题的背后，实质上也揭示了住房制度改革的深入和房地产市场化中存在的深层次的社会矛盾。

谢家瑾认为，这些矛盾的形成主要是因为以下原因：

观念差距依然明显。与市场经济和物业管理发展更为成熟的国家和地区相比，我们的物业管理观念依然存在较大差距。

制度设计存在局限。如业主大会和业主委员会的法律地位设计上存在的局限性，物业管理企业运作不规范，以及业主自律的机制也不够完善。

责任边界需要界定。据了解和分析，行风测评中反映的问题有一半以上本不属物业管理，但由于责任边界不清和宣传解释乏力，使得物业管理代人受过现象时有发生。

服务理念亟待加强。相当一部分物业管理企业至今仍然以管理者自居，没有准确把握服务业主的自身定位，使得物业管理的服务特征被淡化。

队伍素质参差不齐。物业管理是新兴的行业，人才储备基础薄弱，从业人员队伍建设远远滞后于行业的发展，尤其突出地表现在称职的职业经理人匮缺，现有部分管理人员与承担的任务不相适应，职工队伍的专业技能培训也跟不上行业发展。

行业自律有待提高。目前的物业管理行业仍过分依赖于行政监管，行业自律机制仍未完全建立起来，行业自律的社会化和专业化程度依然较低。

为准确把握物业管理行业发展方向，营造和谐的物业管理环境。谢家瑾开出"六剂良药"：一，准确把握行业定位。在物业管理活动中，物业管理企业既不是建设单位的隶属和依附，也不是业主的"仆人"或"保姆"；既不是凌驾于业主之上的"管理者"，也不是逆来顺受的"受气包"；既不能不负责任地推诿敷衍，也不能毫无原则地大包大揽。二，理性认识行业特征。物业管理从业人员只有把握行业特征，才能时刻放平心态，多从业主的角度看待和解决问题，通过亲情、友善、专业的服务，让客户感到受欢迎、受尊重、受呵护、受照顾，由此建立良好的客户关系。三，切实端正服务思想。要摆正服务业主的位子，切实转变"管理者"的角色，强化服务意识，尊重、关爱、善待业主。四，清晰界定企业责任。五，全面提高队伍素质。六，正确引导舆论宣传。

建设部住宅与房地产业司有关负责人：
进一步完善廉租住房制度*

最近，建设部下发了《关于城镇廉租住房制度建设和实施情况的通报》，就当前廉租住房制度建设及实施情况、廉租住房制度覆盖面情况、城镇最低收入家庭住房状况调查情况等进行了通报。

为进一步了解城镇廉租住房制度的建设及实施及如何进一步推进廉租住房制度建设，记者专门采访了建设部住宅与房地产业司有关负责人。

记者：一直以来，城镇廉租住房制度是人们关注和讨论的重点之一，但从人们的讨论的内容来看，又往往对城镇廉租住房制度缺乏明确的认识，您能介绍一下什么是城镇廉租住房制度吗？

有关负责人：城镇廉租住房制度是社会救助制度的组成部分，它以财政预算为主，通过实物配租、租金减免及租赁补贴等方式，改善最低收入家庭居住条件。城镇廉租住房制度是改善最低收入家庭居住条件的主要途径。廉租住房制度对廉租保障的对象实行申请、准入及退出的管理办法，确保政府有限资源真正落实到最低收入家庭。

记者：您能不能详细介绍一下当前城镇廉租住房制度的实施

---

* 本文原载《中国建设报》2006 年 04 月 05 日。

情况？

有关负责人：党中央国务院一直高度重视城镇廉租住房制度的建设，出台了一系列有关文件和管理办法，明确了城镇廉租住房制度建设的有关问题，大大推进了城镇廉租住房制度的建设。这几年来，各地结合本地实际情况，进行了有益探索，取得了积极进展，主要表现在：廉租住房工作全面启动，如《通报》显示，截至 2005年底，291 个地级以上城市中，已经有 221 个城市实施了廉租住房制度；廉租住房管理不断完善，许多城市建立了申请、审批、公告、登记、轮候和退出制度；逐步实行以租金补贴为主，实物配租为辅的保障方式；多渠道筹集廉租住房资金，廉租住房政策覆盖面逐步提高。如通报显示，截至 2005 年底，全国累计用于最低收入家庭住房保障的资金为 47.4 亿元，已有 32.9 万户最低收入家庭被纳入廉租住房保障范围。

记者：《通报》同时也指出，廉租住房制度建设还存在一些突出问题，如部分地区对廉租住房制度建设重视不够等，您认为还有哪些问题？

有关负责人：廉租住房制度建设确实还存在一些突出问题，主要表现在：一是部分地区对廉租住房制度建设重视不够，如目前仍有 70 个地级以上城市没有建立廉租住房制度。二是资金来源不稳定，财政资金投入不足，大多数城市没有将廉租住房资金列入财政预算。三是廉租住房政策受益面较小，如各地通过廉租住房解决住房困难的家庭占符合廉租住房条件的家庭比重偏小，一些符合条件的最低收入家庭不能及时得到保障。四是有的城市廉租住房工作刚刚起步，部分城市尚未建立严格的申请审批程序，缺乏对廉租住房保障对象的动态管理，没有实施严格的准入及退出制度。

记者：今后我们应该如何解决存在的一些问题，进一步完善城镇廉租住房制度，加快推进廉租住房制度建设？

有关负责人：建立完善的住房保障体系，改善居民的居住条件是构建社会主义和谐社会的重要方面，建设部将会同有关部门切实履行职能，加快推进廉租住房制度建设。要加强廉租住房规范化管理，建立严格的准入退出机制，如制定《廉租住房规范化管理实施意见》。要建立长期、稳定的资金来源途径。如启动政策性贷款，用于廉租住房建设及收购用于实物配租的小户型、低价位的存量住房。要健全住房保障法律法规，将现有的住房保障政策予以整合，进一步完善住房保障体系。要完善廉租住房住房保障方式，扩大廉租住房覆盖面，重点解决"夹心层"住房等。

与此同时，要落实现行政策，落实廉租住房住房保障目标责任考核制度，落实以政府预算为主、多渠道筹措资金的政策，确保必要的政府投入，逐步扩大廉租住房的覆盖面。要严格执行《城镇最低收入家庭廉租住房申请、审核及退出管理办法》，保证廉租住房工作公开、公正、公平。要完善廉租住房政策，没有出台廉租住房管理办法的市、县年内必须出台。

北京市国土房管局负责人：
让低收入家庭住上称心廉租房 *

2002 年 11 月 1 日，北京市广渠门北里 3 万平方米的廉租住房破土动工，新建的廉租房将主要用于烈属、伤残军人等优抚对象家庭的实物配租。北京市委、市政府的这一关心弱势群体的"德政工

＊ 本文原载《中国建设报》2002 年 11 月 15 日。

程"，被列入北京市 2002 年直接关系群众生活的 60 件实事之一。廉租住房也成为人们关注的一个话题。为此记者采访了北京市国土房管局有关负责同志。

自 2001 年《北京市城镇廉租住房试行办法》实施以来，目前北京市廉租住房管理工作已经建立起一套完整的市、区、街三级管理，房管、民政、财政、街道办事处各部门配合实施的多层次管理框架。尤其是财政部门建立了稳定的资金来源，两年来为廉租住房拨专款 2000 多万，今年还将提供 8000 万的资金，配租实施工作进展顺利。

"城镇廉租住房是政府（单位）在住房领域实施社会保障职能，向具有本市非农业常住户口的最低收入家庭和其他需保障的特殊家庭提供的租金补贴或者以低廉租金配租的具有社会保障性质的普通住宅。这项制度的建立是政府义不容辞的责任和不可缺位的职能，是城镇住房新体制的重要内容。"北京市国土房管局局长苗乐如对记者说。

苗乐如介绍，广渠门北里廉租房建设项目从设计到建设、监理均采用招标方式。为确定设计方案，市政府组织召开了廉租住房建设论证研讨会，充分听取了部分市人大、政协委员及有关专家等社会各界的意见。7 月 4 日由建设部住宅和房地产业司、市国土房管局、财政、规委等有关职能部门及建设部设计研究院、清华规划研究院等专家组成的评委会，对六家设计公司的设计方案进行评标论证，最后确定了北京天中建筑设计有限公司的方案。该方案充分体现了以人为本的设计思想，整体工程设计"凹"字形，南北向和东西向采取内廊式设计，充分考虑到对日照和护城河景观的利用。402 套住宅均为小户型，针对廉租家庭中行动不便的残疾人及老年人较多的实际情况，对南向靠近电梯位置安排了无障碍住宅设计，其户门位置走道宽度足以使轮椅通行回转。小区内廉租房底部建有小型超市、医疗、老年活动中心等配套设施，周围设有残疾人坡道及电梯，为廉租家庭生活提供方便。另外该设计在通风、隔音、隔热等方面也有许多周到之处。

市国土房管局住房指导处的负责人对记者说，为使最低收入家庭的住房困难得到更快的解决，他们下一阶段将采取一系列措施，进一步完善廉租住房政策，如出台拆迁地区租金补贴还贷购房政策，用廉租住房租金补贴为廉租家庭支付部分贷款购房资金，以解决拆迁户购房问题；调整城八区低保家庭申请廉租住房需要"连续享受本市城市低保待遇一年以上"的规定；加大宣传力度，使更多的低保家庭了解实际政策，同时扩充有效房源，解决廉租家庭住房问题等。相信不久的将来，更多低收入家庭都将住上称心如意的廉租房。

孙继业：四剂良方治圈地*

民以食为天，食以土为本。土地是农民的命根子。随着我国工业化和城市化进程的快速发展，一些地方兴起了新一轮的"圈地运动"。不少失地农民沦为"种田无地、上班无岗、低保无分"的"三无"人员，生活面临严峻挑战。失地农民的出路问题，已成为社会关注的一个焦点。两会期间，记者就这个问题采访了全国政协委员、山东省监察厅副厅长孙继业。

据孙委员介绍，去年他就城市化建设中出现的四大不良风气递交了提案，其中就包括"圈地风"。他说，在去年全国全面整顿土地市场秩序的清理工作中，发现全国有各类开发区5658个，其中违规设立的就有2046个。目前我国已建成高尔夫球场176个，其中只有一个经过审批。每个标准球场至少占地70公顷，有的竟达6600多

---

* 本文原载《中国建设报》2004年03月12日。

亩。大量农村土地被征用，耕地流失现象严重，近几年每年流失土地 1000 万亩以上，2002 年达到 2500 万亩，2003 年竟达到 3800 多万亩。

孙委员列举了现在土地市场主要存在的问题：一是现行征地制度不符合市场经济规则。政府运用计划经济手段低价征用农民的土地，然后运用市场经济的手段，高价卖给用地单位，从中获得高额垄断利润，这也是"圈地"之风屡禁不止的一个重要原因。近几年，有些地方政府打着"经营城市"的改革旗号，提出了类似"经营土地"、"以地生财"、"以地聚财"的口号，有的地方甚至还层层下经营土地收入任务考核指标，使"圈地"之风愈演愈烈。据统计，自改革开放以来政府通过征地方式从农民那里拿走了 2 万个亿。二是征地补偿标准不合理。现行的补偿标准没有考虑土地的增值因素，一次性补偿为"平均年产值的六至十倍"，难以解决农民的后顾之忧，更有甚者，有的地方为招商引资，竞相压价甚至以"零地价"出让土地，这种"政府请客，百姓买单"的做法严重损害了农民利益。三是征地补偿金的分配不合理。被征地农民获得的经济补偿十分有限。据调查，失地农民每亩地获得的经济补偿只占土地征用价格的 5% –10%，村集体占 25% –30%，60% –70% 为政府及部门所得，而从征用价到出让价之间所生成的土地资本巨额增值收益，则大部分被中间商或地方政府获取。农民实际得到的补偿费极低，就连这少得可怜的一点补偿费用有的地方竟然出现克扣、拖欠现象。四是失地农民的就业、养老失去保障。

孙委员开出解决土地市场问题的四剂良方：第一，改革现行征地制度。目前通过国家征收、行政干预来实现市场行为的商业目的的做法，严重背离了公共利益的本质，损害了失地农民的利益，不符合统筹城乡发展的精神。第二，提高征地补偿标准。据商业保险测算征地社会保障价值最低不能低于 3.2 万元，否则农民的安置费

用不足以保障他们的最低生活保障水平。第三，建立失地农民基本
生活保障制度。应改一次性补偿为社会保障，建立失地农民的最低
生活保障制度和养老保险制度，可以将征地补偿费直接作为社会保
障资金的主要来源，采取"个人交一点，集体补一点，政府贴一点"
的方式共同筹集社保资金。第四，依法保护失地农民的利益。尽快
建立健全有关失地农民社会保障的法律法规，依法保障失地农民享
受社会保障待遇的权利，明确待遇标准，运用法律的强制力量，保
护失地农民的权益。

柴强：调控政策的落实是关键*

"对于出台的房地产市场调控的政策措施，要放到整个经济社会
发展的高度，一些问题才容易看得清。"在采访的开始，中国房地产
估价师与房地产经纪人学会副会长兼秘书长柴强博士对记者说。

柴强博士认为，过去几年，我国煤、电、油、运等开始全面紧
张，经济出现了过热苗头，为预防经济过热和可能出现的房地产泡
沫危及金融安全，同时保护有限的耕地资源，减少征地拆迁规模过
大引发的社会矛盾，当时国家主要从供给方面采取了土地、信贷
"双紧"政策，抑制房地产开发投资过快增长。

在需求方面，随着1998年以后停止住房实物分配，把住房培育
成新的消费热点，以及居民收入的持续增加，激发了人们空前的住
房消费热情，外加投机炒作和投资需求等，导致住房需求旺盛。

在供给受限，需求旺盛下，房价持续快速上升。但过高的房价
及房价上涨过快，既不利于房地产业持续稳定健康发展，也不利于

---

* 本文原载《中国建设报》2006年06月14日。

中低收入居民解决住房问题，从而可能影响社会稳定。为此，去年中央及建设部等部门主要从需求方面着手，出台了一些抑制不合理住房需求的调控政策，收到了一定效果，房价上涨过快的势头初步得到抑制。

柴强博士说，房价无论是上涨过快，还是大幅度下降，对经济发展和社会稳定都是不利的。但影响房价的因素十分复杂，要把房价涨跌"驾驭"在适度的范围内是很困难的，没有现成的经验可以借鉴，只有根据房地产市场发展变化情况采取相应的政策措施，政策措施出台后观察房地产市场的反应这种"互动"的方式。这次国务院办公厅转发建设部等九部门《关于调整住房供应结构稳定住房价格的意见》（以下简称《意见》），就是在观察前一段时间调控政策措施对房地产市场影响的基础上，总结经验，根据房地产市场的新情况、特别是少数城市房价上涨过快，及时出台的。

"社会上有不同的反响是很正常的"

针对《意见》发布以后，社会上出现了一些质疑甚至批评的声音，柴强博士认为，任何一项政策措施的出台都不可能让人人满意，在现代社会，有不同的声音是很正常的现象。

如针对一些房地产开发商对《意见》规定"套型建筑面积90平方米以下住房（含经济适用住房）面积所占比重，必须达到开发建设总面积的70%以上"的质疑，柴强博士认为，住房建设必须充分考虑我国人口多、土地少的基本国情和建设资源节约型社会的要求，从理性消费的角度来看，够用即可，不应盲目追求大面积，而应注重住房品质功能的提升。现在一般为三口之家，90平方米建筑面积，如果设计布局合理，基本能够满足正常需要。在许多发达的国家和地区，新建住房的面积平均在80至100平方米之间。

"所以此次政策制定90平方米是基本符合实际的，尽管带有一定的行政色彩。我估计，用不了几年，在人们的消费理念成熟之后，是会接受这一比较合理的消费面积的，特别是物业税之类的房地产保有环节的税收出台之后。"柴强博士说。

柴强博士认为，现在人们在购房上有一个突出的现象就是超前消费，以至于一些人成为"房奴"。过分的住房超前消费，就像以前农村的婚嫁一样，婚前借钱，买东西摆阔，婚后还债。所以，我们要倡导一种理性消费，要与自身经济支付能力相适应。此次《意见》的出台，就是要引导人们购买90平方米以下的住房，特别是为中低收入家庭考虑。《意见》规定"对购买住房不足5年转手交易的，销售时按其取得的售房收入全额征收营业税"，有人持有不同意见。柴强博士认为，将过去的2年延长为5年，主要是抑制投机炒作，鼓励自用性需求。对于那些真正购房自住的，住用时间一般会超过5年才可能升级换代，所以不会有什么影响，真正受影响的是倒买倒卖者。这与积极发展住房二级市场也没有矛盾，因为大量的存量住房是通过房改购买的，大多已超过了5年。

"对市场和价格的影响关键在于落实"

柴强博士认为，推测一项调控政策措施的出台将会对房地产市场和房价产生怎样的影响，首先应分析它将对房地产的供给和需求会有什么影响。《意见》的出台，肯定会对房价有影响，从理论上说，如果《意见》提出的政策措施执行到位的话，对稳定房价会有积极的作用，但具体的结果如何，还需要经过一段时间的观察。

柴强博士说，单就"套型建筑面积90平方米以下住房（含经济适用住房）面积所占比重，必须达到开发建设总面积的70%以上"这一政策措施来看，90平方米以下的住房供应量会增加，从而这部分住房的价格会相对稳定，甚至可能出现适度的回落。而如果受土地供应等的限制，在住宅建设总规模不能增加的情况下，则90平方米以上的住房供应量会减少，从而可能导致该部分住房的价格上涨。

柴强博士认为，已有的调控政策措施能否及时落实到位，是目前的关键所在。政策措施的落实主要在地方政府，这就需要地方政府站在经济全局上来考虑问题，加强思想认识；同时中央要从微观动力机制入手，改变对地方政府的考核标准。

另外，房地产开发商是以追求利润最大化为目标的，政府在制定政策措施时，也要考虑到房地产开发商的动力因素，通过一些经济手段引导他们加快住房建设，使他们在追求利润最大化的同时，也能满足社会的需要，达到两个目标的统一与和谐。如果地方政府和房地产开发商等待观望，将会影响到住房的供给，从而不利于稳定住房价格目标的实现。

顾云昌：2011 楼市基本稳定*

"为什么我们的房价调来调去还是往上走？"或许是知道这是记者最关注的问题，一开始，中国房地产研究会副会长顾云昌就直截了当地把这个问题提了出来。

在顾云昌看来，中国房地产调控失效有三个原因，第一个原因是"两个不足"，即供应总量不足，保障房不足。第二个原因是"两个过"，即"流动性过剩"和"贫富差距过大"。第三个原因是"两个缺乏"，即投资渠道缺乏和舆论引导缺乏。

正因为调控的艰难，顾云昌也不禁发出这样的感叹："试问有哪个行业像房地产行业调控这么频繁，力度这么大？没有过。"

在顾云昌看来，这一轮调控的重点是三方面：一是抑需求。打

---

* 本文原载《人民政协报》2011 年 01 月 11 日。

压了房地产的泡沫。二是增供给。过去的调控从未提及到增加供应。而此次则是增供土地，打击囤地。三是调结构。政府加大保障房供应力度、加快棚危房改造、大力发展公租房，合理调整保障房和商品房的结构，建立完整的供应体系。

"随着限购、限贷、改税等政策出台，通过一系列措施，调控效果还是明显的。目前的调控是'挤泡沫'的过程。"顾云昌说。

为顾云昌的话做例证的是，纵观 2010 年全年，中国的房价并没有出现过快上涨。2010 年 4 月以前，房价环比上涨 1.4%，5 月调控开始，房价环比上涨 0.2%，6 月环比下降 0.1%，7、8 月环比持平，9 月环比上涨 0.5%，10 月环比上涨 0.2%，11 月环比上涨 0.3%，2010 年全年房价都保持稳定增长，因此，从这点讲，调控成果是显现的。

顾云昌认为，对 2011 年房地产市场的预测，有三大可能。

"首先是楼市强烈反弹。现在看来强烈反弹的可能性越来越小。"顾云昌分析，从土地看，2011 年国家土地供应增加到 18.5 公顷，政府将严厉打击囤地、捂盘现象。由于供求关系，明年市场会有变化。

"第二种可能是楼市严重下挫。我认为这种可能性也不大。"顾云昌分析，在中国有"地债"压力，如果房地产市场严重下挫，土地卖不出去，地方政府不愿意，会向中央政府制造很多麻烦，随之银行风险就会出现。

"第三种可能，是我的预测，就是房地产市场在 2011 年会基本稳定。销售量稳中有升，房价保持平稳。"顾云昌说。

顾云昌认为，调控的长远目标就是要合理价位，要把调整结构作为房地产市场健康发展的最重要环节。我们不能盯住商品房价格，要盯住结构调整，盯住保障房。

顾云昌建议，解决住房问题的根本出路，就是要使保障房和商品房的结构合理，这才是调控房价的重要目标。为了中国的房价平稳、经济发展，我们最主要的社会目标就是要把保障房做足，把公共租赁房作为解决夹心层的主要方法。

刘洪玉：住房保障制度要全面落实*

国务院办公厅转发建设部等九部门《关于调整住房供应结构稳定住房价格的意见》后，各界人士对此都表示了极大的关注，为此，记者专门采访了清华大学房地产研究所所长、博导刘洪玉教授。

记者：此次国务院转发建设部等九部门《关于调整住房供应结构稳定住房价格的意见》（以下简称《意见》），有人认为它是一剂"猛药"，是对房地产市场的一次有效干预，您如何评价？您认为它将对当前的房地产宏观调控起到怎样的作用？

刘洪玉：自2003年以来，努力实现房地产市场总量基本平衡、结构基本合理、价格基本稳定，一直是房地产市场宏观调控工作的目标。随着对这些目标的理解以及对房地产市场运行规律的认识不断深化，及时推出一些更加具有可操作性的政策措施，是很自然的事情。从这种意义上来说，国家对房地产市场宏观调控的相关政策是前后连贯的，并不能被认为是一剂"猛药"，只是增加了调控的量化指标和措施的可操作性。说此次《意见》的出台是对房地产市场的一次有效干预还为时过早。但只要《意见》中的政策措施得到认真的贯彻执行，至少能在改善新建住宅供应结构、降低每套住宅总价、提高城市居民尤其是中低收入家庭对新建住宅的支付能力方面，取得预期的效果。

---

* 本文原载《中国建设报》2006年06月06日。

记者：《意见》发布以后，引发的各界反响比起上一次调控显得更为猛烈，从种种观点可以发现，质疑甚至批评的声音依然存在，如对营业税延长到五年、户型"三八线"是 90 平方米、首付增加到 3 成等。您如何看待这种质疑和批评？

刘洪玉：从促进社会和谐与房地产市场持续健康发展的大局出发，《意见》中的各项调控措施，加大了对社会普遍关注且呼声很高的中低收入家庭购房的支持力度，虽然对市场中既有的利益格局产生了影响，但符合社会公共利益最大化的原则。新政策措施重点抑制的，是投机购房、投资购房和非理性住房消费行为，对正常的住房消费仍然延续了以前的支持政策。

例如，尽管规定个人住房抵押贷款最低首付款不得低于 30%，但对个人购买自住房且套型建筑面积小于 90 平方米的，仍然维持了 20% 的首付款比例。另外，严格规定套型建筑面积 90 平方米这个界限，也是考虑了我国当前城市家庭住房平均水平的现状、土地等资源约束状况以及相邻国家和地区的平均套型规模水平，以满足城镇大多数家庭住房需要为目标确定的。

要知道，我国当前城镇人均住房建筑面积 26 平方米（中等收入国家人均住房建筑面积 30 平方米），平均家庭规模 2.8 人/户。我们的邻国日本，2003 年全部住宅平均每套建筑面积为 96.2 平方米，每套住宅的居室数量为 4.78 间，人均住房建筑面积为 36 平方米。考虑到还有 30% 的建筑面积不受 90 平方米套型的限制，在短期内严格按照这个套型比例标准控制，还是有依据的。

记者：《意见》要求政府承担更大责任，如加强廉租房建设和经济适用房建设，有步骤地解决低收入家庭的住房困难等。建设部发言人也说，此次新政策不会增加中低收入群众的消费负担。您对新政策中的这些规定有什么看法?

刘洪玉:自1998年停止住房实物分配、实行住房分配货币化以来,包括经济适用房和廉租房在内的公共住房制度的建设,并没有引起社会尤其是地方政府的足够重视,也是当前房地产市场上房价高、城市居民家庭住房支付能力不足的一个主要原因。加强公共住房制度建设,逐步解决中低收入尤其是低收入家庭的住房困难,是政府不可推卸的社会责任,也是确保商品住宅市场按市场规律运作的基础。

非常高兴地看到,《意见》不仅再次强调了公共住房制度建设的重要性,而且从加快廉租房制度建设、规范发展经济适用房、积极发展住房二级市场和租赁市场三个方面,提出了具体要求,这对解决中低收入家庭住房问题,促进房地产市场健康发展,均具有非常重要的意义。

记者:不少人对落实《意见》心存疑虑,建设部发言人也认为,已有的调控措施没有得到有效落实是当前问题的重要原因之一。您认为当前落实《意见》应抓住那些方面?

刘洪玉:应该说,《意见》中的15项细则都是相互关联的,都要认真地贯彻落实。如果非要选择先后顺序,我认为当前最关键的,首先是发挥土地供应政策的调控作用,商品住宅的套型结构和销售价格控制,必要要从土地供应这个房地产开发的源头开始,从土地招拍挂阶段的"两限、两竞"开始,如果对开发商已经获取土地使用权的开发用地进行套型比例和房价限制,就会涉及土地出让合同的变更,操作难度很大。其次是住房保障制度的全面落实,以及与之相关的公共住房制度创新(如公共住房金融体系、公共住房担保体系的制度建设),把政府该做的事情认真做好。三是税收和信贷政策的配合,有保有压,提高税收和信贷政策面向目标的"精确制导"

水平。最后就是完善市场信息、加强市场研究、提高市场透明度，目前大家关注的问题多数还停留在表面层次，城镇住房到底是短缺还是过剩，其实我们心里都没底，因为各城市几乎都不知到自己到底有多少套住房、有多少个常住和短住的家庭。此外，对市场研究的理论和方法，也缺乏共同的认知基础，影响了政府和社会各界对市场问题的判断。

记者：您对《意见》还有什么看法？

刘洪玉：由于新建住宅在全部住房供给中只占有很小的比例，所以从根本上来讲，存量住房市场的发展，对调整供应结构、稳定住房价格，具有非常重要的意义。因此，税收、信贷和交易管理政策的设计，一定要有利于促进二手住房的正常交易和流动，充分发挥存量住宅供给在调整供应结构、稳定住房价格中的作用。

杨崇春：借物业税平抑高房价不现实 *

面对房价的居高不下，物业税的开征被寄予厚望。据《证券日报》报道，4 月 28 日，决策层将在近日宣布对房产税进行调整，但官方尚无正面回应。据不完全统计，这已经是 4 月以来第 5 次传出类似传闻。

据《证券日报》报道，4 月 7 日，物业税开征方案将通过住建部的审批，试点地区定在京、沪、深、渝；4 月 8 日，上海拟开征住房保有税，且"基本方案已经确定"；4 月 22 日，物业税在 4 个城市的试点已获得国务院批准。

---

  * 本文原载《人民政协报》2010 年 5 月 11 日。

面对房价的居高不下，物业税的开征被寄予厚望。在众多业内人士眼中，税收政策将是楼市调控最后的杀手锏，物业税的开征将有力地平抑房价。

但在第九届、第十届全国政协委员、中国税务学会顾问杨崇春看来，所谓物业税在多个城市"空转"是对广大纳税人的误导；试图用开征物业税的办法平抑过高房价的想法是难以实现的；欲将房价控制在合理区间内应采取"组合拳"，包括行政、信贷、税收等诸多手段。

同时，杨崇春也坦陈，开征物业税是一项艰巨的系统工程，是税制改革的长期目标。"试图用开征物业税的办法平抑过高房价的想法是难以实现的。"

杨崇春认为，当前中国住房已严重偏离居住本质，而房屋热卖也严重沦为投机性购买。比如有关媒体报道，上海、北京、三亚等房地产一线城市，一手房的购买者中，投资性购房已占了40%至50%。

相对于以上这么高的投机比例，杨崇春更看中的是媒体报道的另一组数据：国家电网利用智能网络在全国660个城市的调查，发现有6540万套住宅电表读数连续6个月为零。"我们在多年的税收征管中，对工业企业已经有'以电控税'成功经验，这组数据与我们的经验有异曲同工之处，可见当前住房空置率远比想象得要严重得多。"杨崇春说。

因此，杨崇春认为，为减少已建成房屋的空置率，促使不动产投资、投机行为收敛，促进房地产业长期的健康发展，对个人自有房屋在保有环节征税是必要的。"但要借物业税平抑房价的想法可能难以实现。"杨崇春说。

一直以来，业内人士认为，如果开征物业税，最直接的结果便是降低开发成本，导致房价下降，在业内甚至流传着"物业税可使房价下降30%－40%"的说法。

"房地产税费改革是一个庞大工程，要制定统一规范的物业税，绝非易事。目前要将过高房价压下来，仅仅依托物业税是不现实的。"杨崇春说。

对于当前物业税被寄予厚望的原因，杨崇春分析认为，物业税改革的提出，恰逢房地产业膨胀期，一些专家、学者、民众很自然地赋予其降低房价的重任；有不少人甚至依据房地产开发和销售环节的税费，尤其是土地出让金降低的幅度等因素，测算出了我国开征物业税后房价降低的幅度。甚至更多的人干脆把对土地出让金并入物业税的讨论与假设当做定论，进而讨论物业税开征后对房价的影响及其作用。

在杨崇春看来，倒是开发商非常乐于支持这种物业税开征影响房价观点，因为降低的政府收费实际流进了他们的钱袋子，进一步增加了其获利空间，提高了利润率，而房价倒未必能降下来。

杨崇春给记者举了一个烟草行业的例子：目前烟草行业的整体税负不低于50%，但是目前烟的产量和价格并没有下降。所以只要房产商有利可图，他就会继续开发房产，并把增加的相关税负转嫁到房价中，让消费者承担。

在杨崇春看来，征收房地产保有环节的税收能够起引导个人住房消费作用，这仅仅是影响房地产市场需求的一个因素，房地产价格的走向主要受土地供给和房产供需关系的影响，税收的中性原则也决定了它只能是对不合理经济行为的远期预期的合理干预。

在杨崇春的心目里，物业税的初衷并非为打压房价而设计，而是旨在合并税种，取消不合理收费，为地方政府提供稳定税源，改善区域内的公共服务，促使地方政府从"土地财政"向"公共财政"转型。

"欲将房价控制在合理区间内，应采取'组合拳'，包括行政、信贷、税收等诸多手段。"在杨崇春看来，全面理顺房地产市场的长期政策的关键，是要靠土地制度变革以及国民收入分配的公平化和行政手段。

"所谓物业税在多个城市'空转'是对广大纳税人的误导。"对于所谓物业税在多个城市"空转"的说法，杨崇春并不认同。"所谓'空转'的说法是不准确，容易引起误解的，切勿让物业税已经在部分地区'空转'变成'空炒'，误导广大纳税人。"杨崇春说。

在杨崇春看来，一些媒体报道中所谓的物业税模拟"空转"，是指虽然没有实际征税，但一切步骤与真实收税流程相同，计算出了物业税个人应交多少，仅是个人没有向税务局申报缴纳而称为"空转"。

"我认为这是由于个别税收专家的错误解读和某些地方税务部门领导的不当言辞，导致社会各个层面都出现了诸多的误读。"杨崇春说。

记者查阅相关报道发现，确实有个别专家和业内人士对物业税"空转"做了自己的解读：如某教授今年年初曾表示，物业税将不仅停留在空转层面，物业税的实际开征，可能今年就会在局部地区试点。并指出北京和深圳今年试点实征物业税的可能性最大。某市的一位前税务局局长也曾在 2008 年 1 月爆料说，该市已率先向国家税务总局提交了物业税空转实的申请，最快将于 2008 年 6 月份开征物业税。

"这被舆论解读成物业税'空转'将推广至全国，物业税开征步伐将大大加快。"杨崇春说。

杨崇春介绍，税务部门目前开展的是房地产模拟评税，通俗地说是对税基的测算方法、模式的试验。"现在连征税范围、税率、优惠减免等诸多税收要素都没有确定，怎么进行某些人所讲的'空转'？"杨崇春反问道。

杨崇春认为，从技术角度看，物业税改革难点之一在计税依据的选择上，我国现行房产税在保有环节上征税是采用余值征收法，即：房产的原值一次性减去 10% – 30% 的余值为计税依据。按照国际惯例，评税价格应依照房地产市场价值确定的评估值作为计税依据。"在对按评税价格计征物业税的可行性进行充分论证的基础上，有关部门加强了与一些专家及国际组织的合作、沟通、联系，并选择部分地区进行模拟评税试点，这对目前创建符合国情的评税工作模式，开发计算机评税软件，建立政府部门间的良好合作关系，培养一批专业人才，是非常必要的。"杨崇春说。

杨崇春认为，经过多年模拟评税试点实践，按评估值征收房产保有环节的税收，从技术上看是可行的。

"这也提醒了我们税务部门，应广泛加强宣传工作，加大宣讲力度，让更多的纳税人确实了解、认知物业税改革。"杨崇春说。

王珏林：要客观分析当前房地产形势 *

"我国楼市今年上半年远好于去年，不管是销量，还是企业信心。"住房和城乡建设部政策研究中心副主任王珏林说。

在王珏林看来，房地产市场回暖的原因主要有以下几个方面，一是国家出台了许多有利于房地产业发展的政策，促进消费政策、企业融资政策、降低税收政策等；二是国家和地方的投资方向大都是城市基础设施建设，如道路、交通、桥梁和地铁等市政工程，对拉动房地产业非常有利；

"另外，市场预期和物价膨胀预期，促使投资性购房、大面积的

---

* 本文原载《人民政协报》2009 年 08 月 06 日。

圈地现象增加；去年刚性住房需求有所释放。这些都是促使市场回暖的原因。"王珏林说。

王珏林看来，市场见好属于正常现象，这样的投资和促消费力度，市场还不见好，倒是奇怪了。

对于当前土地竞争开始显现。王珏林认为其中的原因，一是开发企业的资金有所宽松；二是银行贷款比较容易；三是看好市场发展的预期；四是土地管理政策有所放宽；五是政府协议土地有所增加。

"除了北京、上海、深圳、杭州等城市的'地王'再现，大部分城市的房屋土地竞争还是比较正常的。"王珏林说。

王珏林分析，高地价、高房价势必影响消费心理预期，开发企业担心土地越来越少、价格越来越贵；消费者担心房价越来越高，钱越来越贬值，于是造成了集中抢房、抢地、抢投资。

"再加上社会大量资金的流入，对市场发展非常不好，甚至会把刚刚复苏的市场推进低谷。"王珏林说。

对于目前房地产市场出现的情况，王珏林认为应当做出客观分析。

"房地产市场过热的城市在全国不是普遍存在，只是存在于经济热点城市，尤其是大城市。"王珏林说。在王珏林看来，当前国际经济的发展环境会影响到居民的消费能力和消费心理，房地产市场过热的条件有待观察。

王珏林建议，继续按照《土地管理法》、《房地产管理法》和国家有关法规政策，加强房屋用地和房地产市场管理，消除影响市场健康发展和稳定的因素；要利用房地产市场复苏的大好形势，解决占地量过大、控制率过高等方面的问题；城市政府要重视和培育好房地产的二级市场和租赁市场，把有限的城市房屋资源充分利用起来，为不同的消费阶层提供梯形房源。

包宗华：廉租房和经济适用房不能相互替代 *

"对于建议用廉租房取代经济适用房的有关人士，我觉得他们根本就不懂，说得完全是外行话。"中国房地产及住宅研究会副会长包宗华说。

在他看来，我国廉租房根本没搞起来，迄今北京也总共建了14000 套廉租房，相对 1000 多万人口来说，不到 1%。

"经适房与廉租房不同，是给有购买能力但又有点困难的家庭在购房方面以一定优惠。经济适用房和廉租房是两个东西，面向两个不同层面的家庭，根本不能相互替代。"包宗华说。

包宗华介绍，在住房保障方面，我国应学习美国特别是新加坡的做法。在美国，除了建立有完备的住房保障制度外，市场同时始终保持有大约 10% 的空置房，如此数量之多的空置房对稳定房价起到了很好的作用。

"在住房保障方面，美国实行的是补人头的方式，新加坡实行的则是补砖头的模式。无论是在美国还是新加坡，政府都没有大力去建廉租房。新加坡现在的做法是政府把上世纪 50－70 年代的旧房买过来，作为廉租房象征性地收取一定的租金供最低收入家庭居住。"包宗华说。

包宗华表示，即使是像美、新两个较中国相对发达国家，尽管经济适用房发挥的作用已越来越小，但至今仍然没有摒弃它，说明其存在必然有一定的合理性。

"取消经济适用房，大力给最低收入者新建廉租房，在中国肯定

---

* 本文原载《人民政协报》2009 年 03 月 17 日。

不能搞。"包宗华说。

包宗华分析，倘若由政府出钱来建设大量廉租房，不仅走回了实物配租的老路，而且让穷人住新房，中低收入者反而无法改善住房条件，只能还住旧房，必然会产生新的不公，引起中低收入者的抗议。

包宗华建议，应效仿新加坡模式对房屋进行置换，盘活存量旧房，可改补砖头为补人头，由政府出钱补贴低收入家庭。虽然这样，让最穷的人租住旧一点小一点的房子，但这种方式比实物配租惠及面更广，最低收入者都有房住。

李晓林：让住房保障惠及更多的"夹心层"*

"在京创业的外地人对保障性住房的需求很大，住房保障应该更多地惠及这些人群。"3 月 9 日，全国政协委员、林达集团董事长李晓林在接受本报记者采访时说。

在李晓林看来，大部分北京人都有房子住，基本不存在居者无其屋的问题，而许多在京创业和发展的"夹心层"正是需要政府的住房保障的。

"未来全国 5 年内要搞 3600 万套保障性住房，是不是北京、上海等地能打开个口，让更多的'夹心层'也能享受住房保障。"李晓林说。按李晓林的计算，一套房子平均可以住 3.5 人，1000 万套就可以解决 3500 万人口，3600 万套就可以解决上亿人。

"过去一两年，我们一直呼吁加大保障房的建设，因为一些贫困家庭确实买不起房子。3600 万套保障性住房的提出是一个巨大的进

---

* 本文原载《人民政协报》2011 年 03 月 15 日。

步。"李晓林说。

在采访中，李晓林特别谈到了在3月4日联组讨论中，与李克强副总理就住房保障进行的交流。

"克强副总理问我是否愿意做保障性住房项目？我说保障房虽然利润少，但它能使我们血管里流淌着'鲜红的血液'和'道德的血液'。而且保障住房保产保销，不愁卖不出去，微利、名声好，我们为什么不愿意做呢？克强副总理听我说到这儿就笑了。"谈起那天对话的细节，李晓林娓娓道来。

在李晓林看来，对当前的住房供应体制应该做深入的研究，应该避免一些临时性暂时性的政策措施。"什么样的人群应该享受什么样的住房政策，应该以法律的形式固定下来，这样大家都能明白，今天买房和明天买房是一样的，就没有人抢购了。"李晓林说。

对于保障房的资金问题，李晓林认为单纯靠政府筹集不现实，应充分发挥社会力量各方面筹措，比如让更多的民营企业以及公共基金进入。

住房保障的开展与房地产调控密切相关，在谈到当前的房地产调控时，李晓林认为，要处理好五大关系，才能搞好房地产调控。

首先，要理清城镇化进程与大中型城市自身生存发展之间的关系，理清房地产业与整体经济之间的关系。在李晓林看来，目前我国一线许多大中城市已经人满为患，从这一点上讲，限制异地购房也是不得已而为之。另外，我国当前经济回升向好势头正处于需要巩固的关头，为了保持好这一势头对房地产的调控尤其要适度，避免负面影响被扩大引起大起大落。

其次，要理清中央政府与地方政府之间的关系及居民住房需求与社会公平之间的关系。在李晓林看来，楼市调控政策中的限制性措施是否完全适当，应再斟酌细化。

另外，还要理清房地产业调控与社会进步之间的关系。李晓林认为，有些调控措施如果社会条件准备不到位，仓促行事不如引而不发，待条件成熟时再择机而发。当前两大城市的房产税开征试点，从社会反响看叫好的不多、叫板的不少，就是一个例子。

最后，李晓林认为，还要理清房地产政策调控目的与手段之间的关系。"政策出台本想通过限购、加税、加首付、加利息来抑制需求和遏制投资投机从而使房价跌下来，现在看来效果也没有明显让人见到，反而使百姓首次购房的门槛突然提高，对调控前不久才买房的一些人的负担也产生了追溯性增加。"李晓林说。

因此，李晓林建议，有关政府部门对调控的目的与手段乃至社会反映应反思改进，使调控更科学高效。

田惠光：拓宽保障房建设投融资渠道 *

"去年，全国保障房建设资金缺口最大 1000 亿元。今年建设规模增大，资金缺口日趋显现。因此，解决好保障性住房建设资金缺口问题，拓宽投融资渠道，确保投融资政策落实到位，应该引起各级政府有关部门的高度重视。"全国两会期间，全国政协委员、天津市政协副主席田惠光在接受本报记者采访时说。

田惠光告诉记者，当前保障性住房建设资金需求旺盛，资金落实难度较大。与此同时，现有投融资渠道较为狭窄。

"保障房建设在投融资方面，只是依赖财政投入、公积金增值收益、土地增值收益，以及投资公司、银团贷款、银行授信额度，很难满足庞大的建设资金需求。"田惠光说。

同时，商业银行支持保障房建设的积极性不高。据田惠光了解

---

* 本文原载《人民政协报》2011 年 03 月 15 日。

到的情况，在保障房建设中，有些地方靠银行贷款融资，或大量拖欠工程款；不少地方缺少资金回收计划和融资还贷计划，存在较大财政金融风险；经济适用房的开发贷款难以转化为按揭贷款。这些因素都导致了商业银行主动支持保障房的动力不足。

对于住房公积金用于保障房建设的项目贷款，田惠光告诉记者，目前该项工作已在天津、上海等地顺利运行，其形式委托银行封闭运作，封闭管理，银行只是收取一定比例手续费而已，并未形成商业银行支持保障房建设独自运行的金融产品体系。

对于如何拓宽保障性住房建设资金渠道，田惠光建议，政府投资与市场融资机制相结合。可以量入为出，合理确定财政预算支出比例用于保障性住房建设。可以适当增加公积金贷款比例。通过税收减免等优惠政策，鼓励民间资本和社会资金组建多家类似保障性住房投资公司性质的企业经营实体，具有明显的政策导向性，不以盈利为目的，专项资金，封闭管理，安全还款。

田惠光同时建议，加大金融创新力度。在她看来，要积极发挥地方保障住房建设投资公司的融资平台作用，争取五大国有商业银行公开授信额度和中长期贷款支持。同时，要力争国家尽早批准设立房地产信托基金，利用资本市场筹集保障性住房建设资金。

"还可以发行保障性住房建设债券。"田惠光建议，在地方债券中尚无保障性住房建设发债份额情况下，每年增加地方债中保障性住房投资比重，发债规模不少于一定比例，多渠道吸引社会资金进入保障性住房建设领域。同时可以利用各地基金业务优势，设立政府信用担保专项基金，由政府部分出资，以债券、住宅预约储蓄、政府财政、国债管理基金预收金、彩票等形式募集。这样，以形成以公共财政为主导、企业、金融机构、社会等多方积极参与的投融资格局。

蔡继明：对小产权房应区别对待[*]

"要从解决小产权房的整套方案公布之日起对占用农地建设的小产权房画一条线：此前为历史问题；此后为现实问题。"对于国土资源部近日表示将试点清理小产权房，全国两会期间，全国政协委员、清华大学政治经济学研究中心主任蔡继明对本报记者说。

在蔡继明看来，小产权房不仅大量、广泛地存在，同时还牵涉到各个方面的利益。比如建设小产权房的村镇集体和村民都可以通过小产权房的建设在房地产市场的发展和城市化进程中分得一杯羹；比如很多地方政府在小产权房建成前监管乏力，建成后又为保一方稳定，不愿为整治小产权房而得罪老百姓。

"正是由于小产权涉及利益面广，存在量大，所以屡禁不止。"蔡继明说。

在蔡继明看来，小产权房最吸引人的地方就在于其价格优势，小产权房存在着大量现实的购买群。土地制度安排为小产权房的存在提供了一定的空间。如《中华人民共和国土地管理法》第四十三条规定"任何单位和个人进行建设，需要使用土地的，必须依法申请使用国有土地；但是，兴办乡镇企业和村民建设住宅经依法批准使用本集体经济组织农民集体所有的土地的，或者乡（镇）村公共设施和公益事业建设经依法批准使用农民集体所有的土地的除外。"据蔡继明分析，小产权房的开发就又省去了基础设施配套费等市政建设费用。另外工程设计建设的投入、配套开发建设费用（如学校）、应缴纳的税款、营销费用等房地产商的成本费用也都大大节

---

[*]　本文原载《人民政协报》2012 年 03 月 06 日。

省。因而其开发成本，相比真正的商品房成本能低过 1/3。

蔡继明提出解决小产权房问题的根本途径是，对于历史问题要一分为二：如果开工不久或规模不大，尚能以较低的拆除成本将宅基地恢复成耕地的，就坚决拆除；如果规模很大并已投入使用多年，即使付出较高的拆除成本，也很难将建设用地再恢复成耕地的，拆除这类小产权房不仅得不偿失，而且会引发较大的社会矛盾。

蔡继明建议，深化土地产权变革，给予农村土地真正完整的产权。"农村的集体建设用地（包括宅基地，如果还继续实行集体所有的话），应该和城市的国有建设用地具有同样的权利，并按照同样的市场原则定价。"

在蔡继明看来，应该实行国有建设用地和集体建设用地"统一市场"，达到"同地、同权、同价"。进行城乡土地市场体系建设，关键在于赋予城乡集体建设用地相同的权益，"同权"是根本。同为建设用地，已经不存在土地转用问题，应当具有平等的产权，实行"同地、同权、同价"。

张泓铭：吸取"十年调控"经验让改革先行[*]

公正地说，如果没有"十年调控"，房价恐怕还要高，也许已经高到无法想象以至于发生人们不愿见到的大事。所以，要庆幸有了"十年调控"，击退了楼市若干时期的过热、狂热，拖住了房价没有涨到无可挽回的程度，才有了若干年来楼市尚可维持的脆弱稳定。

作为全国政协委员的张泓铭，同时还是住房和城乡建设部专家委住宅组成员、曾经长期担任上海市人民政府参事和上海社科院城

---

　　[*] 本文原载《人民政协报》2014 年 03 月 18 日。

市与房地产中心主任，22 年来，张泓铭的主要研究方向为城市建设与房地产经济管理，他以其客观严谨的学术风格和独到敏锐的研究视角，备受业界的关注与推崇。

两会期间，本报记者就近十几年的房地产调控以及未来房地产市场发展，采访了张泓铭。

"十年调控"愿望善良，目的准确，完全必要

记者：从 2002 年开始，房地产在"十年调控"过程中，各方面的评价已经有很大的分歧。其中，有基本肯定的，也有否定的，认为"供求依然失衡、房价越来越高"。民间评价也有"调控调控，等于空调"之说。对此，您怎么看？如何冷静地、理性地、全面地总结"十年调控"尤其是后几年调控的成败得失？

张泓铭：房地产"十年调控"大体上可以分成两个阶段。2002 年到 2004 年，基本上是抑制房地产投资过快增长、扩大需求阶段（下文简称"十年调控"前段）。2005 年到 2013 年，基本上是抑制不合理需求和房价过快上涨、扩大供给阶段（下文简称"十年调控"后段）。

从"十年调控"的九个主要文件，尤其是研究了从 2005 年起的七个主要文件可以看到：调控愿望是善良的、目的是准确的。调控也切实起到了作用，"调控等于空调"之说不成立。公正地说，如果没有"十年调控"，房价恐怕还要高，也许已经高到无法想象以至于发生人们不愿见到的大事。所以，要庆幸有了"十年调控"，击退了楼市若干时期的过热、狂热，拖住了房价没有涨到无可挽回的程度，才有了若干年来楼市尚可维持的脆弱稳定。

在肯定"十年调控"积极作用的同时，需要指出"十年调控"的作用有限。主要是正面作用的阶段化、短期化，正面作用大体只

能维持两年左右，没有持久地解决市场供求的平衡问题，也没有真正解决房价的稳定问题。这不能不说是一个巨大的缺憾！

从需求入手是对的，但失之粗略；轮番采用税收手段是对的，但是整体性不强。

记者：房地产"十年调控"全过程有一个显著的共同特点，就是需求入手。尤其是强调解决不合理的需求。比如，2013 年 2 月，为坚决抑制投机投资性购房，加大对住房出售的个人所得税征收力度，完善限购等。对此，您怎么看？

张泓铭：我认为，房地产"十年调控"从需求入手，尤其是后段强调抑制不合理需求，这无疑是对的。但是，过于粗略不够精确，比如没有将住房投资和投机严格区别，而将投资需求一棍子打死，没有保护合理投资用于住房租赁的需求。比如没有认清限购和限价等行政手段是无法真正配置好需求的，没有明确限购和限价应该短期化。

从根本上说，没有明确的、细分的、可落地的对于住房自住需求、他住需求（所谓的投资需求）、无住需求（所谓的投机需求），或者适当需求、过分需求、奢华需求的经济制约措施。这些问题，不仅使抑制不合理需求的目的未根本实现，也造成民众的不满。

记者：房地产"十年调控"大量采用经济手段，突出地表现在税收上。比如，2010 年 4 月，制定引导合理住房消费和调节个人房产收益的税收政策。2011 年 1 月，在上海和重庆试点征收住房房产税。您对税收手段怎么看？

张泓铭：我认为，"十年调控"后段，为抑制不合理需求更多地求助于税收手段是对的。但是由于整体性不强，税收手段单打独斗，未同房地产税收体系的改革结合起来，不能充分也不能持久地发挥正向的调控作用。

比如，要抑制不合理的房地产需求，需要征收住房转让的营业税，但这强化了房地产税收链条前重后轻、总体税负过于沉重的弊病；又如，希望抑制不合理的房地产需求，需要征收住房转让个人所得税或开征住房房产税，虽然没有加重房地产税收链条前重后轻的弊病，但加重了房地产税负过于沉重的弊病。这样的税收调节损害了市场多个主体的利益，遭到他们的抵制，甚至地方政府的不作为，所以税收调节的成效不彰。

"十年调控"效果不理想，根本原因何在？

记者：房地产"十年调控"被人诟病的重要方面是所谓的"调控行政化"，比如限购、限价等强硬行政手段。比如认为"过去十年的房地产调控，行政化干预的手段在不断强化，但行政干预手段也日渐失败……"对此，您怎么看？

张泓铭：对此，我不能苟同。"十年调控"不仅大量采用了经济手段，而且在明确采用限购、限价等强硬行政手段的 2010 年以前，首先采用了诸多经济手段。除了税收手段和金融信贷手段外，还有两种经济手段为人忽略：一是住房补贴。二是住房保障。

须知，调控经济、调控房地产市场，是任何一种政府的职责。如放弃这种职责，倒是令人惊奇的。既然调控房地产市场是政府的一种职责，政府发起和推动调控的行为，至少就其形式来看是合理的。为何要否定为、责之为"行政化"呢？问题的要害仅仅在于调控的目的和内容是否合理，手段是否合乎经济规律。

记者：通过以上的分析，您认为房地产"十年调控"效果不理想的根本原因是什么？

张泓铭：房地产"十年调控"效果不理想的原因是综合的、复杂的、深刻的，是中国发展中诸多矛盾的集中体现，非"行政化"三个字所能简单概括，也不是"不改革"三个字所能全部概括。

不理想的原因，首先是"十年调控"的客观基础不好，包括保经济增长的大局要求、货币流动性大的危害、财政管理同房地产调控不协调、住房保障力度效应的滞后四个问题。其次是政府调控政策设计欠周密、不配套，并与改革基本脱节，包括需求管理粗略不精细、供给管理粗疏不到位、税收调节单打独斗、金融调节互相矛盾、全国"一刀切"不重视区域特点等五个问题。另外，住房市场需求灵敏性和供给呆滞性矛盾长期存在这一天性，是调控很难逾越的鸿沟。

吸取"十年调控"经验教训，要改革先行

记者：您对未来中国房地产的发展有何建议？如何促进房地产业持续健康发展？

张泓铭：要吸取"十年调控"经验教训，遵照中共十八届三中全会精神，对于未来住房市场的调控，可以从以下四个思路出发：

第一，从需求出发，将需求分成三类区别对待：对于住房自住需求，调控的基本思路应为鼓励；对于住房他住需求（也可称为积极的投资），调控的基本思路应为允许；对于住房无住需求（也可称为消极的投资），调控的基本思路应为抑制。

第二，有区别地适度扩大供给。对普通型中小套型住房供给要实行鼓励；对改善型中大套型住房供给要实行允许；对豪华型大套型住房供应要实行抑制。

第三，要经济手段为主，行政手段为辅。经济手段为主，体现在以稳定的税收为主、以灵活的信贷为辅；行政手段为辅，体现在要以房价控制为核心稳定房价。

第四，要改革先行。从住房市场角度考察，当前迫切需要进行住房供给制度改革、财政制度改革、税收制度改革、土地交易制度改革、金融和资本市场制度改革、住房交易制度改革等。

俞孔坚："土人理念"下的城市景观之路*

4 月 13 日，北京大学景观设计学研究院宣布成立，这是目前国内第一家专门培养城市景观设计师的学院，它的成立标志着中国景观设计时代的到来。为此，记者专门采访了研究院的主要筹办者、我国首位哈佛大学景观设计学博士俞孔坚教授。

"土人理念"：追求"自然－人－神"之和谐

进入俞教授的工作室，首先映入眼帘的是那醒目的"土人铭"："土人"者，替"天"行道，为"神"差使；天者，自然也；神者，地方之悠远文脉……为自然而设计，为人而设计，亦为神而设计，以求"自然－人－神"之和谐。

俞教授说，土人就是土地和人，人和土地和谐相处，这两个字概括了我对这个学科的基本认识。设计要尊重自然，尊重每一个普通的人，要有对土地的敬畏、归属和认同，"土人理念"的精髓就是，为自然而设计，亦为神而设计，追求人与自然的和谐相处，达到土地与人的和谐。真正的现代化并不意味着破坏自然，破坏生态，也不是钢筋水泥丛林的高楼大厦，而是自然和文化的天人合一，用最少的投入，最简单的维护，充分利用自然原本的环境和原有的特色，达到设计与当地风土人情及文化氛围相融合的境界。

---

* 本文原载《中国建设报》2003 年 04 月 25 日。

俞教授举了这样一个例子：在设计广东中山歧江公园时，在植物材料的使用上，他坚持使用当地野草——一些随处可见的乡土植物，如象草、白茅，种植后，达到了极好的效果。这个公园深受当地人的喜爱，成为理想的新婚拍照场所。这个公园因此也获得国际设计大奖。

"这是一种现代设计的新概念，就是把现代设计语言与历史文脉相结合，发掘地方文脉，使当地人看到这一切便有一种归属感、亲切感。"几年来俞教授带领他的"土人"公司，在北京、香港、沈阳、中山、咸阳等地，实践着他的"土人理念"。

"反规划"：应优先规划"不建设用地"而非建设用地

在谈到中国当前城市景观设计的现状时，俞教授充满忧虑：

"19世纪末20世纪上半叶，城市美化运动席卷全美，留下了沉痛的教训，但城市美化运动产生的影响久散不去。时下，中国大地上的'城市化妆运动'，正在走美国已经走过的路。其典型特征是为视觉形式美而设计，为参观者或观众而美化，以城市建设决策者或设计者的审美取向为美，强调纪念性和展示性。如景观大道的修建、城市广场的兴起、为美化而兴建公园、以展示为目的的居住区美化、大树移植之风等。"

"我们应该以历史为鉴，避免重蹈覆辙，在这块土地上上演的应该是国外的经验，而不是他们的失败与教训。"俞教授对记者说。

俞教授剖析了中国"城市化妆运动"产生的根源：一是封建专制意识。在当代城市建设中表现为"谁官大谁说了算"，城市景观变成市长个人意志的体现；二是暴发户意识。如建大广场、移栽名木贵树进城等经济实力与品位不相称现象；三是小农意识。

令俞教授悲痛万分的是，某些地方领导居然发红头文件要把整个区、整个镇建成欧陆风格建筑的城市。这是何等的无知"无畏"，是对大地母亲的最残忍的强暴。他说，看到自己家乡的土地也面临同样的厄运，那种感觉就像眼睁睁看到自己的母亲遭受欺凌，而自己却无能救助一样痛不欲生，悲愤之极，常常想嚎哭。

俞教授说，这几种意识胶合在一起，往往同时作用于城市建设的决策者、开发者和设计管理者的建设理念，最终使我们的城市景观在一种幼稚和荒唐的审美标准下发展。实用而高雅的设计被一次次否定，正确而智慧的建议得不到采纳，城市景观受困于误区。俞教授希望城市建设者，特别是决策者能勇敢地超越时代，摆脱封建君主意识、暴发户意识和小农意识，使得城市景观走向健康而光明之路。

为此俞教授提出了他的"反规划"思想，即城市规划和设计首先应该从规划和设计不建设用地入手，而非传统的建设用地规划，"反规划"就是优先规划和设计城市生态基础设施，包括维护和强化整体山水格局的连续性；保护和建立多样化的乡土生态系统；维护和恢复河道及滨河地带的自然形态；保护和恢复湿地系统；建立非机动车绿色通道；建立绿色文化遗产廊道；开放专用绿地，完善城市绿化系统；溶解公园；溶解城市等。

"面对快速的中国城市化进程，城市规划师和城市建设的决策者不应只忙于应付房前屋后的环境恶化问题、街头巷尾的交通拥堵问题，而更应该把眼光放在区域和大地尺度来研究长远的大决策、大战略，只有这样，规划师才有他的尊严，建设者和管理者才能从容不迫，城市的使用者才能长久的安宁和健康。从这一角度来讲，眼下轰轰烈烈的城市美化和建设生态城市的运动，至少过于短视和急功近利，与建设可持续的、生态安全健康的城市，往往南辕北辙。"

"规划师认识水平的提高，决策者非凡的眼光和胸怀，以及对现行城市规划及管理法规的改进，是实现战略性城市生态基础设施的保障，而'反规划'方法是实现城市生态基础设施建设的途径。"俞教授对记者说。

发展中国的景观设计学迫切而必要

"中国的城镇化已被公认为 21 世纪全球最大的问题之一。未来 10 – 15 年内，将有 60% – 70% 的中国人口居住在城市，设计人与土地、人与自然和谐的人居环境是当前的一大难题和热点，也是未来几个世纪的主题，所以，景观设计学具有广阔的应用前景。"俞教授对记者说。

俞教授介绍当前国内景观设计学的现状：由于历史的原因，中国的建筑、规划、园林、环境等设计学科分别设在建筑类、工程类、环学类、林学类的院校中，人才缺少，以建筑业为例，中国目前只有相当于国际平均水平的 1/10 的设计师来做相当于国际同行人均 5 倍的设计任务，而景观设计的情况尤为严重。目前美国大学中有景观设计学专业近 70 个，每年培养近 3000 人，而到目前为止，中国尚没有一个正式的、国家承认的景观设计学专业，中国 50 年来培养的相关人才的总和，也很难说能达到美国每年培养的人才数量，更何况美国的职业教育基本是建立在研究生水平之上的。"中国目前的城市化进程和城市建设模式则急需综合型的高级设计人才，所以一个具有完整的设计学概念的学院亟待形成，景观设计学院正试图在这方面有所创新。"俞教授说。

俞教授表示，北京大学景观设计学研究院是在北京大学景观规划设计中心基础上建立的，具有强大的文理学科群背景和优良创新传统，无论是在学术上、国内外的社会影响上、人才储备上，都已具备充分的条件。学院将以国际先进教育的办学模式如哈佛、MIT、柏克利等设计学院为楷模，并不失北大特色，力争创办为中国特色的、国际一流的景观设计学院。

附录二

通讯报道

售价仅为商品房价 30% "小产权房"热销京城 *

如果你有 30 万，你可以在北京的二环内买到 20 平方米的房子；如果你运气好，也可以在五环内买到 40 平方米的房子，或者六环内买到 45 平方米的房子。

而在五环外的"小产权房"，你用这笔钱则可以买到近 100 平方米的房子！

据"链家地产"统计显示，北京"小产权房"主要集中在通州、顺义、怀柔、密云等远郊区，房价多在每平方米 2500 元至 4000元之间，仅为四环内动辄上万元的商品房价格的 25% 至 30%。

低廉的价格造成了购房者对"小产权房"的趋之若鹜。但在"小产权房"热销的背后，却是难掩的风险和显而易见的利益驱动。

"小产权房"卖火了

5 月 26 日上午 10 点，当《中国经济周刊》记者来到通州区张家湾镇太玉园小区售楼处时，这个北京闻名的"小产权"楼盘正迎来

---

* 本文原载《中国经济周刊》2007 年 06 月 13 日。

新的一期开盘，很多购房者在向售楼人员了解情况。

"通州的楼盘60%都是小产权的，我们一点也不愁卖！今天开盘我已经卖了4套了。有时候团购十几套的情况也是有的。附近城市如保定的一些居民也来我们这里买房，最远的还有呼和浩特的呢！"销售人员李先生对记者说，他并不忌讳告诉购房者房子是"小产权"。

记者在现场了解到，新开的这一期楼盘打出的牌子是"欧洲人文城镇生活样式"，"9-13万即可拥有一个真正属于自己的家"。房子确实很便宜，一套一层的87平方米的两室一厅只需要28万左右，相当于3200余元每平方米，这样的价格在五环内是不可想象的。

"看准了就赶紧下手买，不用考虑太多。这地方特别适合养老。"一位已经在太玉园买了一居室的李大妈对记者说，她去年买时这边的房价只有2500元一平方米。现在她准备为儿子再买一套。

当记者问她会不会介意这是"小产权房"时，她告诉记者："如果只有三栋两栋，再便宜我也不会买。这个小区规模大，这么多的居民，别人都不怕，你怕什么？小产权也没有什么，反正都是自己住。"

和李大妈不同，刘女士是专程从唐山赶来看房子的。"女儿今年夏天毕业，需要在北京买房子，但市中心的房子太贵了，于是就想着在这里先买一个，算做一个过渡吧。知道买小产权房会有风险，但也顾不了那么多了。"她说。

记者在采访中发现，购买"小产权房"的多是初次置业的年轻人和想要养老的老人。原因很简单："便宜"，"环境清静"。

"去年军博等房展会我们还参加，今年以来基本就不做宣传了，因为卖得太火了。"销售人员李先生告诉记者，目前他们还有四栋楼没有开盘，到年底开盘的时候，"一定能涨到4000元每平方米。"

"小产权"实际是无产权？

尽管"小产权房"一片热销景象，但在众多的业内人士看来，"小产权房"存在多重风险，最大的问题是实际上没有产权，不受法律的保护。

在太玉园小区售楼处，记者发现，购房者签订的合同与一般的商品房买卖合同有所不同，其名称是"北京市太玉园项目房屋买卖合同"，合同由北京市通州区张家湾镇人民政府监制，出卖人为张家湾镇张家湾村民委员会。

合同上写着：出卖人在购房人办理入住手续一年之内办理完毕房屋产权证，购房人如产权状况发生变更时，应到相应主管部门办理手续，交纳费用。

销售人员告诉记者，"小产权"房屋可以转让或继承，但当记者请他出示房产证的样本时，该人士称现在手头没有，改天才能看。

在记者的追问下，他才告诉记者，将来要发的房产证全称是"太玉园小区内销房房屋产权证"，而不是通常国家建设部门所发的"房屋所有权证"，而办理产权变更手续的所谓主管部门，实际就是村民委员会。

在张家湾镇西定福庄村附近的另一个小产权楼盘——"环湖小镇"，一位姓孙的销售人员这样解答记者的疑惑：如果真的遇到国家的大型规划或拆迁，"小产权"房子可能没有"大产权"的房子获得的补偿多，但补偿一定会有的，而且肯定会比购房的费用高。

记者随后发现，与"太玉园"有所不同的是，该楼盘出示的购房合同又有了一个新的名称："房屋买卖契约"，但卖方依然是村委会：通州区张家湾镇西定福庄村民委员会。

不过在这里，记者终于看到了房产证的样本，全称为"房屋所有证"，其中规定了"转让或继承时，必须到发证机关办理产权变更手续。"

"就是到村民委员会去办理，交 2000 元的手续费。"这位姓孙的销售人员对记者说。

"这样的'小产权房'实际上是无产权房。因为这类住房是建在集体土地上的，不允许对外销售，没有法律保证。也就是说，购买这样的房子拿不到国家发给的产权证。这是由国家的法律和土地的使用性质所决定。"建设部政策研究中心副主任王珏林对《中国经济周刊》说。

"如果集体要求收回房产或者因为政府规划，要求拆除乡产权房，购房人是得不到法律支持的。另外，部分为养老而到郊区购买乡产权房的老年人，由于缺乏产权，未来在遗产继承时也会遇到许多麻烦。"北京链家地产副总经理金育松对《中国经济周刊》说。

"小产权"与"新农村"有无关系

据了解，今年 3 月，面对"小产权房"的热销，北京市建委曾对购房者发出风险提示，建议不要购买"小产权"房屋，因为此类房屋无产权保障，不具有房屋的所有、转让、处分、收益等权利，且不能办理房屋的产权过户手续。

但这样的风险提示似乎挡不住购买"小产权房"的浩荡大军：京城 400 余个在售楼盘的调研数据显示，目前在售"小产权"楼盘约占市场总量的 18%。

一方面是官方警示乡镇"小产权"房产有风险，一方面却是"小产权"房市场的产销两旺，其中原因何在？

"那么多人去购买'小产权房'，主要原因还是在于价格比较低，地点也有吸引力；还有一个重要的集体心理，就是'法不责众'。"王珏林说。

"价格低廉是'小产权房'热卖的主要原因。正是由于房价的持续走高，才使购房者更多地将目光转向了郊区，甘冒风险，购买"小产权房"。"北京链家地产副总经理金育松对《中国经济周刊》说。

在采访中，记者还发现，北京郊区的许多"小产权房"都是以"旧村改造"或者"旧城改造"的名义进行的，许多楼盘都是以"某某村旧村改造项目"立项的，利益驱动显而易见。

"我们是村民回迁房，不是搞的房地产开发。"太玉园小区售楼处的李先生对记者说。

在李先生眼里，他们就是将原来的旧村改造，建成楼房，节省了地方，本村村民的居住条件满足后，将多余部分进行销售，这样既可以让村集体有所获益，也解决一些村民的安置工作，是一举两得的事情。

"作为本村的村民，我还可以得到两股的分红，一股是三千元。"李先生对记者说。

"借新农村建设、旧村改造名义，是'小产权房'目前普遍的运作模式，具有打'擦边球'的性质。没有政策明确允许这么做。"北京房地产协会副会长林峰对《中国经济周刊》说。

据林峰介绍，"小产权房"一般由开发商和村委会合作，或者村委会自行组织建设，在宅基地等用地上开发住宅，而后自行销售，并向购房者发放由乡镇政府制作的"房产证"。

"在这个过程中，由于不用交纳土地出让金和各种税费，村镇一般能获得很大的好处，而合作的开发商也能按比例分成。"林峰说。

金育松也认为，"小产权房"开发使用的是农民的集体土地，几乎不存在土地成本，因此价格低廉，从而使得乡产权房的开发具有较大的利润空间，这也成为"小产权房"屡禁不绝的一个原因。

脱缰的房价 *

像一匹脱缰的烈马，中国房价一路狂奔。

更不可思议的是，面对越来越强硬的宏观调控措施，中国楼市却一次次创出价格新高：

北京建委公布的北京市今年一季度商品住宅期房、现房项目成交均价排行榜中，最贵楼盘近每平方米 5 万元，而排名前 20 名的楼盘中，每平方米均价都在 2 万元以上，前 30 名中，最便宜的也在18000 元以上；

据深圳市国土资源和房产管理局统计，截至 6 月 21 日，深圳楼市均价为 15487 元/平方米，关内新盘均价已经突破 2 万元/平方米，稍微高档一点的项目都在向三四万元/平方米靠拢，而在罗湖区，最高 5 万元/平方米的房价直逼香港的郊区元朗；

上海市的房价更是惊人，"汤臣一品"曾以 11 万/平方米的价格让世人瞩目，而在上半年上海十大热点楼盘的排行中，均价达到 2 万元以上的楼盘就有 3 个。其中，财富海景花园的二手成交均价达到近 6 万。

房价疯涨的还不仅仅是京沪等一线城市。

国家统计局的最新数据显示，6 月份，全国 70 个大中城市房屋销售价格同比上涨 7.1%，如北海上涨 15.5%，南京上涨 11.3%，石家庄上涨 9.4% 等。

按京沪等地的市中心商品房均价 18000 元/平方米计算，这个数字可能是一个工薪家庭一年的正常开销费用，也可能是目前大多农

---

* 本文原载《中国经济周刊》2007 年 08 月 09 日。

村家庭一年的总收入。但在中国的一些大都市，它只能买到1平方米的房子。

但最要命的问题还不在于此，人们更关心的是：房价是否已涨到了顶？房价还会涨吗？房价上涨的动力是什么？哪些人为的外力助推了房价的上涨？

有人曾让地产大腕任志强预测房价的走向，他回答说，"从历史上看，房价永远都将是上涨的。"这是典型的房价上涨"有理"论；但也有人主张房价上涨"无理"论，典型代表就是自2001年以来不少人倡导的房地产泡沫论。但面对愈调愈涨的房价，很多人也不得不承认：这是个坚硬的泡沫。

有人说"存在的就是合理的"，那么，疯狂的楼市背后有哪些合理成分？但也有人说，"上帝也会犯错误"，那么，中国楼市错在何处？

"抢房"年代

今年6月，北京的刘小姐在丰台西四环附近相中了一个楼盘，均价在7600元/平方米左右，六层的板楼，密度比较低。于是在开盘的时候，她不辞辛苦地通宵排队领号。然而，开盘当日放出的一小批房，瞬间被人抢购一空，刘小姐竟然都没有轮得上。一周后，她接到售楼员的电话，称下一个要开的楼盘将开始排号了，不过这次的均价将在8300元/平方米左右。

刘小姐算了一笔账：如果买一个80平方米左右的房子，按照前后价格的变化，一周的时间，她要多付近6万元。

"现在不是吃供应粮的年代，也不是灾荒年，更不应该是'抢房'的年代啊！这么贵的房子，而且还要排队买，而且还是争先恐后，手持大把大把的钞票生怕给不出去，太恐怖了！"刘小姐想不明白。

"市场多紧张啊！现在许多大城市买房子都得求人，要在开发商或者政府主管部门有很硬的关系才能买到房子。为了解决关系户的要求，开发商只好晚上偷着卖房子。有的楼盘开盘几天就卖光了。"在今年 7 月举办的"博鳌 21 世纪房地产论坛"上，北京师范大学房地产研究中心主任董藩教授说。

"像北京这样的城市，职工人均年收入只有 3 万余元，60% 以上的职工达不到平均线，是什么力量支撑着刚毕业几年的学生就问津每平方米近万元的房价？是什么人在支撑着城区近两万元一平方、'经济适用房'也高达 7 千元一平方的畸高房价？"一位公务员对记者发出这样的疑问。

北京市统计局的统计数据显示，近三年来，北京市每年增加常住人口 41.5 万。中国正处于城市化进程当中，其趋势不可遏制，未来 20 年，中国每年将有 1500 万农村人口移居城市或城镇。据搜房网的消息称，目前上海在建商品房 6000 万平方米，按照商品房开发周期 3－4 年和上海楼市往年 2000 万－2500 万平方米的建设量来算，未来 3－4 年内上海可供应的房源将小于需求 10%－25%，而在北京，据业内专家估算，在住宅有效需求与有效供应量之间相差 1000 万平方米。

在这样的刚性需求面前，房子比什么都金贵。

买房是居住还是投资

在业内人士看来，自 2004 年之后，北京的土地供应逐年下降，保障性住房的建设面积逐年下降，房地产的开发投资逐年下降，而购买力却逐年上涨，从而造成过多的资本追逐过少资产的楼市"奇异风景"。

在北京某外企工作的刘先生告诉记者，他于 2003 年在东四环购买了一套 65 平方米的小户型，购买价为 44 万元，目前能够卖到 65

万元，除了交纳营业税、契税等费用外，净赚近 20 万元。"我买房子就是为了投资。"但与别人比起来，刘先生还只是"小打小闹"。

据房产中介公司伟业顾问的统计显示，2001 年以前，外地客户在北京的房地产成交面积约占成交总面积的 15%，至 2003 年这一比例上升至 48%，2004 年的比例为 61%。北京房产中介公司"信一天不动产"今年 7 月的抽样调查统计显示，在北京的购房人群中，投机性购房比重占总体购房的 26.7%。深圳房地产业内，流传着"70% 的买房者是投资客"的说法。据深圳市社会科学院撰写的《深圳蓝皮书：中国深圳发展报告（2007）》显示，深圳市发放产权证后半年内就转手的住房，占住房总套数的 30.31%；得到产权证后3 年及 3 年以上转手的住房，占住房总套数的 28.11%。

"2003 至 2005 年间，上海的房价在一年多的时间里就上涨几倍，近来深圳房价也在成倍上涨。这些现象都说明，目前的房地产市场完全是一个投机炒作的市场。"中国社科院教授易宪容对《中国经济周刊》说。

房价被人为操纵了吗？

在搜房网的一项网友调查中，95% 的网友认为，"有遇到过开发商捂盘压盘的情况"，92% 的人认为"开发商捂盘惜售会造成房价上涨。"一位业内人士甚至坦言：近半年来北京房价上涨的速度最快的根本原因，是开发商捂盘。而据《新华日报》报道，在房价飙升的南京，据不完全统计，建了不卖、开发商坐等涨价的楼盘大约有 180万平方米之多！

一位不愿透露姓名的开发商告诉《中国经济周刊》，如今最常见的捂盘手段就是分批分次地领取预售许可证，这样开发商可以主动调整项目的开发和销售节奏，政策一有变动就可调整销售价格，随变化满足市场需求。

　　记者在查询北京市大兴区某楼盘时，销售人员称该楼盘其中一栋楼已经被某单位集体购买，不对外销售，而记者随后在该区的房管局查询到，该栋楼的房源并没有销售备案。一位知情人士告诉记者，该栋楼并没有销售，只不过由于位置、朝向、环境等条件较好，开发商将其留下来在后期销售，以期获得更高的收益。

　　记者了解到，中介公司和地产公司联合起来"捂盘"也是业内公开的秘密。据业内人士介绍，某中介一下子买下整层单位，然后分散到各个门店，用自己的销售网络把这些房子炒出去，每平方米起码能赚两三千元。

　　2006年7月10日，建设部、发改委和工商总局联合发出通知，要求房地产开发企业在取得预售许可证后，应当在10日内开始销售商品房。

　　而某售楼处人员对《中国经济周刊》则说："房子太好卖了，我们不着急，慢慢卖，可以等着价格涨得更高一些。"

房价的"天花板"在哪？

　　从2004年以来，中央政府动员了9个部委和各地方政府，启动了税收、土地、金融、行政四大手段对房价进行调控。尤其是去年以来，宏观调控措施更是重重地砸向热涨的楼市，民众都希望政府的"铁腕"真的能拽住房价疯长的步伐。但遗憾的是，一年来，房价不但没有在调控面前停下脚步，反而"报复性"地从南涨到北。房价的"天花板"在普通购房者目光所及之处越抬越高，甚至是遥不可及。

　　时至今日，小产权房已经被提醒"存在购买风险"、"违规开发建设的要停工停售"；"不买房运动"、"个人合作建房运动"等有可能化解高房价的尝试，也在折腾和彷徨中败下阵来。或许真的是没有别的办法了，政府干脆直接伸出了"干预之手"。5月11日，南京市物价局出台六条措施，明确要求普通商品住房进行"一套一价"明码标价，房屋均价的上浮幅度最高不得超过5%，严禁擅自上调价格，并在5月20日正式实行。

但市场好像已经对一次次的调控开始麻木，开发商开始由愁容满面转为洋洋自得。在今年7月举办的"博鳌21世纪房地产论坛"上，任志强说出了开发商的心里话："宏观调控本来是想控制开发商的现金流，从而抑制投资增长，让房价降下来，结果却相反，开发商的资金链没有断，反而发了财。"任志强进一步表示，楼价上涨的幅度比银行的利息还要高，宏观调控似乎很好地满足了开发商追逐利润最大化的心理。

"越调越涨"也显示了政府的尴尬。据某媒体报道：建设部官员应邀参加房地产论坛的前提条件是"只要不谈房价"。作为房地产调控各部门的"牵头人"，建设部"不谈房价"的声明，恰当地反映了当前房价调控的困局：不管肯定不行，可越管越是迷茫。

其实作为"牵头人"，建设部也有自己的苦衷：最有效的调控手段是严把土地和信贷的闸门，以及相关的税收调节，但建设部既管不了资金（属银行、财政部门），又管不了土地（属国土部门），更谈不上税收的调节了。一个明显的例子是，在2006年6月国务院转发九部委《关于调整住房供应结构稳定住房价格的意见》中，建设部提倡"积极发展住房二级市场和房屋租赁市场。"而国家税务总局的政策则是"从2006年6月1日起，对购买住房不足5年转手交易的，销售时按其取得的售房收入全额征收营业税"，颇有搬石砸脚的意味。可以说，部门出台的政策相互掣肘，使调控力大打折扣。

"中国房地产至少看好20年"，这是业内人士对房地产业的一个经验判断。买房者呢？

"让所有的人都买得起房子，并不现实"

最近，白领小刘也被迫加入到"买房"的行列，尽管在他看来，现在房价高，还不如多租几年房。"但我想继续租房的想法一提出，就立刻遭到了女朋友的反对，她甚至说，不买房就不结婚，一直租房子多丢人。"

长期以来，我国住房制度提倡"居者有其屋"，"人人享有住房"，这种号召一度被理解为"拥有自己的一套住房"。于是"人人买房"、"家家户户买房"，于是买房要"一次性到位"，甚至有人刚步入中年，便早早地把子女的房子都买好了。

"我想有个家，有一个好的家"，是东方人特别是中国人的梦想；所谓"安家立业"、"有恒产而后有恒心"的儒家文化也长期熏陶着每一个国人。尤其是1998年房改之后，老百姓改善居住环境的需求日趋旺盛，大家都想住好房子，换房子的人也越来越多，人人都想拥有自己的一套住房。

"进入21世纪以后，我国住房建设出人预料地进入一个高位增长阶段。特别是2003年以后，全国城镇住房建设投资每年增加20%以上，年建设住房面积6亿多平方米；人均年建设住房面积1.3－1.5平方米；到2005年底，人均拥有住房面积26平方米，自有住房率达到80%以上。这样的高位增长，在世界上都是罕见的。"中国房地产及住宅研究会常务副会长包宗华对《中国经济周刊》说。

如此高的自有住房率实际暗示着中国住房中的一个现实问题：不太接受租赁概念的中国消费者，要房子就一定是要有产权的房子。

对此，经济学家吴敬琏有个著名的论断：政府的责任是"居者有其屋"，不是"居者买其屋"。即使在当今经济最发达的美国，住房自有率也只是达到65%左右，很大一部分人都是租房住。而中国的发展水平远远低于欧美，所以让所有的人都买得起房的想法并不现实。

但是，似乎所有的人都在努力实现着这个"不现实"的想法。

取消期房销售为何困难重重？*

7月24日，国家发改委宏观经济研究院经济形势分析课题组在《中国证券报》发布了一份报告，报告中建议：把目前的期房销售制度改为现房销售制度。

尽管在整个报告中，有关期房销售制度的建议只有这么简短的一句话，但就是这一句话，再次挑动了公众对期房销售制"存废去留"高度关注的神经—房产商的抗拒、购房者的诉求与相关主管部门的"欲说还休"迅速交织在一起，气氛愈发热烈。

其实，从2003年开始，有关取消期房销售的建议就一再被金融部门、全国人大代表等提起，公众的取消呼声也一直是此起彼伏，但大都是"只听楼梯响，不见有人来"。

开发商强烈反对

首当其冲，报告中"取消期房销售"的建议遭到了开发商的一致反对。

"取消期房销售，对市场的负面影响大于正面影响。因为目前市场供不应求，如果取消期房预售，供应量就更加紧张，很可能导致楼价上涨得更快。此外，还可能因此至少'挤死'三分之一的中小开发商。"中原地产项目部总经理黄韬表示。

"从去年的数据看，我们房地产销售额达到了2万亿，其中期房

---

* 本文原载《中国经济周刊》2007年08月12日。

销售占了其中的70%。能不能把这70%都取消掉呢？我想没有人敢于制定这样的非理性政策。"在最近的清华大学金融论坛上，中房集团董事长孟晓苏也作了这样的表述。

在孟晓苏看来，期房销售不光是转移掉了一部分风险，也使购买者获得了一部分收益，假如要取消期房，直接后果之一就是房价更猛烈的上涨，这更不符合老百姓的要求。

开发商的惊恐式反对自然是在情理之中。据统计，房地产开发资金来源中，约40%来源于销售获得的资金。在众多开发商眼里，销售制度的取消，会导致资金周转困难、新项目开发乏力，对房地产业的打击是致命的，可以说是扼住了开发商的喉咙。

但以后事情的发展可能并不像开发商想象的那么"恐怖"。

"取消期房销售呼声已经有多次了，但是我觉得这个政策实施的可能性不大。"一位不愿透露姓名的房地产开发商对《中国经济周刊》说。

"不可否认，预售房执行过程中确实存在着一些问题，比如造成房屋的烂尾，造成预售购房款资金的损失等，但这并不意味着商品房预售制度就是罪魁祸首。如果为了弥补一小部分开发商的过错就要拿整个房产市场'开刀'似乎缺乏理智。"香港太平洋国际集团投资顾问有限公司首席执行官贾卧龙表示。在他看来，面对房产市场上出现的各种问题，一味建议取消打压，是不可取的消极应战。

黄韬则表示，实现现房发售，市场至少需要3－5年的时间，政府如果强行出台这一政策，就变成了粗暴干涉，结果会适得其反。因此对于取消期房销售，政府应该谨慎，择机而行。

在采访中记者还发现，有关业内专家对期房销售的取消与否也意见不一，除了坚决"取消派"之外，一些专家认为，期房销售对住房建设和房地产市场发展还是有一定的积极作用，简单地进行取消，不利于房地产市场的发展。

部门利益博弈

在取消期房销售的呼声中，记者发现，政府相关部门的态度和关系似乎更值得玩味。

从 2005 年 8 月开始，到 2006 年的 5 月，在不到一年的时间里，中国人民银行就三次提出取消期房预售的建议：

2005 年 8 月发布的《2004 年度金融地产报告》中，明确建议取消期房预售制度；2006 年 3 月的"两会"上，中国人民银行南宁中心支行行长白鹤祥等 33 位全国人大代表提交取消期房销售制度议案；5 月，中国人民银行金融市场司房地产金融处处长程建胜撰文指出，完善我国商品房预售制度，就是要取消预售的融资功能。

如此频繁建议取消期房预售，这也体现了银行对自身金融风险的担心。

在中国社科院教授易宪容看来，期房销售制度是一种单边的风险分担制度。这种制度安排不是让制度相关的当事人一起来分担住房销售过程中的风险，而只是让消费者及银行来承担风险。

然而，建设部门的回应，却使得银行的建议"消于无形"：先是北京市建委回应"因市场尚不成熟，暂不取消预售制度"，之后，建设部新闻发言人明确指出，国家近期不会取消商品房预售制度。而在 2006 年的"两会"上，建设部部长汪光焘表示，"商品房交易实行预售制是现行法律规定，取消需慎重、认真研究。"

不知是有意还是无意，7 月 24 日，国家发改委宏观经济研究院的建议经媒体披露后，建设部于 7 月 26 日发布了《房屋登记办法》（征求意见稿）（下称《办法》）。在《办法》中，为弥补期房权属真空，提出施行"预告登记"制度。

根据《办法》第五章的有关规定，当事人有房屋所有权转让或抵押、预购商品房或预购商品房抵押时，都可以约定向登记机构申请预告登记。办理预告登记后，当事人可以在三个月内向登记机构申请房屋权属登记。

"不是说要取消期房么？怎么又可以办理期房登记了，到底是进步还是开倒车？"《办法》公布当天，一位网友发出了这样的疑问。

8月2日，记者就相关问题采访建设部政策研究中心的一位负责人，得到的答复是："这个问题敏感度太强，实在不方便回答。"

未来能否取消？

"老百姓谁不愿意买现房？消费者投资、开发商赚钱的不平等游戏规则早该废除了，坚决支持取消期房销售。"一位网友留言。

据有关媒体近日的一项调查显示，68%的受访者支持用现房销售取代现行的期房销售制度，同时55%的受访者倾向于购买现房。

但愿望归愿望，在一些业内人士看来，在我国融资工具缺乏、相关配套措施不健全的情况下，简单取消期房销售制度，将带来较大的负面影响。期房销售作为一种商业模式将客观存在。

"在公共取消的呼声中，建设部新公布的《办法》反而将进一步夯实期房销售制。期房销售制源于《中华人民共和国城市房地产管理法》，《办法》依据的也是《中华人民共和国城市房地产管理法》，这说明，销售制具有'皇族血统'，其地位不得撼动。"业内人士唐先生对记者表示。

"当前的着力点应当放在进一步完善制度、加强监管上，而不是简单取消期房销售制度。"一位不愿透露姓名的相关部委内部人士对《中国经济周刊》表示。

记者了解到，目前建设部门、银行部门已经开始尝试改变预售款由开发商支配和使用的做法，引入具有公信力的第三方对预售款实施有效监管，保证预售款专项用于项目开发，防范预售款被挪用、套牢等风险。

目前国内部分城市也在此方面进行了一些探索。如广州市由房地产交易所实施监管，重庆市由项目监理机构实施监管，成都市部分开发项目由住房置业担保公司进行监管。

房改十年出"新政"*

中国房改历程中的一个里程碑或已出现。

8月24日，由国务院主持的全国住房工作会议在北京低调召开。会议要求，积极采取措施，加强廉租住房制度建设，解决好城市低收入家庭住房困难。会议重申，城市新开工住房建设中，套型在90平方米以下的住房面积必须达到70%以上，廉租住房、经济适用住房、中小套型普通商品住房用地供应量不得低于70%。

有消息称，在这次"住房峰会"之后，一系列与住房保障相关的文件也将陆续出台，完整的住房保障政策体系将在年内形成。

而在此之前，《国务院关于解决城市低收入家庭住房困难的若干意见》，即"24号文"刚刚发布11天。

从"24号文"到全国住房工作会议，这一系列被媒体称为"房改新政"的举措，都聚集于一个焦点：低收入家庭的住房保障。

种种迹象都表明，一个有关住房保障制度建设的"路线图"正在缓缓展开。

最高级别的住房工作会议
——首次由国务院主持召开

在全国住房工作会议召开前的8月13日，"24号文"发布。其

---

* 本文原载《中国经济周刊》2007年09月04日。

核心是把解决城市低收入家庭住房困难作为住房建设和住房制度改革的重要内容，加快建立健全以廉租住房制度为重点、多渠道解决城市低收入家庭住房困难的政策体系。

"'24号文'的出台意味着，房地产业即将迎来新一轮调控转向：在完善'市场房'的同时，'保障房'临危受命。"中国房地产及住宅研究会副会长顾云昌对媒体表示。

事实的确如此。从2003年开始，一些城市房价的飙升就开启了国家对房地产业以"抑制房价过快增长"为核心的调控之路，尤其是从2005年开始，房地产业经历了三轮大的调控，但在"稳定住房价格"的调控重心下，房价上涨的步伐并没有得到有效的遏制。

一个最明显的例证是：国家发改委8月16日发布的数据显示，7月份全国70个大中城市房价上涨了7.5%。其中，新建商品住房销售价格同比上涨8.1%，二手住房销售价格同比上涨7.3%。

在困境面前，作为房地产宏观调控部际联席会议牵头部门的建设部，开始将调控的重点更多引向住房保障方面，尤其是增加保障性住房的供给。

据《中国经济周刊》记者了解，去年5月，国办发37号文明确提出要"有步骤地解决低收入家庭的住房困难"，此后，建设部就完善住房公积金、经济适用房及廉租房等制度进行了深入的调研，并形成了有关住房保障的相关报告。

"从去年6月开始，建设部就一直酝酿召开一年一度的全国住房工作会议，并形成了会议的初稿，但最终推迟到今年召开，期间就建立住房保障制度问题经过了充分准备。"一知情人士告诉记者。

"以往的住房工作会议一般由建设部组织各地建设行政主管部门召开，而这次由国务院组织各有关部委及各省、自治区等地负责人召开，还是第一次。"该人士说。

另据有关媒体的报道，建设部成立住房保障司的计划也正在实施当中。新成立的住房保障司将管理全国保障性住房工作，将把原来由住宅建设与房地产开发处负责管理的经济适用房和限价房，划归到管理范围。

"过去一段时间，我们过多强调了市场的作用，而使得保障制度相对滞后。住房工作会议强调低收入家庭的住房保障，对房地产市场的发展具有里程碑式的意义。"中国社会科学院财贸所倪鹏飞博士对记者说。

在他看来，政府住房保障应当和市场恰当结合。房改新政是对过去住房制度的反思，也是对住房政策的进一步完善。

"这表明政府的调控思路已经十分明确了：市场经济不能解决所有人的住房问题，政府应该承担起住房保障的责任。"南通市委办公室李昌森对记者说。

艰难的回归
——10年后重新落实"保障"主题

其实从某种意义上说，房改新政并不"新"。

"国务院在1998年就曾经提出用经济适用房来保障绝大多数人的住房，但是后来遇到东南亚金融危机，在这种情况下，为推进产业发展，就把房地产业当作了支柱产业，用住房建设来推动钢铁、水泥等行业的发展。"全国政协常委、国务院参事任玉岭接受《中国经济周刊》采访时说。

在任玉岭看来，在房地产成为一个主导产业后，其公益性和保障性逐渐丧失，造成了过分的市场化，房价越来越高，房地产业走向畸形和极端。

在1998年国务院下发的纲领性文件中，"建立和完善以经济适用住房为主的多层次城镇住房供应体系"被确定为基本方向，而根据1998年"国发23号"文件的规定，经济适用房能够覆盖的群体约占到城市人口的 60% - 70%。

据建设部的统计数据，1998 - 2003 年的 5 年间，全国共建成经济适用住房 4.8 亿平方米，使 600 万户中低收入家庭改善了住房条件；基本形成了租金减免、实物配租、房租补贴等三种较为完善的廉租住房供应模式。

但之后，这一纲领性文件在执行过程中，却出现了"重市场轻保障"的倾向，导致房地产市场的发展"一条腿长，一条腿短"。

"在 2003 年 8 月，《国务院关于促进房地产市场持续健康发展的通知》（国发〔2003〕18 号）出台后，经济适用房由'住房供应主体'被改为'具有保障性质的政策性商品住房'，'住房供应主体'被大部分的商品房所替代。"中国社会科学院研究员、工业经济研究所市场与投资研究中心主任曹建海对记者说。

在曹建海看来，当时房价是老百姓家庭收入的 4 - 5 倍（指总房价和家庭年收入的比例），比较符合家庭承受能力，虽然当时收入普遍比较低。但现在一些城市的房价早就突破家庭收入的 4 - 5 倍，甚至达到 14 - 15 倍。

"1998 年房改在执行当中走样了。尽管当时的政策确实是很好的，设计也是很合理的。"曹建海对《中国经济周刊》说。

因此，在很多人看来，这次的房改新政充满了对 1998 年房改政策的"回归"意味。

"从全国住房工作会议传达出的主调看，一方面是落实了 98 年房改的基本原则，另一方面对当前房地产存在的问题提出了解决办法。"任玉岭对记者说。

在任玉岭看来，此次房产新政强化"两个 70%"，尤其提出"廉租房、经济适用房、中小套型普通商品住房用地供应量不得低于70%"，实际暗合了 1998 年房改"为绝大多数人提供保障性住房"的政策规定。

"这一规定是非常得人心的，对低收入家庭的住房保障将起到重要的推动作用。"任玉岭说。

"保障房"的受益者有多少
——"低收入群体"的界定亟待明确

"'24号文'与全国住房工作会议给未来定了个调子，那就是政府努力做好政府该干的保障低收入家庭的住房权利的事，市场则做好住房条件改善和生活质量提高的事，当住房保障体系更加完善之后，房价的涨落就是市场的事了。"北京市华远集团总裁任志强对房改新政评论说。

在任志强看来，在政府最终建立了住房保障制度之后，房价才会成为调节供求关系的工具，才会根据供求关系与产品质量有涨有落，并随着资源的稀缺与经济的整体上升而长期处于上升的趋势。

建设部住房政策专家委员会会员谷俊青提供的数据显示，目前在全国范围内，城镇人均住房建筑面积低于10平方米的家庭有1000万户，比重达到5.5%。房改新政如果能得到切实的执行，将对低收入的人群起到一定的保障作用。

但这样的惠及面依然十分有限。在众多业内人士看来，"24号文"短期可能无法迅速缓解中低收入人群的住房需求，也无法因为分散市场对商品房的需求而拉低房价。

"尽管从政府的文件看城市低收入居民的范围有所扩大，但这种扩大只是相对以往城市低保居民的范围而言的。其实，在有些城市低保收入的居民占整个城市居民的比重不足1%，比如在上海。"中国社科院金融所研究员易宪容说。

任玉岭参事最近在全国各地作了近一个月的住房保障的调研，在他看来，当前对"低收入群体"的界定并不明确，各地所指的低收入家庭，差不多都是低保人员，这样的人员，在住房需求中一般占百分之几，多的也就百分之十几。

"如果低收入按这样一个标准界定，就会有众多的人得不到保障。特别是那些中等收入城市居民更是无法进入这个住房保障体系。"他说，"另外，住房最大的问题是土地。现在一些很偏僻的中等城市，一亩地也能达到 200 万元，新政只强调了保证经济适用房等土地供应量不低于 70%，但并没有在价格上进一步约束。这样低收入保障用房是很难实现的。"

"因此，房改新政短期内不会对房地产有任何抑制作用。不过，最终还是主要看执行的力度，如果执行力度大，真正按照'两个 70%'来做，坚持两年，整个房价，包括商品房的价格都会降低。"任玉岭说。

曹建海也认为，房产新政短期内对 20% 的低收入家庭可能有所作用，但对整个房价的影响非常有限。

在他看来，"廉租住房、经济适用住房、中小套型普通商品住房用地供应量不得低于 70%"的规定容易造成内部再切块，如可以分割成廉租房占 10%，经济适用房占 10%，中小套型商品房占 50% 这样的比例，使得提高保障房比例的规定落空。

政协委员"会诊"高房价　楼市调控或将进一步"加码"*

3 月 10 日，国家统计局公布的最新数据显示，2 月份，全国 70 个大中城市房屋销售价格同比上涨 10.7%，涨幅比 1 月份扩大 1.2 个百分点；环比上涨 0.9%，涨幅比 1 月份缩小 0.4 个百分点。虽然有关楼市的调控措施陆续出台，但高烧的房价并没有出现明显的退

---

　　* 本文原载《人民政协报》2010 年 03 月 13 日。

烧迹象。这从已公布的 1 月和 2 月份的 70 个大中城市房屋销售价格中就可以看出端倪。

针对高房价的蔓延，全国两会期间，政协委员纷纷表示，中央调控高房价的态度已经十分坚决，如果房价持续高烧，中央政府应积极出台更有力的措施，有效遏制高房价。

委员直指高房价

"一些大城市的住房价格不断高趋，一些城市住房价格达到每平方米 3 万元以上的项目越来越多，上海起码有 13 家楼盘销售价格已经突破每平方米 10 万元。不少大中城市的房价收入比，竟然达到发达国家的 4 倍左右。"全国政协委员、江苏省社会科学院院长宋林飞说。

在宋林飞委员看来，我国的房地产市场不是有没有泡沫的问题，而是有些地区与大城市的房地产泡沫已经到了相当严重的程度。

"近些年来，住房价格快速增长与大多数居民家庭的住房支付能力差距越来越大。"全国政协委员、山东经济学院房地产经济研究所所长郭松海说。

郭松海委员举例说，深圳、北京、上海等城市房价几乎成一倍、两倍地增长；一线城市房价的增长，又带动了二线城市房价增长，房价高企，连中等收入家庭都望房兴叹。

"房改 10 年来，我国居住条件得到了很大改善，但从 2009 年开始，房地产市场逆势飞涨。买房难问题，成为群众反映最强烈的问题。"全国政协委员、山东省监察厅副厅长孙继业说。

孙继业委员调查发现，房地产市场存在"三高"问题：

一是住房价格高。目前我国平均房价收入比已达 8 倍，远远超出世界银行 5 比 1 的警戒线标准，超出了普通百姓的承受能力。房奴、蜗居、蚁族等新词迭出，反映了部分购房者的现状及心态，成为影响社会和谐的一个严重问题。

二是土地价格高。在楼盘的价格构成中，建安成本大致相同，楼盘价格差异主要来源于地价的差异，地价的攀升导致了楼价的疯涨。2009 年，全国 60 个城市土地出让金收入同比增加超过百分之百，卖地已经成为一些地方政府的重要财源。由于招拍挂制度设计的缺陷，助长了地王频现。

三是保障性住房门槛过高。目前保障性住房仍存在门槛过高、覆盖面过窄、实物配租比例过低等问题。大批既买不起商品房又不够条件买经济适用房的中低收入居民成为"夹心层"，被限制在门槛外望房兴叹。

九三学社中央、民革中央也分别提交了"关于抑制房价过快上涨的提案"和"关于切实加强宏观调控，努力构建和谐楼市的提案"，这些提案也将矛头直指高房价。

九三学社中央指出，2009 年以来全国房价一路疯狂走高，高企的房价让老百姓望房兴叹，而近期各地新拍楼面价屡创新高、居民恐慌性购房与绝望性观望并存，都显示出社会对房价继续走高的预期。

民革中央认为，当前，畸高的房价严重脱离经济发展水平和居民购买力，老百姓改善住房的需求和低购买力与高房价之间的矛盾正逐步演化成房地产市场最主要、最尖锐的矛盾。

多重"推手"助推房价

那么究竟是哪些因素在助推房价持续飙升呢？在两会上，委员们也表达了自己的看法。

"对于当前造成高房价的原因，比较流行的观点是：由于我国土地资源紧缺，在市场经济条件下，需求大于供给，房价上涨是必然。"全国政协委员、中国科学院地理科学与资源研究所研究员梁季阳说。

对此，梁季阳委员大声疾呼：错了！这是一种错误的舆论导向！

"房地产市场的病根在于土地垄断，在于地方政府对土地政策的过度依赖。"梁季阳委员说。在梁季阳看来，地方政府是我国房地产交易中最大的获利者。"为什么在房价下跌的时候，地方政府总会或明或暗的'托市'、'救市'？原因是不言而喻的。"

另一方面，梁季阳委员认为，房价快速上涨的另一个原因是土地、房产的投机。"近年来，房地产商大肆囤地、炒地，地王频现。而且一些与建筑业并不相干的企业蜂拥进入房地产市场，包括一些大型央企纷纷涉足房地产业，并获利颇丰。"梁季阳说。

梁季阳委员透露，目前十大房地产企业的土地储备规模超过3亿平方米，可供各自开发7、8年，甚至超过10年。1998－2008年十年间全国用于房地产开发的土地，目前仍有近40%囤积在开发商手中。

"北京五环内的房屋空置率已超过10%的国际警戒线，在某些社区，这一比例甚至已经达到50%以上。"郭松海委员说。

郭松海委员举例说，当前北京市区一些地方成片的中高档公寓，成为"有主无人住，夜晚不见光亮"的黑楼，已经成为不争的事实。

郭松海委员认为，北京市区房屋空置率居高不下，拥有土地使用权者不使用，拥有房屋所有权者不自住、不出租、不出售，从而在一定程度上助推房价。"一边是近百万平方米的房屋在空置，一边是需要住房的中低收入家庭困难。"

"由于国际金融危机的影响，许多投资渠道受阻，房地产市场仍是投资商和社会闲散资金的投资热点。因此，我国房价在现行市场经济运行中自然下跌的可能性很小。"全国政协委员、江西省政协副主席陈清华说。

陈清华委员认为，当前我国许多城市的房地产业正处于非健康状态，尤其是一二线城市房地产业起步早、发展快，已形成的高房价局面已相当难扭转，真可谓"医不好"又"捅不得"。

在陈清华看来，虽然政府出台了许多遏制房价的相关调控政策，但房地产市场的总态势尚未根本改变。"由于我国商品房运行资金中有较高的'信贷'成分，投资型商品房占有相当比例，若通过政府干预迫使房价下跌过大，则可能引发不可低估的社会问题。"陈清华说。

楼市调控或将进一步加强

"近期国务院有关部门采取了若干房价调控措施，但力度尚小，如果再缺乏地方政府的积极配合，恐难取得明显成效。实际情况也正是如此，到今年一月份，房价仍在继续上涨。"黄鸿翔委员表示。

因此，他盼望有更有力的措施出台。同时，黄鸿翔委员建议，考虑到地方政府与房价的利益关系，房价的调控应该由国务院直接掌控，同时能否将房价逐步调控到合理的水平，作为对地方政府政绩的考核指标。停止第二套房房贷或提高第二套房贷的利息，并通过税收手段增加炒房成本，引导民间资金流向实体经济。期盼房地产调控出台更有力措施的委员不在少数。孙继业委员建议，进一步加大宏观调控的力度。适当时机，首先对二套房开征物业税。同时加大治本力度，大量增加普通商品住房的有效供给。

"要进一步完善土地招拍挂制度。对不同用途的商业用地采取不同的招拍挂方式。"孙继业委员说。他建议，对商业、别墅、高档公寓用地可采取"价高者得"的方式；但对于普通住宅建设用地应综合考虑地价、房价、质量等因素，探索土地出让综合评标方法。也可采用限房价竞地价的方式，最大程度地挤压出开发商的暴利，防止非理性的恶性竞争和房地产泡沫。

宋林飞委员建议，调整"土地财政"政策，强化地方政府稳定房地产市场的职责。同时，多管齐下挤压房地产泡沫。加强房地产开发土地与房价管理，制止房地产开发过程中土地囤积、违规操作、哄抬价格与权钱交易现象的蔓延。

宋林飞委员建议，加强中央与地方立法，制定反暴利规定，有效遏制房地产开发中的暴利行为，维护投资者与消费者之间的公平，切实保护消费者的权益。严格执行房地产开发企业的自有资本限制，降低潜在的金融风险。

记者了解到，今年的政府工作报告中再次强调，要坚决遏制部分城市房价过快上涨势头，满足人民群众的基本住房需求。对于投机性购房行为，政府工作报告中也特别强调，抑制投机性购房，要加大差别化信贷、税收政策执行力度，完善商品房预售制度。与此同时，完善土地收入管理使用办法，抑制土地价格过快上涨。加大对圈地不建、捂盘惜售、哄抬房价等违法违规行为的查处力度。

政府工作报告实际上已经是房价调控的强烈信号，它表明政府将会遏制房价过快上涨。

"中央现在已经给各个地方和城市下达了加快保障性住房建设的任务和解决房价过高、过快上涨的任务。"在两会期间举行的记者发布会上，住房和城乡建设部部长姜伟新在接受记者提问时再次对"调控房价"做出保证。他表示，要对第二套房的消费用"经济办法"进行控制，同时要对土地供应和开发商"捂盘惜售"的现象加强管理。

业内人士预测，无论是从总理的报告中，还是从行业主管部门对房价的调控措施里，都可以看到，如果房价得不到抑制，政策肯定会出台一些更加严格的调控措施。

附录三

评论文章

房地产业吵什么 *

地产界内，多有纷扰，单是众多的理论、数据和观点，就让人目不暇接，眼花缭乱。

2006 年《中国经济周刊》刊登了江西省赣州市房管局局长刘宏长的一篇文章，其主要观点是"房价高不能全怪地方政府和开发商"。此论一出，在网上立刻引来一片板砖，因为在众人看来，鉴于刘宏长"房管局局长"的官方身份，此举只是为当地政府和自己管辖辩解，难免有"自证清白"的嫌疑。更有网友从房地产消费者以及"生活经济学"的角度，对刘局长提出质问：高房价难道是老百姓的错吗？

刘局长的遭遇让我想到了曾在南宁参加的一个研讨会，会议期间任志强和易宪容又吵了起来，劝架的冯仑很有意思，他做了这样一个比喻：任志强的理论是没有错的，关键是他的身份错了，他是以一个"妓女"的身份对"妇联的领导"诉说自己的清白，这肯定是没有结果的；而学者往往把自己定位为妇联的地位，从道德的层

---

* 本文原载《中国经济周刊》2007 年 01 月 22 日。

面对开发商进行指责，也有失公允。

根据冯仑的比喻，我们可以说，尽管刘局长的话不无道理，但他挨板砖也不难理解：站在管理者的位置上，撰文称房价高不能全怪政府，这就有为自己的管理辩解的嫌疑，其结果就如同一个房地产商对老百姓说自己没有暴利，如同任志强告诉易宪容自己很清白。

地产界的话语较量实在是频繁。有一次清华教授周榕与地产大亨潘石屹在某建筑论坛展开激烈论战，周榕痛斥当下中国房地产商四宗罪："占用城市资源与人民为敌"、"宣扬拜金主义和腐朽的生活方式"、"将社会分化对立推到极致"、"缺乏社会责任感"等，称房产商将"最终自绝于人民"。对这些批评，潘石屹一一回应，称房产广告的奢华是为迎合市场需求，开发房产都是按照政府的规划办事，房产商对国家 GDP 纳税贡献大。

一边是教授义正辞严的指责，一边是开发商有理有据的反驳，但对话也好，争吵也好，论战也好，这种较量听得多了，在刺激你麻木神经的同时，最大的感觉是，无论官员、开发商、学者还是普通的老百姓，都是在自说自话，每个人的话听起来都很有道理，但真要让他们对话和交流却几乎不可能。因为他们分别拥有不同的话语体系，自成封闭型的一体，看似讨论一个问题，实际则是南辕北辙，各说各理，谁也很难说服谁。用一句流行歌词来说，就是"白天不懂夜的黑"。

官员有官员的话语体系，开发商有开发商的话语体系，学者有学者的话语体系，个体有个体的话语体系，这些话语体系一直在地产界碰撞着、存在着。我的感觉是，官员代表政府来说话，容易流于虚套，让人感觉华而不实；地产商代表利益来说话，往往太注重现实所得，增加人们"为富不仁"的"仇富"心理；学者站在学术的角度来说话，追求一种理想化的状态，又可能缺乏操作性，不够现实；而老百姓从自身的个体感受出发，又极容易陷于偏激，在冲动中流于污蔑和谩骂。

相信许多人也都明白这一点，但在不同的论坛或会议上非要把不同话语体系的人拉到一起，无非是要把对话弄得热闹一些，娱乐一些。因为观点碰撞，整个地产界才显得多姿多彩，因为话语较量，整个问题才有可能更深一步展开。然而，对各个话语体系而言，最重要的是在进行碰撞和较量的同时，各自祛除自己话语体系中的弊病，改正惯性的认识，接受不同的意见。只有这样，才能使得各自的话语体系多一些宽容，少一些偏见，多一些和谐，少一些冲击，才能减少房地产业内动辄口诛笔攻的"杀伐"之音，才能使得房地产业在一种和谐的氛围中健康发展。

开发商："自救"胜过"他救"*

在政府频频出台"救市"的政策组合拳下，房地产开发商的态度却值得玩味。

我们看到，面对一系列的"救市"措施，更多的开发商却选择了观望，盼望更多的优惠措施出台，"利好的政策或许将进一步出台，未来的房地产市场前景依然看好，现在并不需要急于采取措施。"一些开发商这样想。在他们看来，救房地产市场就是救中国经济，房地产市场出现问题将对中国经济产生重大的影响，政府不会对此坐视不管。

正是基于这样的思维，中国当前的房地产市场弥漫着一种浓厚的观望气氛：其中既有购房者"买涨不买跌"式的持币待购的观望，也有房地产开发商等待更加利好的政策出台，渴望市场再度繁荣的

---

* 本文原载《人民政协报》2008 年 11 月 07 日。

观望。

但是，更多的房地产开发商必须明白：国家频频出台"救市"的政策组合拳，其最终目的是"救经济"，而不是"救楼市"；是"救内需"，而不是"救开发商"。况且，在此一轮的房地产调整中，一些资质不足、诚信不够、社会责任感差的开发商在行业洗牌中垮掉，本是再平常不过的事情，并不是政府"救市"所能挽救得了的。

因此，对开发商而言，寄希望于政府的"他救"，不如立足于自身的"自救"。

记得笔者采访一个房地产开发商时，他讲了这样一个故事：两个人在沙漠中旅行，突然遇到了一个狮子，其中一个人开始拼命的奔跑，另外一个人就很疑惑："既然人是不可能跑过狮子的，为什么还要跑呢？"而那个奔跑的人则回答他说，我只要跑过你就可以了——言下之意，如果同伴成为狮子的食物，他有可能获得一线生机。

"万科就是那个拼命奔跑的人。"他说。在他看来，整个房地产市场的蛋糕是固定的，你最先调整自己则意味着你最先得到其中的一块，其他人则失去这一块。万科的最先主动降价就是把有限的市场购买力吸引到自己这一边，完成自己占领市场的"先机"。

我想，能这么想的开发商才是聪明的开发商，他选择"万科式"的奔跑，是因为他知道在市场的危机面前，只有积极主动调整自己，增强自身的市场适应力，才是立于市场的不败之道。

在当前政府"救市"的"他救"之外，房地产开发商更应该注重的则是"自救"，而这样的"自救"就是从万科那样的奔跑开始的。

救市：重象征意义更要重实际效果 *

在地方政府纷纷出台救市政策的背景下，中央层面也终于出台一系列政策组合拳，如减免交易税费、减低购房贷款利率以及首付比例、加强住房保障。所有这一切，都指向一个目标：提振市场的信心。

之所以要提振市场的信心，是因为今年以来，以成交量萎缩为主的市场僵局迅速在全国一些城市弥漫，房地产市场的这种"滞胀"，已经对经济体造成了一种"侵蚀"，恢复房地产市场信心已经迫在眉睫。

可以说，作为国民经济的支柱产业，房地产的投资规模和增速对国民经济的影响很大。维护房地产的稳定发展是促进国民经济健康发展的重中之重。中央出台的一系列"救市"措施，可以说是有其积极的意义的。

但从目前的情况看，这种救市政策的象征意义大于实际效果。因为市场的运行有自身的规律，就像前几年房地产热时，调控政策只能"扬汤止沸"一样，现在的救市政策，并不能从根本上扭转房地产市场的颓势。从新政出台后的市场反应看，观望的气氛并没有得到根本的改变，随着消费者"买涨不买跌"的心理预期，市场的观望情绪或许还将持续一段时间。

房地产业要走出低谷，最终还得依靠地产商的"自救"。而这种自救，一方面是对市场深刻认识后营销策略乃至企业运营理念的变革，另一方面则往往伴随着行业的洗牌与整合。若地产商坚持"硬

---

* 本文原载《人民政协报》2008 年 10 月 31 日。

扛"房价，则可能造成行业风险难以释放，最终使得泡沫积累到一定程度而破裂，造成房价迅速大幅下跌，市场的风险与波动加剧这样的窘境。

对当前的房地产市场而言，既要重政策的象征意义，更要重政策的实际效果，标本兼治，或许唯有如此，房地产市场的调整才能收到预期的效果，房地产市场的发展才能持续、健康。

到底谁该为房价上涨负责？*

到底谁该为房价上涨负责？是炒房团？炒房的人会理直气壮地说：有买有卖，合同在手，税不少收，何罪之有？是开发商？开发商也有自己的牢骚：我的利润全被政府拿走了，我们只是为政府"打工"的，政府卖地利润高达200%，而开发商的利润只有10%。

是建设主管部门？不少人觉得住建部作为主管部门应该负责。住建部虽然不像财政部、人民银行一样管理资金，虽然不像国土部门一样管理土地，但是住建部还管理资质，管理"三证"（土地使用权证、土地规划证、城市建筑规划许可证），而且还有规划的否决权，这是最明显的调控手段，只要充分运用起来，还是很有力量的，并不像一些负责人感叹的"土地归国土部门，税收在税务部门，金融在银行部门"。

但是，中央的政策是好的，问题主要是出在执行上，最后的问题是，各地的建设部门都属于当地的市政府，在市长一把手决定的情况下，所谓建设部门的权力又从哪里得到施展呢？没有独立，怎么可能有坚硬的执行能力呢？——建设局长、建委主任、规划局长

---

* 本文原载《人民政协报》2010年03月13日。

都是要听市长的。所以，住建部的强有力的调控职能往往在实际操作中被化解于无形。

而就地方政府而言，在一切以"GDP"崇拜为核心的考核标准下，地方政策从来就是有维护高房价的冲动，因为，有高房价就有高地价，有高地价就有丰厚的财政收入。"楚王好细腰，宫中多饿死。"向 GDP 负责的地方官员又怎么会为高房价负责呢？因此地方政府在调控房价时态度暧昧，甚至在房价有所回落的时候，大举"托市"，呼吁"救市"。

梳理 2005 年来房地产调控的关键词，年年都强调稳定，甚至曾经用过"遏制"这样的词语表述抑制房价的决心，但房价"越调越高"。中央政府指令未能达成，该问责谁？有一位媒体人士戏言，与发生安全事故有主管领导引咎辞职、地区经济发展不利地方官难以升迁相比，我们似乎从来没听说过有官员因为地方房地产调控"失职"而受到影响。言下之意，因为地方房地产调控"失职"的先例一开，或许房地产调控的力度将是有一番表现。

房价关系稳定。如果不能将房地产调控政策针对实际情况进一步精准化，政策效果就不能更加明显。如果不能补上政策制度设计上的疏漏，其结果就是各种打政策擦边球行为再度涌现，房价越调越涨，最终只会进一步恶化调控政策的效果与调控部门的信誉。更重要的是，如果没有人切实为房地产调控的措施和效果切实负起责任来，那么，房价又将陷入"越调越涨"的怪圈。只有有人负起责来，才能够让房地产市场真正回归理性，让调控政策效果不再落空。

有了决心就有了办法[*]

3月14日，温家宝在十一届全国人大四次会议举行的记者会上表示，关于房价的调控，我觉得当前最重要的是各项政策措施的落实。

而在此之前的2月27日，温家宝接受中国政府网、新华网联合专访时更强调，我还有信心。如果我没有信心，不去努力，那就是失职，就是对人民的不负责。我不仅要做这样的表态，而且要付出实际行动。"关键不在一张纸，而在于决心。有了决心就会有资金，就会有土地，就会有办法。没有决心，眼前到处都是困难。"

在当前遏制房价过快上涨，加快推进保障房建设方面，强调"决心"和"实际行动"，可以说是抓住了解决问题的关键所在。多次房地产调控的经验表明，住房制度和规章的建立方面已经趋于完备，而在"落实"和"问责"方面的欠缺，使得一次次"调控"变"空调"，保障房建设进展缓慢。

如2010年，国土部曾对违反土地政策进行督察，并拟定了"8月约谈，9月问责"的方案。时至今日，只约谈了20个地方政府，问责杳无音讯。再如在保障房建设方面，按照现有制度安排，保障房资金主要来源为提取土地出让金的10%，并激活社会资金。而现在的情况是，去年许多地方政府出于各种各样的原因，未能及时足额上缴保障房专用资金。所有这些问题的存在，根源在于地方政府高度依赖卖地，对中央的调控政策"无心"也"无力"真正去执行，从而造成房价"没有最高、只有更高"，造成保障房的建设滞

---

[*] 本文原载《人民政协报》2011年03月22日。

后，难以承担"住有所居"的重任。

在当前的情况下，高房价问题如果不能得到解决，势必成为一个重大的社会问题，因此，必须要坚决进行房地产调控，使房价回归合理的价位；同时，在物价总水平居高不下、既有刚性需求又有投资需求的情况下，如果保障房建设不力，那么双重需求必将绕道重归，令楼市调控效果大打折扣。所以，房地产调控的关键是加大保障房的建设。

由此可以看出，温家宝总理高度强调"决心"和"实际行动"，正是针对历次调控中存在的问题，对房价调控出重拳，对保障房建设抓效果。例如此次"新国八条"的出台，充分调动了各个相关政策决策部门，并动用了行政措施，力度之大是前所未有的。而且，在落实保障房建设方面，以往"问事不问人"的做法已经开始改变，问责制开始真正实施。国家发改委相关负责人就明确表示，对省级人民政府住房保障和稳定房价工作进行考核和问责，对政策落实不到位、工作不得力的进行约谈，直至追究责任。

"这件事情真难啊。有人说我'灰心'了，其实我没有'灰心'。我相信，只要我们把群众放在心上，我们一定会实现调控目标。"从温家宝总理的这句话中，我们可以看到地产调控政策制定和执行者的决心和信心。有了这样的决心和信心，我们有理由相信，通过努力，虚高的房价一定能回归到一个合理的价位，更多的低收入家庭早日实现"住有所居"。这，是每一个普通百姓的希望。

丢掉不切实际的幻想 *

从 4 月上旬开始，国务院派出 8 个督查组，对 16 个省（区、市）贯彻落实国务院房地产市场调控政策措施情况开展专项督查。近日，专项督查工作已经结束。

在国务院"楼市督查"结束前，一直被媒体质疑调控目标定得偏高的西安率先对 2011 年房价控制目标进行调整，正式发布了 2011 年新建住房价格控制目标的量化标准：新建住房价格增长幅度低于当年城镇人均可支配收入增长幅度 3.5 个百分点。

此前西安市于 3 月 22 日公布的 2011 年的房价调控目标是：2011 年新建住房价格增长幅度不高于西安市当年经济社会发展目标和人均可支配收入增长幅度。这一目标公布后，当地有媒体根据此前公布的西安市 2011 年城镇居民人均可支配收入增长目标，将西安市 2011 年房价调控幅度报道为 15%。

从西安市调整房价控制目标可以看出，中央对大多数的地方版房价调控目标并不满意，中央要求的是稳定市场预期，把房价控制在一个合理水平。而这就要求一些地方政府在问责机制的压力下，必须根据当地实际情况对房价调控目标进行修改，不要有不切实际的幻想。

中国当前的楼市面临的是一个涉及中央、地方政府、银行、开发商、购房者等各方关系多层博弈的局面，这是调控中必然要经过的一个阶段，各方都需要通过不同方式参与博弈过程，以获得自我的博弈的主动地位。

---

* 本文原载《人民政协报》2011 年 05 月 03 日。

但是，毫无疑问，在中央已经确定"调控房地产市场决心坚定"、"巩固和扩大房地产市场调控成效"的总基调下，如果一些地方对当前的形势仍持观望情绪，则是不明智的；一些地方甚至抱不切实际的幻想，则是完全错误的。地方政府唯一要做的，就是要切实抓好房地产的调控工作，坚持调控方向不动摇、调控力度不放松，绝不能三心二意，绝不能含含糊糊。

量化的合理的房价只是房地产调控目标的一个分支，保障房建设的任务以及房地产的市场税收体系的完善等一系列目标，与房价一起构成了立体的房地产调控目标。在地方政府这个责任承载主体之上，中央的督促与地方政府的担当才能引领房地产调控步入目标实现的轨道，两者缺一不可，相辅相成。

我们看到，在房价没有回归合理价位之前，中央政府对本轮楼市调控仍然有充足的政策储备。比如在税收方面，土地增值税、房产税试点扩大、转让房屋的个人所得税等方面还有上调空间；在土地出让环节，在"限地价，竞配建保障房"方面，仍有可以调整的余地；而在利率和存款准备金率的提高，以及交易市场的监管方面，更是政府调控之手发挥作用的时候。

总之，面对中央政府如此强硬的调控之手，地方政府以及开发商唯一要做的就是放弃幻想，积极做工作，切实抓好房地产调控工作，切实使得房地产价格回归理性，除此之外，别无他途。

还是要"稳"字当头*

近日，住房和城乡建设部有关负责人接受新华社记者采访时表

---

* 本文原载《人民政协报》2012 年 08 月 28 日。

示，房地产市场将会保持基本稳定的态势。国务院督查组已向有关地方政府提出明确的整改意见，要求出现放松调控政策的地区立即予以纠正，并强调各地不得以任何理由变相放松调控。

中国经济连续6个季度的下滑，并在今年第二季度经济增长三年来第一次破"八"，使得全局性的稳增长再次被提升为宏观政策的首要目标。因此，中共中央政治局强调"把稳增长放在更加重要的位置"。

在稳增长的压力下，房地产调控面临的困难和阻力将越来越大。但是，中央政府的屡次表态表明，国家不会因为"稳增长"而放松对楼市的调控。

因此，针对复杂的情况，面对上半年来之不易的局面，在国际整个经济形势还不明朗的情况下，房地产调控还是应该"稳"字当头，即不要过多调整政策，而是要继续关注房地产市场的态势，加强对市场的监测和分析。

"稳"字当头的楼市调控，理想的状态是，最好既降低房价，又促进成交量放大，同时还能拉动投资增长。

首先，要"稳"保障房的建设和管理。保障房建设对调控和稳增长的作用不应忽视，应稳步推进保障房建设，拓宽融资渠道，鼓励民间资本参与建设，发挥保障房惠民生、稳房价、扩内需、促发展的多重作用。

其次，要"稳"已出台的各项政策法规。调控两年多来，长效机制改革的进度仍然不尽如人意，之所以"调控"屡屡变"空调"，很大原因在于各项政策法规的执行不彻底。因此，应尽快建立健全房地产市场健康运行和住房保障方面的相关法律法规；完善市场机制和制度性安排，尽早设计和建立鼓励自住和改善型需求的房地产税收制度。

三要"稳"问责。自调控以来，地方政府和中央一直处于博弈状态，在土地财政压力之下，不少地方政府屡次试盘松绑调控，部分城市房价上涨幅度较大，但尚无地方政府因此受到问责。故而，使得问责制启动，并成为一个"稳定"的常态调控手段极为重要。

房地产除了对经济增长和相关产业有重要拉动作用，尤其是现阶段，既要稳增长，又要维护社会稳定，这就需要坚持调控对促进房价合理回归、改善民生的重要作用，做到"稳"字当头，这样才能杜绝房价反弹，避免调控出现反复，真正使得房价合理回归。

寻找十八大后住房改革的突破点[*]

解读十八大报告，"改革"是一把钥匙，在这份中共历史性的报告中被提到了86次，其中两次提到"全面改革"，5次提到"深化改革"。

何以解忧，唯有改革。改革，尤其是持续不断的改革，是解密"中国奇迹"的一把钥匙，而中国的住房问题，更是需要持续不断地深化改革来解决。

从2003年8月《国务院关于促进房地产市场持续健康发展的通知》发布，国家对房地产作为国民经济的重要支柱产业做了肯定，房地产被视为拉动经济增长的核心支柱产业，多年来取得了辉煌成就，在改善居民住房条件、推动城镇化方面功不可没。

数据显示，2003年，全国房地产开发投资完成10106亿元，到2011年，这一数据已是八年前的近6倍，为61740亿元。房地产开发企业房屋施工面积也从2003年的11.77亿平方米跃升至2011年的50.80亿平米。

---

[*] 本文原载《人民政协报》2012年12月18日。

但与此同时，随着房地产行业的不断发展和居民收入水平的提高，国内房价也正式开进了"快车道"，一路走高，导致相当一部分人买不起商品房，继而引发了中央政府多年的楼市调控。

在形势依然严峻的情况下，中国的住房问题需要通过深化改革来解决，那么，中国住房下一步改革的重点是什么？或者说，十八大之后，中国住房改革需要从哪里寻找突破口？

十八大报告明确指出，"深化改革是加快转变经济发展方式的关键。经济体制改革的核心问题是处理好政府和市场的关系，必须更加尊重市场规律，更好发挥政府作用。"

"更加尊重市场规律"，就是在市场经济条件下，更大程度更广范围发挥市场在资源配置中的基础性作用，使大部分城镇家庭通过市场购买或市场租赁的方式解决其居住问题。这既是避免政府对市场不当干预的要求，也是避免财政压力过大的要求。而"更好发挥政府作用"，就是要政府管好自己该管理的，不"缺位"也不"越位"，避免出现管了不该管的，该管的没管或者没管好等现象，真正实现"政府的归政府，市场的归市场"。

这就是十八大报告中在提到住房问题时所概括的："建立市场配置和政府保障相结合的住房制度，加强保障性住房建设和管理，满足困难家庭基本需求"，即商品房资源由市场配置，保障房则采用政府主导、企业参与的形式来建设和分配。只有这样才能从根本上避免商品房长期占据我国住房供应主体，中国住房市场"一条腿长，一条腿短"的现状。

"建立市场配置和政府保障相结合的住房制度"应该是中国住房改革下一步的立足点和突破点，同时也从制度层面明确了中国住房未来应该完善的方向。只有基于"市场"和"政府"的结合，中国住房市场"两条腿走路"的局面才能最终形成，"住有所居"的目标才能实现。这也是"保障性住房建设"首次写进党代会报告的深意所在。

房地产市场如何做到"该放的放，该管的管"?*

国务院5月13日召开全国电视电话会议，动员部署国务院机构职能转变工作。这是短短一月内国务院第三次提及简政放权。会议提出，要处理好政府与市场、政府与社会的关系，把该放的权力放掉，把该管的事务管好。

"该放的放，该管的管"，就是要处理好政府与市场、政府与社会的关系，具体来说，一方面要切断政府直接干预企业微观事务这只"手"，做减法；另一方面要加强政府公共服务这只"手"，做加法。

总之，中央"简政放权"的主要精神，就是把市场能干的交给市场干，充分发挥市场的作用，政府要干那些市场干不了的事情。

推而论之，房地产市场如何做到"该放的放，该管的管"?

据相关媒体的报道，北京房价领涨全国，让主管部门倍感压力。所以，北京市住建委已经立下军令状，承诺在二季度要让房价数据有所改观，并且采取了"史上最严厉的价格管制"——不仅涉及期房，连现房也要限价。

不仅仅是北京，加强对房价的行政干预的还有广州。比如，广州市开始全面执行商品房住宅预（销）售价格网上申报制度，开发企业预（销）售商品住宅前，须办理预（销）售价格网上申报，并接受国土房管部门的价格指导。

应当说，在目前国内房价、尤其是一线城市房价高涨的情势下，

---

* 本文原载《人民政协报》2013年05月28日。

地方政府不得不伸出自己的"有形之手"进行干预，可以说存在一定必要性，也让人理解。从执行效果来看，"限价"对市场的影响较为明显。2011年，全国楼市平稳运行，北上广深四大城市房价走势基本平稳，未出现中心区域报价大幅度上涨的情况，同年，土地市场成交较为冷寂，"地王"罕见。

但是，必须考虑的是，行政干预如果不能遵循相应市场规律顺势而为，对市场房价预期形成有效的政策影响，房价调控可能只会停留于纸上，而与市场真实房价相距甚远。或者说，如果以行政手段为主导的调控政策只是改变了预期，并没有改变楼市的内在运行机制，那么，这种预期就只是暂时的、不可持续的，随着时间推移，政策对市场影响的边际效应就逐渐减弱。

例如，以"限购"为主的行政手段主要为了调控需求，只是对需求进行了抑制，并非改变了购房者的观念和意愿，而那些刚性需求并没有改变。所以投资者依然坚信房价只涨不跌，依然想方设法钻空子进入市场，所以开发商以及二手房业主依然牢牢掌握着定价权和话语权。

可资例证的是，2012年3月份之后，一线城市的房价开始一路向上，大面积远郊区县入市的新建商品住宅，拉低了全市新建商品住宅的平均价格、中位数等一系列衡量指标。从二手住宅平均成交价格来看，北京市全市平均数字在25000元/平方米左右，而其东城区、西城区的二手住宅报价已经攀至50000元/平方米，甚至更高。

因此，房地产调控步入深水区后，需更加重视市场的力量。未来房地产市场不仅是一个"调控"的概念，而是应对市场运行机制进行意义深远的系统性改革。如何处理好行政之手和市场力量，真正做到"该放的放，该管的管"，是这项改革的重中之重。

既要有"重拳"更要有"长拳"*

从一出台开始,"国五条细则"就引起广泛的关注,尤其是转让房屋个人所得税"按转让所得的20%计征"这一条,更让公众普遍感觉,针对当前房价上涨预期增强,中央采取了更加严厉的调控措施。

"内容更丰富、更具体、目标更清晰、方向更确定、手段更毒辣、打击力度更重、范围更广"是房地产业内人士对"国五条细则"的总体评价。

无疑,"国五条细则"的出台是一记"重拳"。2012年房地产市场整体回暖,在这样的市场形势下,"国五条"及其细则的出台,对于稳定楼市预期将起到积极作用,政策收紧的预期将会使房价反弹势头短期内得到遏制。

但是,只有"重拳"是不够的。2010年的"国11条"、"国十条",2011年的"新国八条"都可算是"重拳",尤其是2011年1月出台的"新国八条",曾祭出限购、差别化信贷和税收等"组合拳",一度被称为"史上最严"。但两年后,部分地区房价再现大幅上涨,房地产市场似乎陷入"越调越涨"的窠臼中,个中原因值得深究。

看似严厉的调控政策,为什么"风声一过去,房价更高"?为什么本来极具杀伤力的调控措施,在执行过程中往往被消于无形?很大程度上是因为,调控政策的出台,因缺乏长效基础制度的支撑而无法发挥更大的作用。

---

* 本文原载《人民政协报》2013年04月02日。

这些长效基础制度包括：例如，土地供应与开发制度。加大土地供应的力度，保证土地实际供应量和供应结构的优化，对于面临土地供应缺口的一、二线城市来说，仍有较大的执行难度；例如，个人住房信息系统的建设与联网。可以全面地呈现出房屋所有权信息，有助于加强对未来市场的管理，调整房屋分配；例如，房屋持有环节的税收政策，房产税试点"扩军"阻力重重等。可以说，没有这些制度方面的根本突破，房地产调控就无法避免"越调越涨"的困境。

要实现楼市供需关系平衡运行，短期内仍将主要依赖于房地产调控政策，特别是限购令和差别化房贷政策的落实，长期来看，要通过长效机制的建立，对于过剩自住需求进行有效疏导。

所以，当前的房地产市场，既需要出"重拳"，加强调控，打击炒房投机等行为，更需要"长拳"，建立长效机制，保障制度的运行。先治标，后治本，才能既保障合理的住房需求，又保持房价的平稳运行。

后 记

这本几年前完成的书可以说是我十几年记者生涯的一个总结。

从毕业开始进入建设行业从事新闻报道，十几年的时间，从关注房地产业，到关注宏观经济，从关注单一行业，到关注更多的产业和区域经济，期间经历的是一个"文艺青年"到一个"经济观察者"的转变。

这本书断断续续从几年前开始，写写停停，修修补补，有自己当初的采访和报道，也有后来加入的一些内容。中间经历了很多的事情，虽然曲折，但也总算尘埃落定——有时候，书的命运亦如人的命运。你觉得一帆风顺的时候，可能会峰回路转；你觉得山穷水尽的时候，却总有柳暗花明。

年轻的时候，也曾经"慨然以天下为己任"，希望做一个以笔为旗的好记者，随着年岁渐长，更多成为一个沉溺于个人情怀、浇自己块垒的"读书人"。人世间的很多事，喜欢做的，往往身不由己，不喜欢做的，往往又是逼上梁山。在这个行业久了，你会从一己的情怀里走出来，逐渐地了解，逐渐地喜欢，逐渐有了书写的欲望，于是有了这本书。

房地产业是一个充满争议的行业，房地产圈内也是一个观点横行的圈子。正如我曾经的一篇文章中写的：官员有官员的话语体系，开发商有开发商的话语体系，学者有学者的话语体系，个体有个体的话语体系,这些话语体系一直在地产界碰撞着、存在着。我的感觉是,官员代表政府来说话,容易流于虚套,让人感觉华而不实;地产商代表利益来说话,往往太注重现实所得,增加人们"为富不仁"的"仇富"心理;学者站在学术的角度来说话,追求一种理想化的状态,又可能缺乏操作性,不够现实;而老百姓从自身的个体感受出发,又极容易陷于偏激,在冲动中流于盲人摸象,辨不清情势。

——正是从这样的考虑出发,在这本书里,我试图以"规则"作为切入点,从房地产领域争论激烈的土地问题(鸡生蛋还是蛋生鸡?)、暴利问题(开发商是暴利所得者还是比窦娥还冤?)、税费问题(高房价是因为税费高吗?)、房价成本问题(房价成本该不该公开?)、炒房问题(禁炒和限购的是是非非)、住房保障问题(住房保障如何有"保障"?)、调控问题(调控为何变成了"空调"?)等出发,揭示房地产内在的"规则",以及多方利益的深度博弈。从而希望能以相对客观公正的态度来观察中国的房地产业,避免官方式套路,开发商式自我辩白,学者式的理想主义,以及普通老百姓的非理性等,一定程度上真实呈现中国房地产的现实状态。

想法是这样的想法,但在实际写作中总有很多力不能及的地方。因此,书中不完善、缺乏深入的地方,我是深知的。比如对房地产问题产生的根源可以进一步探究,对房改的问题可以深入探讨,对当前房地产市场的一些最新的问题可以再深入的解读,思考可以更深一些,更全面一些,等等。因此,我期待着在未来深入和完善,也期待着众多业内专家的批评和指正。

虽然我知道,新闻作品本身就是一件易碎品,随着时间的推移,它从本性上不具备"藏之于山""名之于后"的魅力。但在书的最后,我还是附录了一部分曾经发表在《中国建设报》《中国经济周刊》《人民政协报》等媒体上的有关房地产的报道文章、人物专访以及评论等。之所以如此，一方面是对书稿内容的侧面印证，另一方面也是想留下一个印记，一个纪念，一个回首时对光阴的感喟……

感谢生命的行进中对我无私帮助的亲人们。感谢父亲、母亲，用无私的胸怀和勤恳的精神感召着我，从不放弃对我的希望；感谢舅舅，在我求学路上无论是精神还是物质上的激励和扶助；感谢兄长、小妹，很早开始支撑家庭，为家里作的众多的贡献。感谢妻子，在最好的时光里与我相遇，感谢儿子，你的成长就是我奋斗的动力！

感谢原国务院住房制度改革领导小组成员兼办公室主任、建设部房地产业司司长张元端，中国建设文化艺术协会副主席兼环境艺术委员会会长贺和平两位老领导对本书的写作提出中肯的建议和意见；感谢全国政协常委、九三学社中央副主席赖明对本书的肯定和鼓励；感谢住建部政策研究中心原副主任王珏林多年来在房地产问题上接受采访，并欣然为本书写序；感谢中国土地学会副理事长黄小虎研究员在序言里对本书深入的分析并指出改进之处；感谢北京大学建筑与景观学院院长俞孔坚博士这些年对我的鼓励和支持，并为本书作序；感谢陈祥福院士一直把我当"小朋友"，珍视多年"两会"积累下来的友谊；感谢全国政协委员张泓铭对本书的溢美之词，我一定继续努力；感谢中国节能集团副总经理张超的大力推荐，让我倍感荣幸；感谢人民日报出版社宋娜学妹为这本书的出版所做的努力和工作；感谢我的众多媒体同行，他们的报道为我提供了丰富的资料和参考……

时间，总是阐释一切、化解一切、改变一切、平复一切的最好语言。江湖风尘多年，岁月泯灭了许多东西，但单纯的心性没有改变，依然在我沉沦的时候承担着提升的力量，依然在起风的时候给我试着走下去的勇气。

生命就是一个过程，任何的经历都是一种修行。正如王家卫在

《一代宗师》中所说："宁可一思进，莫在一思停"，人生的道路，有进无退，唯有奋勇向前。

"吾生之梦必迎着醒来写作，那个说'是'的人必依靠修改自身过活！"一个时代已经结束了，接下来将是又一个开始……

牛建宏

2016 年秋于北京